ALPHONSE DAUDET

LA
PETITE PAROISSE

MOEURS CONJUGALES

Jaloux n'a prix ne soir ne matinee
(Vieux texte)

PARIS
ALPHONSE LEMERRE, ÉDITEUR
23-31, PASSAGE CHOISEUL
NEW-YORK, 13 WEST, 24th STREET

1895

A LA MÊME LIBRAIRIE

OEUVRES COMPLÈTES

DE

Marcel Prévost

Le Scorpion. 1 volume. 3 50
Chonchette. 1 volume. 3 50
Mademoiselle Jaufre. 1 volume. 3 50
Cousine Laura. 1 volume. 3 50
La Confession d'un Amant. 1 volume. 3 50
L'Automne d'une Femme. 1 volume. 3 50
Lettres de Femmes. 1 volume. 3 50
Nouvelles Lettres de Femmes. 1 volume. . . 3 50
Les Demi-Vierges. 1 volume. 3 50

Le Moulin de Nazareth. 1 volume in-32, illustré
   par Myrbach *(Collection Lemerre illustrée)*. . . . . . 2 »

Le Scorpion. 1 volume in-12, avec portrait à l'eau-forte
   (Petite Bibliothèque littéraire). . . . . 6 »

Paris. — Imp. A. Lemerre, 25, rue des Grands-Augustins.

LA PETITE PAROISSE

Tous droits de reproduction et de traduction réservés pour tous les pays, y compris la Suède et la Norvège.

ALPHONSE DAUDET

LA PETITE PAROISSE

MŒURS CONJUGALES

Jaloux n'a paix ne soir ne matinée.
(Vieux texte.)

PARIS

ALPHONSE LEMERRE, ÉDITEUR

23-31, PASSAGE CHOISEUL

NEW-YORK, 13 WEST, 24th STREET

1895

LA PETITE PAROISSE

I

Richard Fénigan, grand chasseur et pêcheur en Seine-et-Oise, vivant toute l'année à la campagne avec sa mère et sa jeune femme, venait de relever ses verveux sur ce morceau de Seine espacé d'îles vertes dont il avait affermé la pêche, entre l'écluse d'Évry et celle d'Athis. Par ce matin de juillet embrasé et lourd, sous un soleil de métal en fusion qui argentait tout le ciel, la rivière fumait immobile et silencieuse, sans même l'habituel ramage de volière que font dans les buissons de la berge les traquets, les fauvettes, les hirondelles de rivage, tandis que cette buée chaude aiguisait au contraire l'âpre senteur des plantes d'eau, la saveur fade des cantharides en taches d'émeraude sur les frênes. Fénigan lui-même, robuste garçon de trente-cinq ans, au teint vif, à l'épaisse barbe brune, subissait l'écrasement de l'atmosphère; et lorsqu'il aborda le petit port où, devant les barques amarrées, ses filets de pêche s'étalaient en fumée blonde sur le vert pâle de la rive, il resta quelques minutes tout étourdi au fond du bateau, somnolant dans ses vêtements de toile verte, plaqués et noirs de mouillure. Une cloche sonna de ce côté de la Seine, sur la hauteur. Richard tressaillit :

« Tu as entendu, Chuchin? »

Chuchin, le garde-pêche, enfoui dans la boutique, à compter la provision de brochets, de tanches et d'anguilles, releva sa figure boucanée, plus ridée que la rivière par un vent d'est:

« Ça vient du château, pour sûr.

— Mais on ne sonne pas le déjeuner? Il est à peine onze heures.

— Peut-être une visite...quelqu'un de Grosbourg...justement j'ai vu leur victoria qui s'en revenait par le pont. »

De nouveau la cloche retentit au lointain, criarde dans la torpeur du paysage.

« Range tout, vieux Chuchin; moi, je monte voir. »

De cette allure paisible que lui avait donnée sa vie à la campagne, Richard suivit le chemin de halage jusqu'à l'allée de peupliers montant par une pente raide à la route de Corbeil, au long de laquelle s'alignent le petit village des Uzelles et le domaine de ce nom. En marchant, il songeait tout haut, intrigué de ce coup de cloche en appel, sans toutefois aucun pressentiment mauvais... Une visite de Grosbourg, ce n'était guère probable... Qui aurait pu venir? Le général était aux eaux dans le Tyrol avec la duchesse. Le fils à Stanislas, piochant ses examens de Saint-Cyr qui brûlaient. Plutôt quelque drame d'office ou de basse-cour nécessitant la présence du maître. Ou encore, une scène entre sa mère et sa femme... Et pourtant, non, elle était finie depuis des années, cette atroce guerre intime, qui avait désolé les premiers temps de leur mariage... Alors, quoi?

Un « bonjour, monsieur Richard », obséquieux et félin, venu de l'autre côté de la route, l'arracha à ses réflexions. Ils étaient là quatre ou cinq, accotés à un grand peuplier, le cantonnier Robin, Roger le facteur, descendu de son vélo qu'il tenait par le guidon, une blanchisseuse, assise sur les bras de sa brouette lourde et ruisselante de linge, tous écoutant, la bouche et les yeux ronds, l'histoire que leur contait M. Alexandre, un ancien maître d'hôtel de Grosbourg, long, rasé, correct, avec un complet de flanelle blanche et une canne à pêche en bambou noir cerclé d'argent. Quel était ce bavardage, brusquement interrompu par l'arrivée de Fénigan? Pourquoi cette ironie dans le salut du larbin retraité, si platement respectueux d'ordinaire? Plus tard, les moindres détails de cette matinée lui reviendront à l'esprit avec une précision féroce; il s'expliquera tous ces faits qui, maintenant, l'effleurent à peine, privés de signification.

Devant l'église, blanche comme une tombe neuve au ras du chemin poudreux, quelqu'un l'appela encore; le vieux Mérivet, en haute-forme et longue blouse grise, un pinceau d'une main, de l'autre un pot de noir, très affairé à rafraîchir, comme il disait, l'inscription de sa devanture.

« Regardez donc, voisin... ça se lirait d'une lieue, à présent. »

Il s'écartait pour que le voisin pût admirer les lignes repeintes à neuf sur le crépi de la muraille, à la droite du grand portail :

NAPOLÉON MÉRIVET

CHEVALIER DE L'ORDRE DE SAINT-GRÉGOIRE-LE-GRAND

A BATI CETTE ÉGLISE

EN MÉMOIRE DE SON ÉPOUSE IRÈNE

ET

EN A FAIT DONATION A LA COMMUNE DES UZELLES

Cette épigraphe résumait un drame de ménage que personne dans le pays ne connaissait bien. On savait seulement que M. Mérivet, à la mort de sa femme qu'il aimait à la folie, avait construit cette église en face de sa propriété et qu'il en prenait soin, avec sa cuisinière pour bedelle et son valet de chambre pour sacristain, mettant sa fierté à la voir pleine de monde, le dimanche, quand le vicaire de Draveil, dont dépendent les Uzelles, y venait dire à neuf heures une courte messe. C'est à propos de cet office du dimanche, qu'il avait arrêté Fénigan au passage, pour se plaindre des gens du château. Comprend-on que ces dames allaient chercher leur messe à Draveil ou à l'orphelinat de Soisy, pendant que là, tout près...

« C'est mal, mon voisin, très mal, insistait le petit vieux fourrageant son pot au noir; aucune de ces églises ne vaut la mienne. Elle porte chance, la mienne. Si vous saviez sous quel patronage je l'ai placée, quelle nature c'était que mon Irène!... La République écrit sur ses monuments : *Liberté, Égalité, Fraternité;* au fronton de celui-ci je devrais mettre : *Pitié, Charité, Pardon...* On nous appelle la Petite Paroisse, la « Bonne Paroisse » serait plutôt notre vrai nom; car en venant prier là, tous les gens mariés assurent le bonheur de leur ménage. »

Richard s'excusait, excusait ces dames : le voisinage même de l'église était l'obstacle à leur bon vouloir. Elles sortaient si rarement; cette messe du dimanche, à Draveil ou à l'orphelinat, leur donnait l'occasion de prendre l'air, de faire respirer les chevaux vraiment trop gras. Mais il en parlerait à sa mère, et avant peu Mmes Fénigan auraient leurs chaises à la Bonne Paroisse. Ce dernier mot le fit sourire. Il songeait au surnom qui désignait dans le pays l'église du père Mérivet, surnom peu fait pour y attirer les maris, — lorsqu'un troisième appel de cloche, saccadé, violent, le remit en route, et plus vivement cette fois.

Le domaine des Uzelles, à l'extrémité du village, se divisait en deux corps de logis : le Château, de construction récente, toit ardoisé, vérandah, balcons, habité par Mme Fénigan mère, et qu'une longue charmille séparait du Pavillon, vieux logis du siècle dernier, où logeait le jeune ménage. Une petite porte ouverte dans le mur desservait cette partie de la propriété. C'est de là que Rosine Chuchin, la fille du garde-pêche, en service chez les Fénigan, comme son père, guettait, les mains au-dessus des yeux, la route aveuglante de lumière réverbérée, et cria de loin à Richard :

« Madame n'est pas avec Monsieur? »

Souvent en effet, les matins de visite aux verveux, Richard emmenait sa femme sur la rivière. Elle aimait enfoncer ses bras jusqu'à l'épaule dans l'eau froide, la surprise de cette nasse lourde qu'on ramène, le vif argent qui luit et frétille dans le fond. Mais, ce jour-là, Lydie était lasse et à toute l'instance de son mari répondait par un petit grognement de sommeil, délicieuse à voir, rose et moite dans l'oreiller, filtrant l'éclat de son regard gris bleu, gris de perle, entre ses cils abaissés. Une seconde, Richard, immobile au milieu du grand chemin, savoura de souvenir cette vision de mari amoureux, pendant que la fille de chambre répétait, consternée : « Madame n'est pas avec Monsieur ?

— Non, pourquoi ça ?

— Mais, monsieur, parce que Madame est disparue depuis ce matin.

— Disparue... Quelle folie ! »

Il eut la force de franchir les deux marches de la petite porte, mais aussitôt tomba sur le banc de pierre à l'entrée de la charmille. Son malaise du matin, cet étourdissement qui l'avait pris sur la rivière, recommençait bien plus violent. Incapable de parler ni de se mouvoir, il entendait bourdonner le bavardage de Rosine, le comprenait à peine... Le parc, le potager, la baraque du bord de l'eau, on avait tout fouillé... enfin, tout à l'heure, le père Georges, le vieux rôdeur, revenant d'une course en forêt, avait prévenu le jardinier qu'une des grilles sur le bois était ouverte, puis remis un billet pour

Mᵐᵉ Fénigan mère. « D'ailleurs, la voilà qui vient, Mᵐᵉ Fénigan.. Elle a peut-être des nouvelles... »

La mère de Richard, hautaine et massive, tête nue toujours, les cheveux relevés, plutôt tirés, plats et noirs, s'avançait sous la charmille, remuant à chaque pas les taches de lumière vive dont le dessous ombreux s'éclaboussait. A l'emportement de sa démarche, on la sentait renseignée et furieuse. Richard essaya de se lever, d'aller au-devant d'elle; mais, cloué sur son banc, il ne put que lui dire avec des yeux d'angoisse et sa voix de quand il était petit :

« Lydie? où est Lydie, maman? »

Brutale, presque triomphante, la mère répondit :

« Ta femme est partie, mon enfant, et c'est la seule joie qu'elle nous ait jamais faite.

— Partie!

— Et pas seule, tu penses... Mais devine avec qui... non, devine. »

Au lieu de deviner, il gémit faiblement, eut un sursaut de tout le corps, puis retomba sur le banc, la tête congestionnée, les bras touchant le gravier de la charmille.

II

JOURNAL DU PRINCE.

Grosbourg, le 6 avril 1886.

Ce matin, mon cher Vallongue, et les matins qui suivront, ma place près de vous restera vide, en préparatoire, sur les bancs de Stanislas. C'est fini, je renonce à Saint-Cyr et à la gloire des armes dont notre maison me paraît suffisamment pourvue. Depuis mon aïeul Charles Dauvergne, que le premier empire a fait maréchal, duc d'Alcantara et prince d'Olmütz, jusqu'à mon pauvre diable de père, Alexis Dauvergne, que la paralysie vient de frapper à quarante-sept ans, général commandant le 3ᵉ corps, mes très illustres ascendants ne m'ont pas laissé une distinction à ambi-

tionner. Le bol russe, au milieu de notre grand salon de la rue de Chanaleilles, où nous mettons mariner toutes les décorations de la famille, il est à ras bord, le bol. Que faire, alors? Rien. C'est à quoi je me sens fermement décidé. A dix-huit ans, fils unique, héritier d'un grand nom, de la grosse fortune et sans doute aussi de la triste santé de papa, la sagesse m'indique de jouir au plus tôt de ce que l'existence m'offre de bon. Je commence.

Des deux lettres mystérieuses que vous me regardiez écrire, l'autre matin, pendant le cours de trigonométrie, l'une était adressée au capitaine Nuitt, de Cardiff; et lui donnait rendez-vous dans le petit port de Cassis, Bouches-du-Rhône, avec le yacht Bleu-blanc-rouge, bien fourni de ses huit hommes d'équipage, cuisiniers, maître d'hôtel, le tout à raison de dix mille francs par mois. La seconde prévenait la personne qui m'accompagne dans mon expédition; car vous pensez bien que je ne m'embarque pas seul. Cette dame vous est inconnue; du moins ne figure-t-elle pas dans le tiroir à cravates où nous avons souvent trié ensemble les lettres et les portraits de mes favorites. Je puis vous dire qu'elle est mariée; notre voisine, en face Grosbourg, de l'autre côté de la

Seine. Trente ans à peine, de longs yeux clairs toujours baissés qui, lorsqu'elle les ouvre, illuminent son visage du reflet d'un collier de perles; un air de réserve, de grandes mains blanches de pianiste dans des mitaines de l'ancien temps. Pas d'enfant, un mari qui l'adore, et la considération de tout le pays. Je n'ai eu qu'à lui écrire : « Venez, » elle m'a répondu : « J'accours, » et la voilà quittant tout, mari, maison, famille, pour s'embarquer avec un compagnon aussi jeune, aussi peu sûr que votre ami. Quand je vous dis que les femmes sont des oiseaux extraordinaires !

Pour moi, je ne tiens pas plus à celle-ci qu'à une autre, j'aime trop tulle le donc pour en préférer aucune. Sitôt que j'ai mordu dans un de ces délicieux fondants, j'ai envie de le cracher et de piller la boîte avec l'espoir de trouver enfin ce goût subrexquis que je cherche sans l'atteindre. Souhaitez-moi plus de chance cette fois, mon cher Vallongue.

Lorsque vous aurez cette lettre, je filerai à toutes voiles, et les malédictions de mes parents frapperont le ciel. Tant pis! ils ont voulu ce qui arrive. Au lieu de m'interner à Grosbourg d'abord, puis à Stanislas, si l'on m'avait laissé libre dans Paris, bien sûr, je n'eusse pas été pris de cette brusque démangeaison d'escampette. Mais la duchesse, ma mère, pas fâchée de rester seule loin de ses hommes, comme elle nous appelle, avait trouvé fort ingénieux de me forcer au travail et à la sagesse en faisant de moi le garde-malade du général. Elle n'a pas songé que la solitude est mauvaise conseillère, et qu'à toujours contempler le coteau des Uzelles avec sa petite église en pierre blanche et son clocher où nichent tous les ramiers de la forêt, il me viendrait peut-être des réflexions mélancoliques et le besoin de m'espacer. Le général, lui, en m'enfermant à Stanislas, a déterminé ma fuite. Je vous raconterai un jour le drame intime qui s'est joué entre cet illustre invalide et moi, pendant mon séjour au château.

Ah! Vallongue, que j'en ai ruminé des affaires, seul, le soir, dans ce vaste Grosbourg, errant au fond du parc ou sur la terrasse du bord de l'eau! Comme j'ai bien regardé la vie en face, et les autres, et moi-même, le plus compliqué de tous! Le résultat de ces examens fut de me découvrir, à dix-huit ans, vieux et las, fermé à toute ambition, n'aimant rien, ne m'intéressant à rien, voyant d'avance le bout de n'importe quelle joie. Pourquoi suis-je ainsi? d'où me vient cette expérience précoce, ce dégoût de tout et ces rides que je me sens jusqu'au bout des doigts? Serait-ce commun à ma génération, à ceux qu'on a nommés les « petits de la conquête », parce qu'ils sont nés comme moi vers l'année de la guerre et de l'invasion, ou seulement personnel à ma famille, au vieux sol épuisé par trop de moissons heureuses et qui réclame à présent une longue jachère? Jour de Dieu! je m'en charge, moi, de la jachère.

Et d'abord, la femme et le bateau étant à mes yeux les seules distractions enviables, je me les offre toutes les deux, et largement. Jusqu'ici, je n'avais tiré comme amant et comme matelot que des bordées pour essai; cette fois, je voyage au long cours, et, si mes confidences vous intéressent, je m'engage, mon cher Wilkie, à tenir à votre intention un très véridique journal ou livre de bord des voyages et aventures d'une âme, que le général-duc, mon père, a dès longtemps proclamée obscure et dangereuse comme un combat de nuit.

Charlexis.

III

Comme toutes les pièces du Pavillon, la chambre de Richard, où on l'avait porté après sa syncope, donnait sur la route de Corbeil, en corniche au-dessus de la rivière et l'une des plus riantes qui soient en Seine-et-Oise. Sur cette même route, trente-cinq ans plus tôt, un matin d'octobre 1851 et par une fine averse d'automne qui les avait pris à l'improviste, M⁰ Fénigan, notaire à Draveil et propriétaire aux Uzelles, s'en allait avec son voisin de Grosbourg, le vieux duc d'Alcantara, déclarer à la mairie de Draveil le petit garçon qui lui était né pendant la nuit. Venu par hasard chez son notaire, ce matin-là, le duc avait tenu à lui donner cette marque de sympathie; et la longue course à pied, sous un parapluie de rencontre, de l'humble notaire campagnard, bras dessus bras dessous avec l'illustre soldat de Napoléon, laissa dans les fastes de la maison Fénigan une trace non moins glorieuse que la signature du grand maréchal sur le modeste registre de la commune.

La mère resta longtemps souffreteuse de cette venue tardive du petit Richard. Elle dut pendant plusieurs années ne pas quitter sa chaise longue et, le père vivant toujours dehors, absorbé par son étude, l'enfant, unique distraction de la malade, grandit à côté d'elle, seul, cloîtré, contraint de bonne heure au silence, à la songerie, dans cette chambre où il n'avait pour s'égayer que le spectacle de la grande route avec son passage de charrettes, de voitures, d'hommes et de bêtes, routiers, bergers, maraîchers, camelots. Aussi la connaissait-il à fond, cette route blanche, vrai panorama où ses petits yeux assidus et patients savaient découvrir mille détails que les autres ne soupçonnaient pas. Mieux que le cadran solaire installé sur un socle au milieu de la pelouse, la route lui marquait les heures. L'été, quand le cantonnier Robin rangeait sa brouette dans l'ombre courte du mur en face, à côté de la fontaine, l'enfant songeait tout haut : « Le déjeuner de Robin... il est une heure. » Et c'était sa joie de voir l'homme et ses deux petits s'asseoir au bord du chemin, attablés devant la brouette ; puis, le repas fini, la table se transformer en fauteuil, large bergère un peu dure où le cantonnier calait ses reins pour la sieste, tandis qu'à deux pas de lui les petits jouaient doucement à faire de beaux tas de cailloux pareils à ceux du père. De même, quand les femmes remontaient du lavoir, que sous le grand portail de la ferme voisine le troupeau s'engouffrait avec un ruissellement de pluie, ou encore quand les enfants, revenant de l'école de Draveil, se séparaient au tournant de la fontaine, Richard savait qu'il était quatre... cinq... six heures.

Comme elle lui tenait lieu d'horloge, la route lui servait de calendrier, notant d'un signe distinctif chaque jour de la semaine. Le lundi, les pauvres, un lent défilé interminable de loques, de béquilles sorties on ne sait d'où, et toujours les mêmes figures hâves et terreuses se montrant au guichet de la grand'porte pour recevoir de Mᵐᵉ Clément, la jardinière, deux sous et un chiffon de pain. Samedi, les noces, à la mode de l'ancienne France : le violoneux en tête, se déhanchant pour marquer le pas, mettant le village en branle avec son crin-crin. Derrière lui, la mariée en blanc, rouge et suante sous ses fleurs d'oranger, le marié qui ramasse toute la cendre embrasée du chemin sur la soie de son hauteforme et le drap noir de sa redingote ; puis les invités, deux par deux, les femmes très fières de traîner les franges de leurs châles-tapis, les hommes gênés de se montrer au milieu de la chaussée, les bras ballants et en habits de fête, un jour de travail. Les mardis et jeudis, veille de marché à Corbeil, passaient de grands troupeaux de bœufs, des roulottes de forains qui s'arrêtaient parfois devant le château pour débiter leurs marchandises. Les dimanches d'été, des orphéons promenaient en musique leurs bannières étincelantes de médailles de concours ; des pompiers faisaient la parade. L'automne amenait des passages de troupes, des canons dont le long défilé secouait les maisons,

et toujours, autour de la fontaine, des soldats
en sueur qui se pressaient, se battaient pour
boire malgré les cris furieux du major. D'autres
fois, de grands breaks de chasse emportaient
vers la forêt qui bordait la route les invités des
châteaux voisins, Grosbourg, La Grange, Mérogis, des voiturées de carniers neufs et d'armes
luisantes sous le soleil roux.

Mais, de toute la semaine, le jour le plus at-
trayant pour Richard, celui qu'il guettait le
plus fébrilement, c'était le jeudi, quand l'après-
midi, vers trois heures, un essaim de voix
jeunes bourdonnait sous les croisées et que
répandues dans la largeur du chemin, avec
leurs chapeaux de paille garnis de rubans bleus
et leurs grandes pèlerines, les orphelines de
Soisy-sous-Étiolles se promenaient sous la direction de deux ou trois cornettes blanches.
Presque toujours on les faisait entrer au château, jouer et goûter sur les pelouses. Quelle
fête pour Richard, qui ne connaissait d'autres
enfants que ces pauvres fillettes auxquelles il
apparaissait comme un jeune roi dans ce cadre
de luxe fleuri; et de quels regards navrés, après
des jeux, des courses, des rires par les allées, il

suivait leur départ jusqu'au tournant de la corniche, les coiffes des bonnes sœurs papillonnant en ailes blanches au vent frais de la rivière !

Oh ! cette route de Corbeil, la place qu'elle tenait dans ses souvenirs ! Son enfance, sa jeunesse, en étaient comme traversées d'une large chaussée toute poudreuse, où se déroulaient les grands événements de sa vie. N'était-ce pas sur cette route, entre Draveil et les Uzelles, au tournant depuis commémoré par une haute croix de fer, que M⁰ Fénigan, revenant de son étude, tomba foudroyé par l'apoplexie? Richard avait seize ans alors, et, rappelé en hâte de Louis-le-Grand où il faisait lentement et péniblement ses classes, le chagrin que lui causait cette mort tragique trouva sa consolation dans l'espoir qu'il ne retournerait pas au lycée. Ç'avait été chez le notaire l'occasion de violents débats, cet exil du petit Fénigan, la mère voulait garder son enfant près d'elle avec un précepteur, le père tenait pour l'éducation et la discipline universitaires, craignant que Richard, à vivre seul à la campagne, devînt aussi sauvage et rustique que les petits du cantonnier.

Très faible d'ordinaire devant sa femme, celle qu'il appelait son bon tyran, M° Fénigan tint ferme, cette fois; sourd à ses larmes et à ses imprécations, il conduisit lui-même Richard à Paris, l'interna entre les hautes murailles noires dont l'enfant ne serait sorti qu'à la fin de ses études sans la funèbre dépêche le rappelant aux Uzelles, orphelin.

Comme elle lui semblait belle, sa route, pendant qu'il suivait le corbillard, seul en avant d'une foule énorme et recueillie! Les luzernes étaient hautes, la houle des blés resplendissait sous le soleil. A chacun de ses pas, des souvenirs de son enfance se levaient, partaient devant lui; les bois, la rivière lui envoyaient des senteurs connues qui l'étourdissaient, et il se reprochait un bien-être à travers ses larmes, une molle joie à retrouver cette nature familière qu'il aimait de tous ses instincts, dont il avait eu tant de peine à s'arracher. Dire que maintenant il ne la quitterait plus. D'accord en cela avec sa mère qui songeait, en regardant derrière sa vitre défiler le long convoi : « Qu'irait-il faire à Paris? à quoi bon terminer ses études mal menées et sans succès? à quoi bon reprendre la suite du père, puisque notre fortune est faite, et me priver encore de mon unique enfant? »

Dès le lendemain de sa rentrée aux Uzelles, Richard mit tous ses livres d'études dans une caisse qu'il cloua rageusement et fit monter au grenier, bien résolu à ne jamais l'ouvrir, non plus qu'aucun des hideux bouquins qui l'avaient si longtemps torturé. Comme presque tous les petits bourgeois élevés à la campagne, il était de tempérament indolent et contemplatif, timide jusqu'à la sauvagerie, parlant peu, réveillé seulement par les exercices au grand air, pêche, cheval, dont il abusait, ne lisant jamais un livre ni un journal, sauf la *Chasse Illustrée* et quelques numéros du *Tour du Monde*. Levé de bonne heure, sa mère ne le voyait qu'aux repas; mais, le soir, il sortait rarement et faisait avec elle deux parties d'échecs qui les menaient jusqu'à dix heures, l'irrévocable couvre-feu de toutes les lumières du château et des communs. Peu de visites. La longue maladie de Mme Fénigan avait éloigné leurs amis de Draveil ou de Soisy; et quoique la veuve fût très bien portante maintenant, elle se trouvait

trop heureuse avec son grand fils pour renouer
les relations rompues.

Dix ans se passaient de cette existence uniforme, sans secousse. Quelques invitations chez leurs aristocratiques voisins de Grosbourg, à l'ouverture de la chasse, un voyage au Havre pour l'achat d'un petit sloop dont Richard avait eu la fantaisie, furent en ces dix années les faits marquants de sa vie. Il y eut aussi, deux étés de suite, le séjour aux Uzelles, chez les Fénigan, des cousins de Lorient, le père, la mère et une toute jeune fille qu'on voyait toujours à cheval, trottant en petit chapeau de feutre, seule avec son cousin. De Villeneuve-Saint-Georges à Corbeil, dans toute cette région où la grosse fortune des Fénigan avait fait leur nom populaire, le bruit courut un instant du prochain mariage de Richard; puis, la famille de Lorient brusquement évanouie, les mêmes personnes qui certifiaient la nouvelle furent les premières à protester. Avec son cou de taureau, sa barbe jusque dans les yeux, ce gros garçon de Richard était un faible et un doux, sous l'entière domination de sa mère; et Mme Fénigan l'aimait bien trop pour laisser une autre femme qu'elle entrer et s'installer dans la maison. La preuve, c'est que le jour où la jeune amazone de Lorient se croyait le plus sûre du succès, au retour d'une chevauchée à deux — dont le silence rêveur lui semblait décisif, — il avait suffi à Mme Fénigan d'un mot, d'un regard à son fils : « Tu y tiens ? — Guère, » répondait le jeune homme en secouant sur sa botte la cendre de sa pipe anglaise en même temps que sa légère velléité amoureuse. Le lendemain, la demoiselle partait, sans que jamais il fût plus question de ces tacites fiançailles. A quelque temps de là cependant, le fils Fénigan se mariait, et sa mère, cette fois, n'y mettait aucun obstacle.

Par une très ancienne habitude qui datait de la petite enfance de Richard, l'orphelinat de Soisy, le jeudi, dans la belle saison, venait goûter aux Uzelles. Mme Fénigan s'astreignait à cette servitude, moins encore pour les fillettes, qui auraient préféré manger leurs brioches dehors à la poussière de la route, que pour le plaisir de retrouver les religieuses, presque toutes des femmes d'une grande distinction et délicatesse de cœur. Un jeudi que Richard, resté par hasard au château, assistait à cette visite des orphelines, il demanda à sa mère pendant le dîner :

« Quelle est donc cette grande jeune fille, mince et pâle, des yeux d'un gris d'argent, un gris velouté... qui se tenait tout le temps près de sœur Martha, l'Irlandaise?

— Mais c'est Lydie, la petite Lydie.

— Comment, l'affreuse petite bohémienne?... »

Et tout à coup, dans le ramas d'avortons chassieux, scrofuleux, têtes de misère et de vice, au-dessus de ces malheureuses petites *champises*, il revoyait, sous des cheveux frisés et fins dépassant le triste chapeau de paille, la fière et mélancolique figure... La petite Lydie, ça! Cette enfant de la route, du fossé, ramassée dans un tas de loques anonymes il y avait quelque quinze ans, voilà ce que c'était devenu!

« Et si tu l'entendais, le dimanche, à l'orgue de la chapelle... Ah! l'Irlandaise peut être fière de son ouvrage, c'est une perfection, cette petite Lydie... Je dis petite; elle est aussi grande que moi. »

Le dimanche suivant, pour la première fois, Richard accompagnait sa mère à la messe de l'orphelinat; et, de tout l'office, ses yeux ne quittèrent plus le délicat profil penché sur l'orgue, au fond du chœur. Oh! non, celle-là ne pouvait pas être une enfant-trouvée comme les autres, sa naissance n'avait pas les mêmes sources impures. Sinon, comment expliquer ces instincts aristocrates, ces aptitudes pour la musique dont s'émerveillait la sœur Martha?

Plusieurs fois Richard vint à la messe de Soisy; le jeudi, il restait pour la collation des orphelines. Un jour même, Mme Fénigan obtint de l'Irlandaise qu'elle jouât avec son élève une sonate à quatre mains sur le piano du salon, presque hors d'usage, et dont les touches prenaient des sons grêles d'épinette. Richard sortit avant la fin du morceau. « J'avais trop chaud, » dit-il brutalement quand on voulut lui faire avouer son émotion. Et pourtant, dès ce jour le pauvre garçon ne cessa plus de fredonner cette sonate, de la chercher sur le piano qu'il tapotait d'un doigté balourd et bègue. D'ailleurs continuant sa vie active, chassant, allant aux verveux en compagnie de son garde-pêche, mais silencieux plus que jamais, les dents serrées sur le secret que pressentait sa mère, qu'elle parvint à lui arracher.

« Devine qui nous aurons à dîner, la semaine prochaine, » lui dit-elle un soir entre deux parties d'échecs.

Et comme il ne répondait pas, toujours à ruminer son rêve :

« L'évêque de Versailles... Il vient dire la messe à l'orphelinat pour la prise de voile de Lydie.

— Elle entre donc au couvent ?

— Que veux-tu qu'elle devienne, sans argent, sans famille ? C'est encore heureux que ces dames ne lui demandent pas de dot... »

Richard, changeant de couleur, quitta le jeu, disparut au noir du jardin. Mme Fénigan le retrouva dans un petit chalet servant de resserre et de salle d'armes, debout, le front au vitrage tout moiré de lune claire.

« Méchant enfant !... pourquoi ne disais-tu pas que tu l'aimes ?

— Ah ! maman... maman... »

Ces deux mots, les seuls qu'il pût répondre, sortaient violemment de sa bouche gonflée, enfiévrée, tandis que des larmes jaillies de ses yeux ruisselaient le long de la vitre en pluie d'orage et que tout son corps robuste grelottait.

S'il l'aimait, mon Dieu! Mais jamais il n'eût osé l'avouer dans l'appréhension d'un refus.

« Bête, bête, grondait doucement la mère, comme si j'avais d'autre ambition que ton bonheur! »

L'idée qu'il préférait cette pauvresse, cette orpheline, aidait bien aussi à l'indulgence maternelle; car enfin une enfant qui leur devrait tout ne saurait apporter dans la maison une autorité nouvelle, une volonté s'opposant à celle de Mme Fénigan, depuis si longtemps seule reine.

Lydie accepta tout de suite l'offre de ce mariage. Fut-ce avec joie? Eut-elle au contraire quelques regrets d'un mari autrement rêvé? Nul n'en sut rien. La première visite de Richard, quand il vint faire sa cour dans le parloir aux rideaux clairs, aux murs tout blancs aussi, où l'image de la Vierge, ornée d'un grand chapelet tombant, et celle d'un saint Vincent de Paul en bois doré se faisaient face, elle l'accueillit d'un sourire affectueux et simple, à l'aise sous son petit bonnet de misère et son affreuse pèlerine, comme la fiancée la plus richement dotée et apparentée. C'était, ainsi que

lui, une concentrée, une silencieuse; mais la
timidité de la femme la plus timide ne ressemble
pas à celle de l'homme, la femme gardant,
malgré tout, le sentiment, l'assurance de son
charme. Puis, de ces deux êtres, l'un n'aimait
pas encore, tandis que l'autre, paralysé par la
passion, ne pouvait prononcer un mot. Trouble
si profond, si sincère, que la jeune fille elle-
même en fut gagnée et qu'ils restèrent un moment, immobiles et gênés, sans une parole.

Heureusement, la route de Corbeil, qui passait devant les fenêtres à petits carreaux du
parloir, vint en aide à leur embarras. L'orpheline la connaissait dans ses moindres détails,
ayant passé comme Richard des heures et des
heures à regarder derrière la vitre. Ils en parlè-
rent ainsi que d'une même féerie que tous deux
auraient vu jouer et dont ils se racontaient les
péripéties, les personnages. Oh! la brouette de
Robin; et les petits Robin, bien grandis maintenant, mais toujours remplacés par d'autres petits Robin usant les vieilles culottes et les coudes
rapiécés des aînés. Oh! le petit bossu marchand
de chaussures; et le Turc en fourrures râpées
passant tous les automnes avec son ours dont

Lydie, enfant, avait si grand'peur; moins peur cependant que du père Georges et de sa longue trique. Conçoit-on la fantaisie de ce sinistre routier qui s'acharnait à suivre la promenade des orphelines, et seulement quand Lydie était là? La fillette en rêvait, la nuit; le jeudi, elle n'osait plus sortir. A la fin, pour se débarrasser de ce vieux fou, on avait dû le menacer de la gendarmerie.

« Vous savez qu'il vit toujours, le père Georges, mademoiselle Lydie?

— Je le sais, monsieur Richard, mais maintenant il ne me fait plus peur, quoiqu'il ait encore son grand bâton, et qu'en passant près de moi il marmonne des choses, dans son patois d'Alsace. »

Quelqu'un qu'on ne voyait plus, c'est la pâtissière de Soisy, bonne mère-grand, cassée et proprette, qui trottait sur la route, le dimanche, à l'heure des vêpres, en grand tablier blanc et, sous le bras, un panier couvert d'une serviette blanche d'où montait une odeur de bonne pâte chaude. Malgré son âge, elle servait tout Soisy, les Uzelles, même Draveil, et, très fière d'avoir la clientèle du château Fénigan, lorsqu'elle s'arrêtait à l'orphelinat, aux enfants qui fouillaient son panier et voulaient toucher à sa réserve, elle disait avec une intonation respectueuse : « Prenez garde, mademoiselle... ça, c'est le petit vanillé de M. Richard. » L'histoire de ce petit vanillé, que Lydie rappelait drôlement en imitant la révérence vieillotte de la marchande, les faisait rire aux larmes ; mais l'orpheline se gardait d'avouer que, dans ce temps-là, elle partageait la vénération de la vieille pour le petit vanillé, pour M. Richard lui-même et tous les habitants du château. Ce qu'elle ne disait pas non plus, — la femme, encore que très jeune, garde une méfiance ou une discrétion sur ses sentiments intimes, surtout ceux qu'elle a le mieux éprouvés, — c'est l'impression laissée dans son âme d'enfant par les visites du jeudi aux Uzelles, où les grands arbres, le vert luxueux de la pelouse, caressaient ses yeux bien ouverts, autant que les tentures somptueuses, les ornements entrevus au rez-de-chaussée, au delà du perron.

D'où venait à la petite misérable ce goût, cet instinct précoce de richesse et d'aristocratie? Pourquoi, des innombrables spectacles que déployait devant elle le grand chemin, rien ne l'intéressait-il, ne lui faisait-il battre le cœur comme les équipages filant vers la gare, luisants, armoriés, attelés à quatre ou conduits de cochers ou de laquais poudrés? Fallait-il croire ce que contaient les religieuses, que Lydie avait dû naître dans quelque château des environs et qu'un jour prochain se découvrirait le mystère de sa vie, un beau roman blasonné? Du moins les bonnes sœurs expliquaient ainsi le « oui » rayonnant dont la jeune novice, à la veille de prononcer ses vœux, accueillait la démarche de Richard, renonçant tout à coup, pour le fracas dangereux du monde, à la coiffe blanche des dames de Saint-Vincent de Paul qui semblait si bien devoir parer ses yeux clairs et son front ingénu.

Le mariage eut lieu à la chapelle du couvent, un samedi, comme c'est l'usage à la campagne. Mais, de mémoire de cantonnier, la route de Corbeil n'avait jamais vu de noce semblable. Tous les anciens clients de l'étude Fénigan, depuis le fermier des Bergeries jusqu'au châtelain de Grosbourg, y assistèrent, rendant ce dernier hommage à un type devenu rare maintenant, le notaire de campagne honnête homme. Devant la file de voitures que précédait le coupé de la mariée, la route s'ouvrait, unie et large, sous un beau soleil de juin; au tournant de Soisy, avant d'arriver à l'orphelinat où l'évêque attendait le jeune couple, elle montait, montait, se perdait dans le ciel, un ciel d'infinie soie bleue, sans un pli, sans un nuage.

« J'en ferai ce que je voudrai... » s'était promis la belle-mère ; et ainsi s'expliquait l'acceptation de cette enfant sans dot, sans famille, cette molle aux grandes mains blanches et tombantes. Celle que M⁰ Fénigan appelait « le bon tyran » était le type de femme absolument contraire. Active, énergique, secouant au mouvement de ses jupes un paquet de clefs aussi nombreuses que les serrures du château, à cinquante-cinq ans, au moment du mariage de son fils, Mme Fénigan n'en paraissait guère plus de quarante; ses bandeaux noirs toujours à l'air, rebelles à toute coiffure, restaient aussi noirs que ses yeux, des petits yeux mobiles et bons, mais d'une bonté janséniste, manquant d'entrain et de tendresse. Pour embrasser son fils, ce fils qu'elle aimait par-dessus tout, il lui fallait des circonstances extraordinaires. « Dans la famille, nous n'aimons pas les lécheries, » disait-elle volontiers. De plus, un besoin d'autorité, l'habitude par le veuvage de vivre à sa guise; et, dans la franchise de ce despotisme, tout de suite elle s'y prit mal avec sa bru.

D'abord elle s'opposa au voyage de noce. Richard n'y tenait guère; avoir sa femme à lui, toute à lui, ici ou là, peu lui importait. Même sa timidité excessive s'épouvantait d'un déplacement, avec les hôtels, les repas, l'obligation de parler à des gens inconnus, en des endroits où il n'était jamais allé. Pour Lydie, au contraire, le voyage représentait l'idéal du bonheur permis, puisque dans l'existence sédentaire du couvent elle n'avait jamais désiré que cela, voir du pays, s'en aller loin, loin, bien au delà du coteau d'en face, et descendre ce versant, puis cet autre, jusqu'à perte de vue.

« C'est d'avoir trop regardé la route, » disait-elle à Richard, pendant leurs longues causeries de fiançailles; et elle lui avouait que si grande était sa tentation d'espace qu'il lui arrivait d'envier les plus misérables roulottes de saltimbanques, oui, leur repas du soir au bord d'un fossé, leurs haltes de midi sous les ormes pleins de poussière. Éperdu de la voir toute rose d'enthousiasme, il promettait : « Nous voyagerons, Lydie. » Que n'aurait-il promis à cette minute ! Maintenant, il ne disait rien, semblait trouver toutes naturelles les objections répétées de la mère... Est-ce qu'on faisait des voyages de noce de son temps? Rien de plus dangereux. Combien de pauvres jeunes femmes avaient payé de leur vie cette tradition niaise. « Et si vous saviez, chère petite, quelle épreuve pour une jeune mariée, ses pudeurs, ses délicatesses... Croyez-moi, renoncez-y. » Lydie n'insistait pas, mais de son désir opprimé fit une rancune qui dura. Jusqu'alors reconnaissante à sa belle-mère, brusquement elle se sentit en prison chez elle et ne songea plus qu'à s'évader ; quant à son mari, qu'elle était toute disposée à aimer, de le voir toujours la tête basse, les yeux fuyants, si lâche, si enfant derrière sa grosse barbe, elle le méprisa, s'habitua à ne plus compter sur lui.

Installés au vieux Pavillon, les jeunes gens prenaient leurs repas au Château avec Madame, ainsi qu'on appelait la mère. Assise au haut bout de la table, Madame découpait à l'ancienne mode, distribuait le thé, le café, le sucre, les liqueurs. Le déjeuner fini, le petit ménage disparaissait. La mère, au commencement, essayait de garder sa belle-fille près d'elle, de l'initier aux nombreux devoirs de maîtresse de maison, si compliqués à la campagne, avec le vol établi partout, au jardin, à la cuisine, à la basse-cour, enveloppant le domaine entier d'un réseau de tricherie et de mensonge. Mais Lydie s'ennuyait tellement au récit des trafics domestiques, le dos de Richard se bombait, si comiquement excédé, que la mère les renvoyait et se résignait à compter ses poires toute seule, à ramasser les fruits tombés, à guetter le passage des paniers receleurs et les dévastations des loirs, ces terribles loirs moins voleurs que son jardinier qui les chargeait de ses méfaits. Et, tout en s'activant, elle songeait combien elle s'était trompée sur la longue, indolente créature qu'elle espérait guider à sa fantaisie. Sous son apparente métamorphose, Lydie restait l'endiablée petite bohème d'autrefois, une âme de désordre et d'indépendance. Accompagner son mari à la chasse, à la pêche, l'aider à fabriquer ses cartouches, l'intéressait autrement que la couture et la broderie.

« Il faut pourtant, ma chère fille, que vous appreniez à devenir une bonne ménagère.

— Pourquoi, madame? puisque je n'ai pas de ménage, et qu'à la maison vous voulez bien vous charger de tout.

— Mais je ne serai pas toujours là. »

Cette discussion, fréquente entre elles, avait lieu surtout dans la calèche les conduisant à Corbeil une fois par semaine, et faisait plus fastidieuse encore pour Lydie l'interminable promenade à travers l'ancienne petite ville, les haltes sur le marché où Mme Fénigan s'entêtait à reconnaître les légumes et les fruits de son potager.

« Regardez, si on ne dirait pas nos melons... Et ces aubergines! on n'en fait qu'à Grosbourg et chez nous... Je suis sûre que tout ça c'est du bien volé. »

Et l'histoire revenait, sempiternelle, des paniers qui lui passaient sous le nez bondés de fruits, s'envolaient par-dessus les murs du verger en dépit de toute surveillance. Heureusement, la jeune femme avait pour se distraire, à l'aller comme au retour, les souvenirs qu'elle ramassait sur la route au tournoiement des roues et dont elle ne se lassait jamais. Elle se voyait toute petite, courant dans la poussière avec la pèlerine, le chapeau à rubans bleus, et lorsque la calèche traversait la grande rue de Soisy-sous-Étiolles, l'orpheline retrouvait toujours le même frisson de joie vaniteuse à passer sous les fenêtres de son ancien couvent.

Le soir après dîner, on veillait dans le salon. Richard faisait comme autrefois la partie d'échecs de sa mère; mais le piano de Lydie lui causait des distractions. Par hasard ce sauvage aimait passionnément la musique, et, n'en ayant jamais entendu faire que par la femme qu'il adorait, ces deux ivresses se confondaient en une qui l'affolait. A chaque instant son regard glissait de l'échiquier au profil pur de la musicienne, au jeu de ses longues mains plus blanches que les touches; et quand un geste, un appel d'impatience jalouse le remettait à la partie, il poussait distraitement les pièces, accompagnant de sa voix profonde et inhabile les basses de la sonate que jouait Lydie... Poum... poum... poum...

« Tais-toi, Richard, c'est énervant! » criait la mère.

Mais combien de fois il recommençait ses « poum poum », jusqu'au coucher, jusqu'à dix heures, l'inflexible couvre-feu du château.

Encore une obligation à laquelle le jeune ménage ne se résignait pas sans peine. Il eût fait si bon se promener dehors, sur la route traversée de lune, ou dans les bois, parmi les peuplements de bouleaux que la lumière argente en fantômes. Mais non, toutes les grilles et portes étaient closes, toutes les clefs pendues au chevet de Madame; et quand Richard et sa femme s'attardaient à la fraîcheur du parc, Athos et Porthos, deux énormes chiens de garde, jappaient si longtemps et si fort que les promeneurs préféraient rentrer chez eux.

Une des fenêtres de leur pavillon, celle du cabinet de toilette, ouvrait sur les plaines de Villeneuve-Saint-Georges, dans la direction de Paris, dont un grand halo de lumière enfumée marquait vaguement la place. Lydie, le soir, passait de longs instants à cette fenêtre, hypnotisée par la flambée attirante et lointaine. Oh! ce Paris, si proche d'elle, sept lieues, huit lieues à peine, et où on ne la conduisait jamais ! Encore une des tyrannies de Mme Fénigan. « Qu'iriez-vous faire à Paris, chère petite ? Est-ce que j'y vais, moi ? Mon fils y allait-il avant vous ? » Elle ne répondait rien, ne s'indignait même plus de cette injuste autocratie la privant de tout plaisir dont étaient avides sa jeunesse et son active santé. Mais Richard aurait dû trembler de certains regards qu'elle envoyait à cette lueur de volcan, pendant ses attardements rêveurs à la fenêtre ouverte.

Une fois cependant, les préjugés de Mme Fénigan cédèrent aux instances de leurs voisins de Grosbourg. Propriétaires de la chasse des bois de Sénart, au long desquels s'espace le hameau des Uzelles, les d'Alcantara ne manquaient jamais, à l'ouverture, d'inviter Richard, très bon chasseur, connaissant sa forêt comme un braconnier. Il n'avait que son parc à traverser, sa grille à franchir, et se trouvait le premier au rendez-vous de la faisanderie. L'année qui suivit le mariage de Lydie, le matin de l'ouverture, le général et ses invités aperçurent Fénigan qui les attendait en compagnie d'un joli petit chasseur tout en velours vert, guêtré, botté, coiffé d'un chapeau tyrolien sur une cendrée de cheveux fins. « Ma femme... général, » dit Richard la présentant. Et elle était si délicieusement jeune et svelte, et bien en dents, que de toute la chasse le général ne la quitta pas, la voulut à son côté pendant le déjeuner en plein bois; puis, au départ, il insista pour que Richard amenât sa femme à Grosbourg. La mère s'opposa à cette visite. Depuis la mort du notaire, les deux maisons ne se fréquentaient plus; le général avait épousé la fille unique du baron Silva, riche banquier de Vienne, dont l'énorme dot était venue à point pour libérer le majorat de Grosbourg, sauver de la ruine ces prodigues Dauvergne, noceurs et joueurs de père en fils. L'orgueilleuse Autrichienne trouvait les Fénigan trop petites gens pour elle. « Surtout depuis le mariage de Richard, » ajoutait la mère, qui ne manquait jamais, pour mater les velléités indépendantes de sa bru, de lui rappeler ses origines.

Tout à coup, vers les premiers jours de l'hiver, arrivait aux Uzelles une lettre du général-duc, invitant au nom de la duchesse la belle-mère et le jeune ménage à passer la soirée dans la loge des Dauvergne, à l'Opéra, pour un début quelconque, à quinze jours de date. Mme Fénigan, très flattée cette fois, engagea les enfants à accepter.

« Moi, ce n'est plus de mon âge, mais vous autres... vous entendez, Lydie, il faut y aller. Je vous paye votre robe.

— Merci, maman, » répondit, rouge de plaisir, Lydie qui depuis longtemps ne l'appelait plus que Madame, comme les domestiques.

Pendant quinze jours, elle vécut dans un rêve. Sa robe, commandée à Paris, nécessita des voyages, puis la présence aux Uzelles d'une essayeuse de tournure élégante, les traits fanés et bouffis sur un teint de noce, s'endormant au bord des chaises comme pour un irréparable arriéré de sommeil. Cette problématique personne savait à fond la société parisienne et racontait, en essayant, les dessous scandaleux de Grosbourg, le général enragé après toutes les femmes, la duchesse à peine jalouse, passionnée seulement pour son fils et pour l'argent. Après l'essayeuse, vint le coiffeur, et pas celui de Corbeil dont Lydie s'était contentée pour son mariage, mais un coiffeur de Paris, indiqué par Mlle Hortense, la déléguée du bon faiseur.

Oh! quand, après tant de soins et de peines, elle s'assit au devant de l'immense loge, les bras nus, les épaules nues sortant de sa robe Empire, en face de cette salle étincelante, elle, la pauvre champise, l'enfant du grand chemin, qui jusqu'à vingt-quatre ans n'avait jamais vu un théâtre, ce fut une impression unique, un affolement de tous ses nerfs. Ses yeux la faisaient souffrir, tant elle les sentait aiguisés et brillants. Ce qu'on jouait, ce que chantait là-bas sur la scène ce gros petit homme, pourpoint serré et gestes courts, les voix de l'orchestre s'enflant ou diminuant en marée sonore, tout pour Lydie se perdait dans les battements de son cœur et de ses tempes. Elle n'entendait même pas l'impertinent salut de la duchesse, petite Viennoise au teint piqueté, aux cheveux citron, au profil moutonnier, le cou trop long cerclé de trois rangs de perles, les plus grosses que l'orpheline eût jamais vues.

Soudain elle fut tirée de ce vague roulis, où elle flottait comme une de ces méduses dont s'éteint l'irisement hors de l'eau. Le général, placé derrière elle, en se penchant pour regarder la salle, avait déjà frôlé plusieurs fois des floches rousses de ses longues moustaches les jolies épaules de sa voisine; puis elle sentit sa main saisie, serrée par un gantelet d'acier et de feu. Outragée d'abord, elle essayait de se débattre; mais le gantelet résistait, retenant la petite main souple, à la fin sans force contre cette étreinte amoureuse et brutale. Lydie défaillait. « Quelle audace! comme il me serre, comme il me brûle!... Mais on va nous voir... la duchesse... mon mari... » Et ce qui l'épouvantait par-dessus tout, c'est la tranquille impudence du général causant de choses indifférentes. Pour la première fois, l'hypocrisie mondaine lui apparaissait, révoltait les scrupules de sa nature encore loyale. Pourquoi, au premier signe de la duchesse se levant bien avant la fin et disant tout haut de sa voix de nez : « Je m'assomme, partons! » pourquoi le duc était-il tout de suite debout, et sortait-il, lui aussi, au milieu de l'acte, laissant interdite et fâchée la petite main, quittée avec le même sans-gêne qu'elle fut prise? « Ah! bien... qu'il y revienne, M. le duc d'Alcantara, à me broyer les doigts toute une soirée... il sera reçu. » Et dans le fracas des chœurs et de l'orchestre, seule avec Richard assoupi au fond de la loge, elle s'exaltait, combinait la verte réponse à faire au général, car elle pensait bien qu'il n'en resterait pas là.

Comme ils montaient en voiture, à la sortie, Lydie très excitée, très énervée par son aventure, — sans doute aussi la foule, les flammes électriques, l'animation d'une nuit parisienne à la fin des spectacles, — dit à son mari : « Si nous soupions? » Il la regarda, stupéfait. D'où lui venait une idée pareille? Et leur train, l'unique train de minuit cinquante qu'il fallait aller chercher à la gare de Lyon ; à peine s'ils pourraient arriver! « Zut pour le train .. nous coucherons à l'hôtel. » En même temps elle lui passait au cou deux bras si caressants, lui mettait sur la bouche un baiser d'une saveur si nouvelle, que le pauvre mari lui épargna le « que dira maman? » attendu et répondit simplement : « Allons souper. »

Afin que tout fût imprévu cette nuit-là pour la jeune femme, son compagnon, timide d'habitude à ne pas oser entrer seul dans un magasin, ni parler à un commis, se montra étourdissant d'aplomb, de gaieté, tutoyant les garçons

du restaurant de nuit, versant le champagne à
rasades, un mari qu'elle n'avait jamais connu,
qu'elle ne devait jamais revoir, bavard, expansif, jurant de recommencer tous les mois cette
petite débauche, et, si sa mère faisait quelque
objection, de la renvoyer à ses loirs, ah! mais,
carrément. A deux heures du matin, dans un
Paris transi, miroitant, le ménage errait en
fiacre à la recherche d'un gîte, plusieurs hôtels
leur ayant refusé la porte comme à des couples
suspects, ce qui les faisait beaucoup rire. Échoués
enfin rue Montmartre, ils gardèrent de la chambre immense qu'on leur donna, aux carreaux
dérougis, à la carpette montrant la corde, un
souvenir inoubliable. Quand elle se trouva, sa
robe glissée, presque nue dans cette pièce sans
feu, Lydie se sentait toute grelottante. « J'ai
froid, » disait-elle en ramenant le drap très haut ;
mais le drap retombait. Naïvement d'abord, Richard essaya d'attacher les serviettes de toilette
autour des bras, des épaules de sa femme, en
guise de peignoir de nuit. Rien ne tenait, c'était
trop rude pour sa peau fine. Elle riait avec des
petits cris : « Ça me râpe... ça me râpe... »
Alors seulement il comprit, rejeta tout, drap,

serviettes, dentelles, la saisit furieusement, à pleins bras, comme il n'avait jamais osé le faire par respect tendre et crainte passionnée, et ce fut leur première nuit d'amants.

Mais le lendemain, le retour aux Uzelles! Les serviteurs parlaient bas, le visage consterné. Madame était couchée, malade, après avoir attendu jusqu'au matin. De huit jours elle ne descendit au salon, et si elle pardonna à Richard son escapade, entre elle et sa bru la réconciliation ne se fit pas. Lydie, pourtant, osa rappeler une ou deux fois à son mari sa promesse de renouveler leur partie; mais le pauvre garçon s'effarait si drôlement, tous les traits rentrés dans sa barbe, pour murmurer : « Ce serait la mort de maman! » que, pitoyable à sa faiblesse et méprisante aussi, la jeune femme renonça à leur fête comme au mari brillant, amoureux, tout animé d'audace et de volonté, qu'elle avait aimé une seule nuit, rien qu'une.

Du général et de ses entreprises galantes, il n'en fut plus question. Ni lettre, ni visite; et la pensée que ce soudard aux gros yeux pâles, aux pommettes violacées, s'était amusé d'elle tout un soir, sans trouver qu'elle valût davantage, semblait si outrageante à Lydie qu'elle eût voulu s'en venger ou s'en plaindre. Mais comment faire, avec une loque de mari tel que le sien? Un déboire de plus à ajouter aux autres, à reléguer parmi tant de souvenirs humiliants ou tristes, avec la robe du grand faiseur repliée au fond d'une caisse, cette robe de soirée qu'elle ne remit plus, qu'elle ne regarda même plus, y trouvant trop de regret.

« Madame sait le malheur qui est arrivé à Grosbourg? » demandait Rosine, un soir, en déchaussant sa maîtresse.

Très malade depuis quelque temps des suites d'une chute de cheval tenue secrète, le général venait d'être transporté au château, complètement paralysé. Rosine Chuchin l'avait appris de M. Alexandre, l'ancien argentier de Grosbourg, qui vivait de ses rentes aux Uzelles et, soigné, calamistré, faisait, malgré son âge et sa teinture, le désespoir de toutes les belles du pays. Devant cette lugubre nouvelle qui expliquait tout, Lydie n'eut plus que de la pitié pour le héros frappé dans son orgueil, dans sa force, en plein essor de gloire et d'ambition.

Battant la forêt avec son mari à quelque temps

de là, ils rencontraient sur un chemin vert, où tenait juste la place de ses roues, un landau à demi fermé dans lequel songeait un grand vieux tout blanc, immobile, absorbé, à côté d'un jeune homme à lunettes, aux longs cheveux en rouleaux. « Le général, tu as vu? » demanda tout bas à sa femme Richard, que ses yeux de chasseur ne trompaient jamais. Le général, avec ces moustaches de neige, ce teint cireux, ces mains inertes! Lydie n'y pouvait croire. Mais comment douter, quand elle aperçut à vingt pas de la voiture la duchesse qui suivait la même allée au bras de son fils, le prince d'Olmütz, joli blondin imberbe et rose entre quatorze et dix-sept ans? Bien changée, elle aussi, au moins de ton et d'allures, depuis la soirée de l'Opéra, elle présenta à ses chers voisins le prince son fils, qu'on nommait Charlexis, des prénoms contractés de son grand-père et de son père, Charles, Alexis; et le précepteur resté dans le landau ayant appelé le jeune homme, la mère en profita pour parler plus librement. Il ne s'amusait guère à Grosbourg, le cher enfant, maintenant que la maladie du général obligeait toute la famille à y passer l'été. Par une rencontre navrante, son père à elle était tombé malade à Vienne et elle devait partir bien vite. Aussi demandait-elle à tous leurs amis et voisins de venir souvent à Grosbourg faire un peu de vie autour du malade et distraire Charlexis, bien mélancolique entre sa table d'étude et ce fauteuil de blessé. Vraiment, ce serait une charité à Richard et à sa charmante femme de l'emmener avec eux dans leurs courses à cheval, en bateau; le cher être aimait tant tous ces plaisirs de sport que ne pouvaient lui procurer ni son père, hélas! ni son précepteur.

« Vous l'emmènerez quelquefois, n'est-ce pas? »

Sur les mousses du chemin vert, le prince revenait vers eux, élégant et souple, dressant sa petite tête frisée, d'un blond fauve, comme passé au henné, et leur sourire à tous trois exprimait :

« Qu'il est charmant! »

De loin, il jeta à la duchesse :

« Une heureuse nouvelle, ma mère... En voyant passer Mme Richard près du landau, le général a prononcé son nom distinctement. Ce sont les premiers mots qu'il assemble. Maître Jean m'appelait pour me le dire. »

Lydie Fénigan se sentit envahie d'une buée rose qui la fit éclatante de jeunesse et de vie ; et la duchesse disait en lui serrant les mains :

« Vous voyez, votre présence accomplit des miracles ; je compte bien sur vous deux. »

De ce jour, Charlexis fut le lien entre Grosbourg et les Uzelles. Étrange enfant, d'une politesse raffinée et tranquille, sachant s'intéresser aux histoires de Mme Fénigan sur les déprédations des loirs et des jardiniers, comme aux coquetteries de Mme Lydie qu'il conseillait sur ses toilettes, ses chapeaux, son linge. En même temps, un frénétique, un casse-cou, aimant et cherchant le danger, inquiétant Richard par ses imprudences, y apportant cette même résolution paisible, son même regard de pierre dure luisant et impénétrable. Bon ou méchant ? On ne savait. « Je ne me l'explique pas, » disait son précepteur. Il est vrai que Jean Metzer, ancien professeur à la faculté de Lausanne qu'il avait quittée à cause d'une maladie du larynx, était un médiocre connaisseur d'humanité, ayant feuilleté moins d'êtres que de livres. Il se rétablissait dans ce préceptorat à la campagne, agrémenté de longues courses en voiture et maintenant de musique d'ensemble avec Lydie, car maître Jean était un violoncelliste de premier ordre.

Ah! Grosbourg et les Uzelles en entendirent, des concertos et des sonates. La longue boîte du violoncelle passait l'eau dans le bateau à Chuchin presque aussi souvent que le petit prince. Le soir, pendant les interminables parties de Richard et de sa mère, le notaire de Draveil, successeur de M⁰ Fénigan, le père Mérivet, propriétaire de l'église au bord du chemin, à qui se joignaient parfois M. le curé et un juge au tribunal de Corbeil, formaient l'auditoire habituel de Lydie et du précepteur. La soirée finissait par une tournée de tilleul, boisson préférée de Madame mère, aguerrissant les visiteurs avant leur départ en pleine nuit; et l'on se serait cru à cent lieues de Paris, dans cette province d'habitudes médiocres et régulières.

Quelle différence pour Lydie avec les séances de musique à Grosbourg! C'était l'après-midi, dans une des immenses et hautes pièces de réception au rez-de-chaussée, tentures de lampas rayé vert et or, boiseries datant de Louis XIII comme le château, avec des portes-fenêtres ouvrant sur un vaste perron, en face d'un superbe jardin à la française, majestueux, lumineux, où palpitait et vibrait sous le soleil la pierre blanche des statues, des vases, des balustres, un jardin terminé et longé par des charmilles sans fin aux arbres taillés en candélabres. Depuis la maladie de son mari et la mort de son père qui suivit de près, la duchesse n'habitait plus guère Grosbourg, retenue à Vienne, à Buda, par la succession très compliquée du baron, et tout le château sentait la tristesse de l'abandon.

Aux premiers accords du piano et du violoncelle sonnant haut dans le désert des salles, on entendait venir sur les tapis le cliquetis d'un fauteuil à roulettes. Le général, qui avait recouvré mémoire, parole, toute sa vie pensante, mais semblait condamné à une immobilité perpétuelle, se faisait approcher du piano et restait des heures à écouter Bach, Beethoven, Schümann. Souvent, au milieu d'un morceau, Lydie voyait du coin de l'œil le malade dont la musique détendait les nerfs se renverser la tête en arrière dans son fauteuil, essayant de retenir de grosses larmes qui débordaient ses paupières creuses; et chaque fois le spectacle de ce muet désespoir, de cette misère grandiose qui se pleurait silencieusement en ce décor pompeux et mélancolique, gonflait le cœur de la jeune femme d'une angoisse tendre.

Sur ce qui s'était passé entre eux à l'Opéra, jamais un mot, même une allusion de lui ni d'elle. Quelquefois, seuls tous deux devant le piano, il lui prenait la main, la gardait une minute dans le tremblement des siennes ; et cette caresse défaillante, si peu semblable à l'étreinte brutale dont il l'avait poursuivie tout un soir, la remplissait d'un navrement très doux. Longtemps elle y fut trompée, et, s'abandonnant sans méfiance à un sentiment tout platonique, elle pouvait croire, quand elle accompagnait son mari à Grosbourg, qu'elle y venait pour le blessé. Mais celui-ci, le premier, y vit clair et l'avertit un jour coléreusement :

« Votre mari n'est donc pas jaloux ? »

Elle eut un sourire coquet :

« Jaloux ? de qui ?

— Du petit, pardieu ! Vous ne le voyez pas rôder autour de vous, guetter vos pas sur le gravier des avenues, le frisson de votre robe au tournant des allées ? »

Il parlait avec violence, bégayant ses mots, un peu d'aphasie revenue dans cet accès de jalousie. Lydie essayait de rire. C'était un enfant, voyons. Est-ce qu'on pense aux femmes à dix-sept ans? bien sûr qu'elle devait lui paraître une grand'tante. Mais le duc s'acharnait, secouait la tête, les mains crispées sur ses genoux morts :

« Prenez garde, le garçon n'en est pas à sa première cartouche... Il conserve là-haut un plein tiroir de lettres de femmes. Demandez à votre mari de se les faire montrer... Ah! le monstre a commencé jeune, il s'y entend à chiper les cœurs... Du reste, comme dit maître Jean, il a la *cavata*. »

Avoir la *cavata*, en langue de violoncelliste, se dit de l'archet séducteur qui communique le frisson des notes profondes, agite également les cordes et les fibres. Il l'avait la *cavata*, le petit; et Lydie subissait inconsciemment la mystérieuse séduction. Avertie, elle s'efforça de se défendre; mais le moyen, avec cet enfant frôleur et câlin, si peu dangereux, toujours là? Ils faisaient des pleine-eau ensemble, des pêches aux verveux, leurs bras nus se mêlant dans les nasses ruisselantes. Ils passaient des heures d'affût, serrés, à tâtons, sous le bois. On parlait bas, une fine pluie d'automne criblait les feuilles. Le petit avait froid, elle lui jetait dessus la moitié de sa grande mante. Pour achever de la rassurer, Richard n'était jamais loin et disait de Charlexis : « C'est notre enfant... » sans s'apercevoir que chaque fois ce mot ravivait le chagrin secret de sa femme, son éternel regret de maternité. Le brave garçon avait le génie de ces maladresses, toujours le premier à mettre en valeur la grâce héroïque du prince. « Il fait tout bien ! » c'était encore un de ses mots ; mais la nature de Lydie gardait un fonds de franchise et de fierté qui la préservait de la banale trahison. Il y fallut une surprise, cet imprévu contre lequel la femme se défend mal, n'ayant le temps d'hésiter ni de raisonner.

Un dimanche soir, à la fin de septembre, les habitués de la musique s'étonnaient de voir maître Jean arriver aux Uzelles sans violoncelle ni élève, plus aphone encore que d'habitude, et si ému... Charlexis s'en allait, il entrait à Stanislas le lendemain pour préparer les examens de Saint-Cyr. Le général avait pris subitement cette décision, et le jeune homme, après une courte et violente explication avec son père, venait dire adieu à ses amis Fénigan, quand tout à coup, à dix pas de leur maison, il s'était séparé de son précepteur, le cœur trop gros, disait-il, chargeant son maître d'exprimer à tous son chagrin et sa bonne amitié. Ce fut dans le salon une explosion de regrets, de paroles tendres. On l'adorait, ce petit prince. Mme Fénigan en voulait au général d'une décision pareille prise en l'absence de la duchesse.

« Elle n'est jamais là ! grondait Richard, furieux, bousculant l'échiquier.

— Et maître Jean, demanda M. Mérivet qui en oubliait de sucrer son tilleul, allons-nous le perdre, lui aussi ? »

De sa voix brûlée, le précepteur répondit qu'on lui offrait de rester à Grosbourg comme... comme...

« Maître de chapelle ? souffla Mérivet.

— Justement, fit le pauvre homme rougissant de sa détresse salariée... et j'accepte, avec l'espoir de voir mon cher élève à ses dimanches de sortie, une fois par mois. »

Ils se récrièrent en chœur :

« Rien qu'une fois par mois ? Quelle cruauté ! »

Lydie écoutait sans rien dire, pourtant la plus troublée de ce départ ; car elle pensait bien n'y être pas étrangère, et, si la jalousie passionnée du général enflammait son orgueil, le serrement de cœur que lui causait cette séparation avait de quoi la surprendre. Vraiment, elle aimait donc cet enfant? Mais alors, son flirt avec le père?... Pendant qu'elle tâchait de démêler ces sentiments complexes, la soirée se passait, mélancolique. A dix heures, tout le monde debout pour le départ, Richard allumant dans le couloir une grosse lanterne demanda :

« Viens-tu reconduire maître Jean, Lydie? »

Il faisait du vent, nuit très noire. Un volet mal attaché battait la muraille. Pourquoi Lydie, enchantée tout autre soir de traverser la Seine dans cette bourrasque d'automne, résista-t-elle à la proposition de son mari? Fut-ce instinct, pressentiment, ou le simple désir d'avoir une heure de solitude pour songer dans sa chambre à ce chagrin imprévu? Elle descendit le perron avec leurs invités, les accompagna jusqu'à la grille, sur la route, puis s'engagea sous l'ombre opaque des charmilles, au bout desquelles brillait en tache jaune la lumière d'une lampe au rez-de-chaussée du Pavillon. Lydie marchait lentement, comme en songe, et le vent qui enroulait autour d'elle sa robe légère y mêlait des tourbillons de feuilles mortes, dont le bruit lui donnait l'illusion d'une poursuite sous les arbres, d'un pas derrière le sien. Deux ou trois fois, elle se retourna, entendit son nom chuchoté :

« Lydie… Lydie… »

Sans peur, les mains en avant, elle marcha droit vers le banc, d'où partait une voix bien connue.

« Charley !… vous !… »

Il était là depuis deux heures, à l'attendre, voulant lui dire adieu à elle, à elle seule. Comme il tremblait, le cher petit. Des larmes noyaient ses plaintes ; et il étouffait des sanglots, de vrais sanglots d'enfant que Lydie essayait d'arrêter en lui mettant sur la bouche sa main appuyée ou sa dentelle de tête. Enfin, craignant qu'on l'entendît du Pavillon, elle s'enfonça avec lui dans les obscurités du parc, mais bientôt les chiens lâchés commençaient leur terrible vacarme.

« Dans l'isba, » dit le petit prince à voix basse.

C'était cette ancienne resserre à outils que Richard avait aménagée en salle d'armes, en faisant poncer et vernisser les poutres du plafond et les revêtements en sapin des murs, ce qui donnait à la pièce, avec des nattes jetées et des sièges de tapis d'Orient, un semblant d'aspect russe. Ah! si Lydie avait pu voir le sourire de Charley, quand ils entrèrent dans l'isba vers laquelle il l'entraînait sournoisement depuis cinq minutes. Mais toute à le consoler, à l'apaiser, comment le soupçon lui serait-il venu de cette précoce scélératesse? La porte grinça; les feuilles mortes, chassées par le vent, entrèrent avec eux dans l'ombre, roulèrent jusqu'au large divan du fond, sous un trophée de glaives aux coquilles reluisantes. Les chiens, n'entendant plus marcher, s'étaient tus.

Tout le temps que Charlexis resta à Stanislas, c'est à l'isba qu'eurent lieu leurs rendez-vous. Dangereux et rares, ces rendez-vous, une fois par mois, dans la nuit du samedi de sortie. Tout le monde couché à Grosbourg, le prince passait l'eau, franchissait le mur des Uzelles, se glissait jusqu'à la resserre dont il ne sortait qu'à la pointe du jour pour rentrer chez lui par le même chemin. Il risquait sa vie chaque fois; mais Lydie, qui devait quitter l'alcôve et la chambre conjugales pour rejoindre l'amant, était encore plus exposée. Quand elle revenait, toujours haletante de la course, son peignoir trempé de verglas ou de rosée, elle s'attendait chaque matin à trouver son mari debout à l'entrée du Pavillon, l'atroce question aux lèvres : « D'où viens-tu? » Et ce danger ne lui déplaisait pas, relevait à ses yeux les bassesses de l'adultère dont l'hypocrisie surtout la révoltait. Même il lui arrivait d'inventer des coups d'audace qui finissaient par épouvanter le petit.

Un soir de rendez-vous à l'isba, elle voulut que Charlexis, invité à déjeuner chez eux le lendemain, achevât sa nuit sur le divan; et au matin avant de partir pour la messe, elle lui apporta une chemise de son mari pour qu'il ne se montrât pas avec du linge fripé. C'était miracle qu'on ne les eût cent fois découverts, d'autant plus que les domestiques, à l'exception de Rosine, la fille de Chuchin, détestaient cette enfant du ruisseau devenue la femme de leur maître. Que n'auraient-ils donné pour la prendre en gourgandinage!... Non. Personne n'avait rien vu, on ne se doutait de rien. Les chiens de garde peut-être, mais leur témoignage restait inintelligible. Seul, là-bas, dans son fauteuil de paralytique, le général, sans l'ombre d'espionnage, avait tout deviné. Maintenant, quand Lydie venait à Grosbourg, les jours de musique, un regard narquois, douloureux, posé, promené sur elle, l'attendait, la gênait, surtout en présence de maître Jean qu'il pouvait avertir. Dans les rares instants où ni le précepteur ni Richard ne se trouvaient là, le malade, avec la caresse de ses grandes mains tremblotantes, la grondait bas et tendrement :

« Pourtant, je vous avais prévenue... il ne vous aime pas, il ne vous aimera jamais... Seulement, voilà. Il a la *cavala*... il a la *cavala*... »

Lydie jouait l'ignorance, ouvrait de beaux yeux ingénus, mais il continuait, affirmait avec entêtement. De sa passion à lui, il ne parlait plus que sur un ton de regret pour la chose lointaine et perdue.

Il lui disait un jour :

« De tout ce qu'il m'a fallu sacrifier, de tant

d'ambitions foudroyées, ce que je pleure, c'est vous. Et lorsque je songe que vous êtes à mon fils… Oh ! » Une autre fois : « Quand il vient chez vous, bien qu'il me le cache, je le devine à son pas, à son odeur qui est la vôtre… Et c'est une angoisse, une torture… Alors je regrette que ma maladie ne me fasse pas souffrir davantage. Au moins la douleur m'occuperait, je ne penserais plus toujours à cette même chose atroce, à la jalousie qui me rend fou. »

Aux premiers jours du printemps, la duchesse vint chercher son mari pour le conduire à des eaux, dans le Tyrol, qu'on disait souveraines. Le malade devait faire une double saison, et, donnant à sa jalousie le prétexte des examens et du travail, il décida que Charlexis passerait tout ce temps à Stanislas sans sortir, malgré l'offre de Richard de prendre le jeune prince en vacances aux Uzelles. Charlexis se résigna sans un murmure. Comme il projetait depuis longtemps un grand voyage en yacht autour du monde, il eut recours à l'intervention de l'ancien maître d'hôtel de sa mère pour se procurer les fonds nécessaires à son escapade. Et, comptant bien ne pas naviguer seul, il lui suffit, pour décider Lydie, de quelques lettres un peu subtiles, d'un joli jeu de pédales sur telle ou telle corde de cet instrument féminin dont il connaissait toutes les vibrations. Aux instincts voyageurs et bohèmes de l'orpheline, il déroulait les courses et aventures d'une longue traversée, ouvrait des ciels, des horizons inconnus; et pour flatter sa vanité d'enfant du hasard, le roman qu'elle se forgeait sur son origine mystérieuse : « Ton sang d'aristocrate, lui écrivait-il, ne se révolte donc pas dans ce milieu d'épaisse bourgeoisie, de rapacités vulgaires? » Malgré tout, Lydie se méfiait de lui, de sa jeunesse, se figurait le désespoir de la mère, le pâle sourire navré du général, puis elle se décida sur un détail infime.

« Qui vous a remis ça? » demandait-elle à sa femme de chambre, le jour où Rosine lui glissait la première lettre du prince. La servante rougit : « C'est M. Alexandre... pour madame... madame seule. » Dès lors, elle se sentit à la merci de la domesticité. L'ancien larbin, lorsqu'il la rencontrait, prenait des airs discrets et complices: elle se vit forcée d'ignorer volontairement ses relations avec Rosine, puisque tous deux tenaient son secret. Un jour ou l'autre, indiscrétion ou méchanceté, le scandale éclaterait ; autant ne pas l'attendre. Elle écrivit à son amant : « Quand tu voudras. » Réponse : « Demain matin, cinq heures, à la grille sur le bois. »

La dernière journée aux Uzelles fut pareille à toutes les autres. Le soir, échecs et musique, rentrée à dix heures précises au Pavillon où, pendant que Richard se couchait, elle griffonnait dans son cabinet de toilette quelques lignes à sa belle-mère, constatant qu'elle partait sans argent, ni caisse ni malle, avec tout juste les vêtements qu'elle avait sur elle. « Vous m'avez prise sans rien, je m'en vais de même... J'étais en prison, je m'évade... » Elle jeta à Rosine le peignoir qu'elle quittait, tout neuf, en foulard bleu et guipures, au grand ébahissement de la servante.

« Madame me donne ?...

— Oui, gardez. »

Ensuite elle se coucha très calme, dormit jusqu'au petit jour blanc, au départ de son mari pour la pêche, et à cinq heures précises elle arrivait à la grille du fond du parc qu'elle trouvait grande ouverte, devant — non pas la voiture attendue — mais une charrette de maraîcher sur laquelle les jardiniers chargeaient des paniers de légumes et de fruits. Oh! les loirs...

L'apparition de Lydie fut un coup de scène. La charrette disparut dans le bois, les jardiniers à travers le parc; il ne resta qu'un panier, oublié sur l'herbe, contre la grille. Quel fou rire, si l'instant eût été moins dramatique pour la fugitive! Mais elle se hâtait vers une victoria, dont elle reconnaissait les roues et la livrée à moitié dissimulées sous un bouquet d'arbres, quand un vieux vagabond se leva du fossé, droit devant elle. Dans cet être haillonneux et terreux, à la barbe moussue, elle reconnut le père Georges, l'effroi de sa jeunesse, et songea à lui remettre la lettre pour sa belle-mère : « Porte ça à la maison. »

La lettre aux doigts, il ne bougeait pas, la tête de côté, barrant la route à cette belle créature qu'il regardait de ses yeux clignotants, toute rose dans le matin rose. Elle crut qu'il attendait le prix de sa course : « Je n'ai pas d'argent, on te paiera là-bas. » Mais il ne paraissait pas comprendre, restait immobile devant elle, les lèvres remuées de paroles qui ne sortaient pas. Et c'est seulement lorsque la jeune femme, l'écartant d'un geste brusque pour passer, se fut éloignée au tournant d'un taillis, qu'il se mit à marcher en sens inverse avec un rauquement sourd, une plainte inarticulée au fond de la gorge.

IV

En face le Pavillon, à l'angle de la route de Corbeil et d'une ruelle de campagne descendant à la Seine entre les vignes, une borne-fontaine bien connue des routiers avec son gobelet en fer-blanc retenu d'une chaînette, s'accote au mur d'un ancien parc. Le premier son perçu de Richard, quand il sortit d'une léthargie dont il n'eût pu apprécier la durée, fut le tintement de ce gobelet que le passant rejette après s'en être servi. Il sourit à ce bruit connu depuis l'enfance, ouvrit les yeux, et de son lit, dans le demi-jour de la chambre aux rideaux tirés, aperçut reflétée au blanc du plafond, comme sur le drap d'une lanterne magique, l'ombre

microscopique d'un chemineau rechargeant sa
besace, après une halte à la fontaine du coin.

« Oh ! la route... » fit-il tout haut, heureux de
ce souvenir retrouvé. Mais en même temps lui
revenait la mémoire de son désastre. Il eut froid,
il eut peur, et d'un mouvement puéril referma
les yeux comme pour rentrer dans l'anéantissement, l'oubli de tout ; mais ses yeux fermés
voyaient, enfouies sous les draps ses oreilles entendaient, et toujours la même sinistre chose,
sa mère à l'entrée de la charmille lui criant :

« Ta femme est partie ! »

Par une étrange anomalie, dans cet être très
simple et très doux, mais tout instinctif, la jalousie dont il devait tant souffrir plus tard, au
point de servir de type à cette étude passionnelle, ne lui fit pas sentir tout de suite ses
griffes et son bec acéré de cruelle Chimère.
Quand il sut avec qui sa femme était partie,
Charley, son matelot, comme le petit s'appelait
lui-même, l'ami le plus contre son cœur, certes
le coup lui sembla rude ; blessure de ventre,
sournoise, de bas en haut, mais dont l'inattendu
atténua d'abord la souffrance. « Lui... c'est
lui... » Un rouge furtif sur sa pâleur de fièvre,

une buée voilant ses yeux de bon chien, ce fut tout. Le mal de jalousie vint plus tard, le frappa en retour, et alors jusqu'au délire. Pour le moment, tout sombrait dans le grand trou noir ouvert à ses pieds, et sur lequel il se penchait sans comprendre... Partie... pourquoi?... Que lui avait-on fait?... Elle ne l'aimait donc pas, lui qui l'aimait tant?

Assis près de sa fenêtre, devant cet horizon familier où tout lui rappelait Lydie, l'unique pensée de sa convalescence fut cela : « Que s'est-il passé? » Il aurait voulu lire la lettre qu'elle avait écrite en partant; mais la mère la cachait, cette lettre... Un autre jour, plus tard, quand il serait guéri. Il y avait là dedans des choses qui lui feraient trop de mal, pourraient le frapper d'une nouvelle attaque. Elle en serait trop contente, la gueuse!

En réalité, la lettre de Lydie accusait si formellement la belle-mère, avec un tel accent de révolte et de sincérité, que celle-ci reculait devant le désespoir et peut-être la colère de son fils, amoureux comme au premier jour après huit ans de mariage. Et c'est la constance de cet amour dont s'effarait surtout la bonne femme.

Pour elle, ainsi que pour tant d'autres Françaises, bien plus mères qu'épouses, reportant sur l'enfant la tendresse refoulée dont le mari n'a pas voulu ou pas su profiter, la passion ne comptait que comme un accessoire de roman ou de théâtre, et la vie à deux n'avait été qu'une plate association. Comment se serait-elle expliqué la violence de ce désir qu'elle lisait dans les yeux de son fils, aussi indomptable après des années qu'au temps où ses larmes en feu giclaient sur le vitrail de l'isba?

« Vraiment je ne vous comprends pas, vous autres hommes, lui disait-elle en guidant et soutenant sa première promenade dans le parc, une rayonnante après-midi d'août... Vous pouvez aimer et mépriser à la fois... Ainsi, toi, tu penses encore à cette coquine qui t'a trompé, qui vit avec un autre et te rend la risée du pays. »

La mère sentait trembler le bras qui s'appuyait au sien, mais continuait, la voix dure, des yeux d'opérateur implacable :

« Toute leur histoire est connue, figure-toi bien... Leurs rendez-vous se donnaient dans notre maison... Il venait, la nuit, par-dessus le mur.

— Entrons là, maman, je suis brisé. » murmurait Richard en poussant la porte de la petite maison de bois. Comme il tombait sur le divan de tout son poids découragé, les ressorts éreintés crièrent et la même pensée fit rougir en même temps la mère et le fils.

« Pour ta fierté, pour ton nom, cher enfant, ne pense plus à cette femme, promets-le-moi. »

Elle dérangea un coussin pour s'asseoir près de lui; des épingles à cheveux oubliées là glissèrent sous sa main. Elle les ramassa, les jeta dehors avec dégoût. Puis suivit un lourd silence, pendant lequel une hirondelle entra par la baie large ouverte, effleura les poutres d'un « frrt » d'éventail déployé et repartit, en caprice de femme.

« Promets-le-moi... » répétait la mère très émue. Richard répondit :

« Eh bien! oui, je te le promets, mais à une condition... je veux savoir, je veux que tu me dises où ils sont. »

Elle eut peur d'avoir trop appuyé sur la fibre d'orgueil et de colère :

« Savoir où ils sont, pourquoi? Que veux-tu faire?

— Rien, simple curiosité.

— Mais je ne le sais pas, je t'assure.

— Bien. Les gens de Grosbourg sont rentrés ; là, j'aurai une réponse. »

Mᵐᵉ Fénigan, dans la crainte d'un scandale, promit d'aller elle-même chercher des nouvelles chez les d'Alcantara ; elle en serait quitte pour une migraine comme chaque fois qu'elle mettait un chapeau.

Deux jours après, descendant de voiture devant l'immense perron de Grosbourg, elle y trouvait la duchesse en très intime et vive causerie avec M. Alexandre, dont le salut affecté ironiquement fit froid au cœur de la visiteuse.

« Je vous reverrai, Alexandre... jeta la duchesse, en introduisant Mᵐᵉ Fénigan dans un petit salon d'encoignure tendu de soies anciennes... Qui nous vaut cette bonne visite, madame la notaresse? » dit-elle d'un ton de bienveillance hypocrite et hautaine. La notaresse, si bien apostrophée de son titre, parut suffoquée de cet accueil, avec tout ce qu'il y avait de terrible et d'encore inexprimé entre elles :

« Mon fils Richard a manqué mourir, madame.

— Ah! vraiment... tant que cela... j'ignorais...

— Comment! vous ne saviez pas que mon pauvre enfant?...

— Mon Dieu, ma chère, ce sont des sujets si délicats... »

Elle promenait un flacon sous son nez de courbe hébraïque.

« Ce sujet vous touche d'assez près, pourtant, » murmura Mme Fénigan. Et tout d'un coup, dans l'explosion de sa rancune maternelle :

« Ah! madame la duchesse, c'est un grand malheur que mon fils ait rencontré le vôtre. »

La petite tête aux cheveux citron se dressa avec un mauvais rire :

« Vous ne prétendez pas accuser Charlexis de l'enlèvement de votre bru? Mon fils a dix-huit ans à peine il était encore au collège... »

Une porte s'ouvrit, montrant sur l'enfilade des pièces de réception la triste figure creusée du général-duc péniblement appuyé au bras de son fauteuil pour saluer Mme Fénigan de ces paroles insolentes.

« J'ajouterai, chère madame, que notre innocent est parti en empruntant cent mille francs qui nous coûteront bien le double, tandis que sa Danaé se vante d'avoir fui, tout juste avec la seule chemise qu'elle portait sur le dos. »

Pendant qu'il parlait, un antique trumeau à glace au-dessus de la cheminée du petit salon reflétait le tremblement de sa longue moustache tordue d'un sourire enragé et le geste désespéré que maître Jean, derrière le grand fauteuil, dessinait avec l'archet de son violoncelle. Mme Fénigan s'était levée, très digne, et dit en sortant :

« Souhaitez à votre fils de ne pas se trouver en face du mien. »

Le général tressaillit, mais la duchesse le rassura :

« Laissez donc !... l'un en Seine-et-Oise, l'autre en route pour les Indes, ils ne risquent pas de se rencontrer. »

Pourtant, sitôt Mme Fénigan en voiture et la voiture au bout de l'avenue, on appela M. Alexandre.

« Mon général ?

— Aie toujours l'œil sur le Richard, tu entends ? S'il quittait le pays, file derrière et tiens-nous au courant. »

La duchesse ajouta :

« Quant aux dépenses de mon fils, quoi qu'il vous demande, adressez-vous directement à moi. »

L'ancien maître d'hôtel s'inclina jusqu'à terre et sortit de Grosbourg, macabre et pimpant.

A pas furieux, dans l'encolure remontée de ses larges épaules, Richard pendant ce temps arpentait le salon des Uzelles, en écoutant le récit de Mme Fénigan écrasée d'indignation au fond d'une bergère, son chapeau à brides sur les genoux. Il patienta jusqu'au bout du récit, les dents serrées ; enfin s'arrêtant devant sa mère, il la souleva, la prit contre son cœur, et dans un débord de tendresse assez rare chez ce concentré :

« C'est fini, maintenant. Tu as raison, cette femme est indigne ; qu'elle aille où elle voudra, nous n'en parlerons plus jamais. »

Il le disait dans la sincérité de sa colère, torturé de cette idée que Lydie avait enlevé, débauché un collégien. Pour la première fois, il sentait le grotesque et l'horreur de l'aventure, s'étonnant d'avoir eu si longtemps près de lui sans le savoir une malade, une hystérique, appelant sa mère en témoignage, et la mère appuyait, insistait, ravie de sa place reconquise :

« C'est notre faute, vois-tu, mon fils... Nous sommes allés la chercher aux Enfants-Trouvés. On s'évite les ennuis d'une famille ; mais la femme vous arrive sans antécédents ni répondants, enveloppée de mystère, d'inconnu, de toutes les tares possibles de l'hérédité. Cette fille se prétendait de sang noble... On lui avait mis cela dans la tête, au couvent. En tout cas sa noblesse roulait bien des vilenies dans ses veines... Embrasse-moi, va, et n'y pensons plus. »

C'est ce qu'il essaya de faire, brisant son corps de fatigue, pour tomber chaque soir à poings fermés dans le sommeil. Sans doute, s'il eût épousé une femme d'intérieur comme sa mère, toute consacrée à son fruitier, ses armoires, son linge et ses confitures, Richard se fût distrait de sa douleur dans la vie du dehors. Mais Lydie, sans enfant, sans maison à surveiller, accompagnait partout son mari, chassait, pêchait à ses côtés, et, quand il voulut fuir son souvenir, il le retrouva dans toutes ses courses vivant et présent comme l'ombre de son bonheur évanoui.

Son premier coup d'épervier après le départ de sa femme, il le jeta entre Ris et Juvisy, à quelques mètres du rivage. L'eau très calme à cet endroit lui montrait l'image renversée d'une auberge de carriers, un ancien relais de coche dressant solitairement au ras du chemin de halage son grand toit de chaume et ses hautes fenêtres à tout petits carreaux.

« C'est-il que je suis trop dans les herbes? » demanda Chuchin qui tenait les rames et s'étonnait de l'immobilité du patron. Richard ne répondit pas; il revoyait, à cette même place, une scène de leur vie à deux, la rivière éclaboussée d'une pluie d'orage, le ciel noir, la barque pleine d'eau, Lydie criant et riant sous l'ondée, un de ses petits souliers perdu, noyé dans le débarquement; puis la salle d'auberge, longue et sombre, où des chandelles fichées dans des litres vides éclairaient des têtes farouches de carriers, de tireurs de sable, des bergers surpris, eux aussi, par l'averse et séchant leurs grands manteaux de laine devant le feu de fagots où Lydie se chauffait toute mouillée, tordait ses cheveux, amusée de ces yeux de rut, de ces convoitises de faunes tenues à distance par la carrure, les poings solides de son compagnon.

« L'eau est trop claire par ici, vieux Chuchin, remonte au-dessus du pont, » commanda Richard la voix altérée. Et, sous la forte souquée du garde-pêche, le miroir qui reflétait la vieille auberge se brisa en vingt morceaux chavirés au fond de la rivière avec les souvenirs qu'ils évoquaient. La barque s'arrêta à l'île des Moineaux, merveilleux endroit pour jeter l'épervier, mais le patron n'y avait pas la main ce jour-là.

A l'une de ses pointes, l'île s'échancre en un croissant un peu allongé où, sur un fond de sable fin, dort une eau transparente dans l'ombre entre-croisée de deux saules inclinés et touffus. Lydie appelait ce coin sa baignoire. Le bateau de Richard en travers de l'entrée avec sa voile large ouverte, les saules en rideaux des deux côtés, elle prenait sa leçon de nage ; et pour sortir de l'eau, quitter son costume, c'étaient des fous rires, des petits cris de peur à la moindre frôlure, sur sa peau nue et rose, d'une branche de saule ou d'un vol d'insecte effaré. L'évocation de cette splendide chair ruisselante, moirée de froid et de lumière, de frissons et de rayons, la saveur soudaine retrouvée de ce beau fruit dans lequel il n'avait jamais osé mordre à son plein désir qu'une fois, enfin le navrement jusqu'aux larmes des joies perdues, des heures mortes, c'est tout ce que lui rapportait en trois ou quatre coups d'épervier sa longue station à l'île des Moineaux.

« Une drôle de chose, disait le soir à la cuisine le père de Rosine Chuchin, — avec la figure triste qu'il a, M. Richard n'a pas cessé de chanter, tout le temps de la pêche. »

En effet, pendant qu'il s'absorbait dans l'unique et cher souvenir, machinalement lui revenait un air de Pergolèse, que jouaient maître Jean et Lydie, et dont tout haut il faisait les basses en mesure, accompagnant de ses « poum poum » le chant divin qui fredonnait dans sa tête et lui gonflait le cœur.

Les jours suivants, ce fut la même obsession. Dans tous les coins et détours de la rivière, à n'importe quelle heure, par ces brumes matinales si épaisses que son bateau n'avait pour se guider que le clapotis du flot contre les piles des ponts, ou le soir, quand le feu d'un chaland glissait mystérieux au ras de l'eau, et sur l'Yères et sur l'Orge, ces jolis petits affluents de la Seine bordés de pentes vertes, de bouquets d'arbres et de corbeilles fleuries, de pigeonniers, de lavoirs, d'antiques abbayes transformées en moulins, partout lui apparaissait l'image amoureuse. Il la retrouvait sous sa rame, svelte et fraîche comme une plante d'eau, avec son teint d'un blanc verdâtre, impénétrable au soleil et au hâle.

La forêt longeait la rivière. Richard se jeta dans la forêt pour échapper aux hantises de l'eau. Mais sous bois, au fuyant des taillis, au carrefour des routes vertes dont ils connaissaient toutes les fourches indicatrices, la vision le poursuivait. Lydie toujours ; et quand ce n'était pas Lydie elle-même, des rencontres, des circonstances pour lui rappeler son malheur. Un soir, rentrant d'une longue course à pied, comme il passait devant l'Ermitage, des voix affectueuses et rugueuses crièrent :

« Hé ! monsieur Richard... »

Sautecœur, dit l'Indien, vieux forestier

géant, redouté du braconnage, mariait son fils, chef de rayon à Paris, avec une employée du même grand magasin. Au milieu de la cour herbeuse et délabrée de l'ancien cloître, une longue table réunissait des gardes à la livrée bleue de Grosbourg avec leurs femmes basanées, endimanchées de couleurs bruyantes, le fermier des Uzelles et sa famille, les deux musiciens de la noce, et M. Alexandre, très chic, souliers vernis, pantalon clair, jouant du monocle avec la mariée, laideron adorable, habillée et coiffée en perfection. Richard dut entrer et s'asseoir un moment. Le dîner touchait à sa fin ; quelques verrées de vin blanc furent bues encore à la santé des mariés. Après quoi, sur un signal donné par le piston, on se plaça pour un quadrille aux dernières flambées du couchant. Richard et l'Indien, les coudes sur la nappe, causaient en regardant la danse.

« Pour coquette, oui, monsieur Richard, je la crois très coquette, cette enfant-là, disait le garde-chasse qui, de ses yeux étroits de lourd pachyderme, suivait la couronne blanche de sa bru... Aussi le garçon ne tient pas à ce qu'elle retourne au magasin, d'autant qu'elle a la poitrine un peu faible. Ils vont rester une saison ou deux à l'Ermitage. Lui, passera ses journées à Paris, au travail, et moi, je veillerai sur sa femme. Je n'ai pas eu de chance avec la mienne, dans les temps; mais je vous réponds que celle-ci marchera droit.

— Je m'en doute, » fit Richard, le sourire contraint, et songeant à part lui qu'il aurait dû confier à l'Indien la surveillance de sa maison.

La nuit envahissait le bois, quand il quitta l'Ermitage; les oiseaux ne chantaient plus, le piston de la noce jetait seul ses notes rythmées et criardes, mais ce n'était pas cette musique qu'entendait Richard, qu'il accompagnait de ses basses en arpèges, de ses navrants « poum poum poum » semés au noir des allées.

Découragé, il ne sortit plus. Il y avait au rez-de-chaussée du Pavillon, près de la lingerie, ce qu'on appelait l'atelier. Richard, qui depuis la fuite de sa femme couchait au Château dans sa chambre de garçon, voisine de celle de sa mère, se servait encore de cette pièce abandonnée pour y faire sa sieste dans le grand fauteuil de cuir, régler une note d'entrepreneur devant le bureau à cylindre de l'ancien notaire.

Désormais il se tint là constamment. De la fenêtre, comme dans son enfance, il regardait la route, s'amusait à y retrouver de vieilles connaissances, la brouette du cantonnier, le petit bossu marchand de chaussures, images naïves d'une espèce de grand jeu de l'oie sur lequel le front de Lydie lui apparaissait penché à côté du sien. Il se rappelait les peurs qu'elle avait des bœufs, les veilles de marché, et aussi de la charrette à Foucart où l'on transportait les noyés sous une serpillière, au temps des bains froids... Tout juste la voilà qui remonte lentement de la Seine, cette charrette mystérieuse ; elle rapporte le valet de chambre du vieux Mérivet, retiré des herbes du bord où il s'est noyé avant-hier par accident. C'était lui le sacristain de la Petite Paroisse ; aussi son pauvre maître le suit en pleurant, plus courbé, plus étriqué qu'à l'ordinaire.

... Tiens ! le père Georges avec sa longue trique, un morceau de pain sous le bras. Ce n'est pourtant pas le jour des pauvres, aujourd'hui ; mais depuis quelque temps le vieux vagabond ne quitte plus les Uzelles. Il semble guetter, attendre. On le trouve toujours errant autour du château, ou couché contre une des grilles, vers la route ou vers la forêt. « Il ne dessoûle plus ! » dit Chuchin d'un air d'envie; et les filles de cuisine, lorsque le vieux routier approche entre les barreaux de leur sous-sol son museau d'homme-chien et ses yeux larmoyeurs, lui crient en riant : « T'as donc des peines de cœur, mon père Georges ? »

Par la chaude et lumineuse journée, c'est sinistre de voir cette pauvre larve humaine se traîner sur le grand chemin, s'accrocher aux arbres, aux murailles. D'où cela sort-il ? Y a-t-il une patrie à ça ? Quelle langue, quel argot massacre cette bouche sans dents ? Et comment se trouve-t-il dans ce coin de Seine-et-Oise, ce vieux mendigot, aussi perdu, inconnu et lointain, que s'il errait au centre de l'Afrique ?

... Le voilà qui s'approche de la fontaine, essayant d'atteindre le gobelet et de le tenir sous le tombant d'eau claire. Ses mains tremblent; ses pieds glissent, son chapeau, un vieux feutre sans forme ni couleur, tombe à côté du gobelet renversé, ce qui fait rire aux larmes la jeune fermière d'en face, debout, gardant sa cour, les deux mains sur un énorme ventre de femme enceinte. Enfin le misérable, après d'horribles efforts, parvient à boire à même le robinet ; et deux filets d'eau dégoulinent de sa barbe, tandis que le soleil chauffe son crâne pelé, rouge, crevé de grosses veines bleues. Et Richard se rappelle ce que Lydie lui disait une fois, que jamais elle n'avait pu voir un chemineau s'arrêter le soir pour boire à ce croisement de routes et rester ensuite indécis, les yeux à terre, non, jamais elle n'avait vu cette misère d'incertitude et d'abandon dans le jour qui tombait, sans songer que cet errant avait été tout petit, bercé, choyé par une mère tendre qui peut-être le regardait dormir en faisant pour lui les plus beaux rêves. Comment la femme qui parlait avec cette bonté, cette pitié sincère, avait-elle pu faire tant de mal à son mari ? Il comptait donc moins pour elle qu'un vieux pauvre ?

... A présent qu'il a bu, le père Georges se couche près de la fontaine, lourdement, par morceaux, comme s'il jetait ses membres à terre, l'un après l'autre. Il tire son pain de dessous sa lévite trouée, effrangée, le pose sur une pierre près de lui, puis fermant les yeux, mais seulement à demi, car il défend sa pitance contre les mouches et un tas de sales vermines ennemies de ses haltes de vagabond, il s'endort, une main sur son pain, l'autre sur sa trique en bois dur.

Richard ne dort pas, lui. Finies les bonnes siestes de jadis. De l'autre côté de la route embrasée de lumière, il regarde, il écoute le sommeil lourd de ce misérable pour lequel il se sent comme de la tendresse, parce que c'était le pauvre de Lydie, parce que c'est à lui qu'elle a parlé le dernier, à lui, dans cette main gercée et crispée, qu'elle a remis ce billet d'adieu que jamais Mme Fénigan n'osa montrer à son fils. Et tout à coup il songe qu'à défaut de cette lettre, le petit bureau de sa femme, là-haut, dans leur chambre, en renferme peut-être d'autres aussi curieuses. Comment n'a-t-il pas eu plus tôt la tentation d'y regarder?

Le temps d'entrer chez Rosine pour lui demander la clef, de voir la silhouette de M. Alexandre enjamber la fenêtre de la lingerie ouverte sur le parc, et de monter vivement le petit escalier de bois drapé de toile de Gênes à grandes fleurs ; le voilà devant un coquet petit meuble de marqueterie ancienne dont il fait sauter la serrure, grisé soudainement par cette odeur d'iris en sachet qui lui rappelle l'absente mieux encore que les airs de Pergolèse ou de Beethoven. Richard, de ses gros doigts fiévreux, furète, feuillette. Il a déjà trouvé des lettres de sa mère et de lui, du temps qu'il faisait sa cour à l'orpheline, quelques billets de sœur Martha pendant un séjour de la religieuse à Dublin, puis, très précieusement conservées, les deux notes de leur souper et de la nuit à l'hôtel, le soir de l'Opéra. Pauvre Lydie, fallait-il que les occasions de plaisir lui eussent manqué...

Maintenant, une grande enveloppe où tiennent une miniature en ivoire dans un écrin et trois lettres dont il a reconnu l'écriture fine et féline, l'écriture de Charlexis. Dès les premières lignes, il tressaille, ses joues s'empourprent à l'infernal manège du prince pour décider Lydie au départ, bien lui montrer l'odieux de son existence entre le gros Poum-poum et Mme Loir, la ramasseuse de pommes ; c'est ainsi qu'il traite Richard et sa mère. Ah! le petit monstre, rien ne lui échappe, les manies, les rabâchages ; et comme il s'entend bien à exalter les vanités de la jeune femme, ses prétentions à

la noblesse, sa fièvre de voyages et d'aventures!
comme il sait lui faire croire qu'elle étouffe sur
ce morceau de Seine entre deux écluses!... Et
Lydie qu'on accuse d'avoir abusé de ses dix-
huit ans! Il a cent ans, ce jeune prince; en
plus l'expérience d'une vieille danseuse et
d'un mauvais prêtre. Non, ce n'est pas elle qui
l'a enlevé ni débauché; ces lettres en font la
preuve...

Mais quel est donc, dans ce cadre d'or mi-
nuscule, ce baby râblé et superbe, tout nu sur
les fleurs d'un tapis? A qui, cet enfant? Le leur,
peut-être. Mais quand? où? comment? elle n'a
jamais quitté la maison... Et le pauvre mari,
dont la paternité déçue fut le constant regret,
est là qui fouille, interroge ces traits en miniature, ces boucles d'or frisé, les yeux de pierre
froide de celui qu'il suppose un petit bâtard du
monstre. Eh bien! non, c'est le monstre lui-
même. Une fantaisie du général, ce portrait de
Charlexis à deux ans; une façon de dire aux
dames extasiées devant la nudité du beau petit
mâle : « Voilà comme je les fais... » tandis que
le prince offrant à sa maîtresse ce médaillon de
sa toute petite enfance semble lui insinuer :

« Voilà comme je suis fait. » Au fond de l'écrin, sous le portrait, une lettre plus intime, plus brûlante encore que les autres, donne ces explications. En la parcourant, cette lettre, Richard a pâli subitement, tout agité de mouvements nerveux, et sentant au creux de l'estomac une horrible contracture. Ses yeux se troublent, cessent de voir, traversés, aveuglés d'éclairs intérieurs... Le poison, le poison de jalousie... il ne la connaissait pas encore, l'atroce brûlure. Lydie partie, perdue, il n'imaginait rien au delà; mais à présent il pense à l'autre, à celui qui la lui a volée, à leurs délires, à leurs caresses... Et le pauvre jaloux continue à lire. Il ne voudrait pas, chaque mot le déchire, le brûle; mais il le faut... c'est comme un poison délicieux qu'une fièvre mauvaise le force à boire, à boire...

Pour décider Lydie au départ, l'amant se plaint en des phrases ardentes que leurs nuits de l'isba sont trop noires; il est las d'aimer à tâtons, dans le sombre, dans la peur, avec le souffle des chiens sous la porte. Sans doute il y a l'attrait, le montant du danger... Oh! leur baiser d'hier matin sur le perron de Grosbourg, ce baiser en pleine bouche, si doux, si profond que, pendant cinq minutes, ils en sont restés tous les deux chancelants, les genoux fauchés... Mais c'est égal, leur première nuit dans la chambre du yacht vaudra mieux encore. Une nuit franche et blanche, sans peur ni pudeur, rien entre eux, rien sur eux; des baisers et de la lumière. Ce sera comme dans la chanson Malagaise où la belle catholique chuchote aux lèvres de l'amant : « Éteins, oh! éteins... c'est assez du mal que nous faisons; le péché des yeux, je ne veux pas le connaître. » Après, tout haut, dans l'emportement du plaisir : « Rallume, ami, rallume. Le péché des yeux aussi, je veux le faire avec tous les autres. »

... Le malheureux s'est levé, marche par la chambre avec furie, agitant ses mains pleines de massacre. Ce qu'il voit d'abominations, ce qu'il remplit ses yeux d'horreurs, qu'il ne pourra plus en arracher. « Ah! sale petit prince, ah! bandit... où l'a-t-il emmenée? où la cache-t-il? Si je pouvais savoir, les avoir là, me ruer dessus... tiens donc, tiens! » Et du talon de sa botte il écrase, il émiette le médaillon d'ivoire, croyant broyer de la chair nue et de la vie... Mais le poison est bu, mêlé à son sang, et ne lui laissera plus de répit.

Au salon, le soir, en installant les pièces de l'échiquier sous la lumière tranquille de l'abat-jour, Mme Fénigan regarde son fils avec un sourire d'aise et de plénitude : « On est bien, dis, nous sommes heureux tous deux ensemble? »

Si elle se doutait de ce qu'il voit, des scènes qu'il imagine.

V

La messe venait de finir. La grille et le portail ouverts laissaient voir sur le fond noir de l'église, obscurcie encore par l'éclatante lumière du dehors, les cierges s'éteignant l'un après l'autre, et, debout sous le porche, le petit M. Mérivet, rasé de frais, ses cheveux blancs en rouleaux sur sa haute cravate de satin, l'ordre rose du pape à la boutonnière de sa redingote, saluant ses invités à la sortie, reconduisant jusqu'à la route les personnes de marque, les remerciant du grand honneur, avec une mimique frétillante et surannée... « Effectivement. Je vous rends grâce... il nous est venu pas mal de monde, ce matin, et nous aurions été plus nombreux encore sans la fête patronale de Draveil et je ne sais quoi à l'orphelinat de Soisy qui nous a fait du tort... A dimanche... ne manquez pas... à dimanche. »

Les fidèles de la Petite Paroisse, des voisins presque tous, s'éparpillaient, promenaient sur le grand chemin pendant quelques minutes une odeur de pain bénit, des craquements de bottines neuves et d'étoffes soyeuses. Barbe, la très antique cuisinière, qui, depuis la mort du valet de chambre, le suppléait dans ses fonctions de sacristain, apportait à M. Mérivet la clef de la grand'porte. « Oui, monsieur, tout est bien fermé, bien éteint... Il n'y a plus que la sacristie où M. le vicaire s'attarde encore. Il m'a dit de ne pas l'attendre, qu'il sortirait par le clos. »

Le clos, c'était un bout de terrain jouxtant la chapelle, et dans lequel traînaient, parmi l'herbe et de grands pavots tout fleuris, des pierres de taille restées là depuis la construction. De la route on eût dit un petit cimetière de village.

« L'abbé Cérès n'est pas malade? » demanda M. Mérivet à qui le desservant de sa petite église était aussi cher que l'église elle-même. Mais Barbe le rassura. M. le vicaire s'était fait donner une aiguille et du fil noir, sans doute pour une reprise à sa vieille soutane usée, luisante.

« Pas trop tôt que monsieur lui en achète une autre.

— Vous avez raison, Barbe, nous lui achèterons une soutane neuve... Mais allez vite à votre déjeuner. »

La vieille fille traversa la route maintenant déserte, élargie comme toute la campagne alentour par le silence et le repos du dimanche ; elle disparut dans une petite porte du mur voisin, laissant son maître assis au soleil sur une des larges pierres blanches de l'enclos. M. Mérivet attendait depuis un moment la sortie du vicaire et cherchait le moyen de lui faire accepter une belle soutane qui ne fût pas revendue tout de suite pour les pauvres, quand des pas sonnèrent sur le chemin avec le chantonnement d'une voix de basse. Il aimait par-dessus tout qu'un passant, un étranger s'arrêtât devant l'inscription de son église : *Napoléon Mérivet, chevalier de l'ordre de Saint-Grégoire-le-Grand...* Et déjà il levait la tête, savourant par avance sa joie vaniteuse, un peu déçue en présence de Richard Fénigan qu'il n'avait plus revu depuis l'interruption des soirées musicales par le départ de Lydie. Il l'appela d'un geste affectueux, le fit asseoir à côté de lui, et après l'avoir regardé bien à fond :

« Pourquoi n'êtes-vous pas venu plus tôt? Vous ne voulez donc pas y entrer une fois, dans ma petite église? Elle vous serait bonne, cependant. »

Richard, maigri, creusé, de longues rides horizontales lui rayant le front comme d'une portée de musique, cherchait un prétexte pour se sauver bien vite, échapper aux reproches de ce vieux maniaque, propriétaire du culte ; mais la tiédeur de la pierre, l'odeur amollissante des pavots, ce qu'il y avait d'attractif et de prenant dans la bonté du vieillard, l'enchaînaient à cette place.

« Vous êtes beaucoup plus jeune que moi, disait le bonhomme en lui tapotant doucement les mains, mais on est bien près d'avoir le même âge quand on a la même douleur... Le mal dont vous souffrez, je l'ai eu, j'y ai passé comme vous, triste à mourir, triste à tuer... oui, parfaitement, à tuer... C'est drôle, n'est-ce pas? le père Mérivet, ce petit vieux si poli, si tranquille... Il s'en est fallu de ça... qu'un accès d'orgueil affolé en fît le plus lâche des assassins, car est-il rien de lâche comme un mari qui tue sa femme avec autorisation de la loi? »

Richard baissait les yeux sans répondre. Lui qui depuis huit jours ne rêvait que meurtre et vengeance et revenait à l'instant de la poste avec l'espoir d'y découvrir à la volée, dans le tri du bureau restant, quelque écriture révélatrice, s'exposer à de telles confidences! Cela se voyait donc, les pensées sinistres que roule sur les chemins une tête brûlante; et pourquoi le vieux Mérivet, si secret d'ordinaire, éprouvait-il l'envie de lui raconter son histoire?

« Cette histoire, mon cher enfant, ressemble à la vôtre; seulement, moi, j'avais seize ans de plus que ma femme. J'étais petit, pas beau, dans le commerce jusqu'au cou, un commerce d'alfa, qui m'obligeait à de fréquents voyages en Algérie; une seule chose à mon avoir, je jouais du violon et pas trop mal. Mon Irène, née à Blidah, avait le teint doré, les yeux longs et câlins, un grand air de douceur. Sans rien connaître à la musique, elle l'aimait comme vous, d'instinct, avec ses nerfs. La caresse des sons, l'effleurant, la faisait frissonner toute; j'étais, je vous dis, d'une jolie force.. Vous vous étonnez de ne m'avoir pas une fois entendu dans vos concerts du dimanche; c'est que, depuis la mort d'Irène, jamais je n'ai plus voulu jouer.

« Notre seconde année de ménage nous donna un enfant qui ne vécut pas. Ma femme en eut un vif chagrin, d'autant qu'on nous avertit qu'elle ne pouvait plus être mère. C'est alors que, pour l'occuper, la faire vivre au bon air, j'achetai cette propriété des Uzelles; elle s'y plaisait ou feignait de s'y plaire pour m'être agréable. Elle mettait tant de bon vouloir à tout!... Par malheur un peintre de renom vint s'installer dans le pays. Irène aimait les gens connus, je partageais avec elle ce travers de Parisien, l'orgueil d'avoir un homme célèbre à sa table. Accueilli chez nous, le peintre revint souvent. Un beau garçon aux façons théâtrales, la barbe en pointe, les cheveux à la Rubens et, sous ses airs prétentieux, l'imagination la plus riche, une parole colorée et prenante. Tout le temps qu'il était là, ma femme, penchée, buvait ses phrases; ensuite, j'avais beau faire chanter mon violon, c'est sa voix à lui qu'elle écoutait, qu'elle suivait malgré Mendelssohn et Chopin. J'en souffrais, comme de la voir — ennuyée, silencieuse, quand nous étions seuls — s'animer, toute rose et brillante, rien qu'en entendant le pas de cet homme à notre porte. Je le lui reprochais quelquefois en riant, mais mon rire devait détonner autant que le sien lorsqu'elle me répondait, l'air ingénu, surpris : « Tu crois?... mais non, je t'assure. » Bientôt je n'eus plus que cette pensée dans la tête : « Elle l'aime... elle l'aime... » La nuit, dormant à côté d'elle, je rêvais que j'étais très grand, très fort, plus beau que l'autre, et souvent, au lieu de dormir, j'épiais son sommeil, les cris de passion dont je devinais sa bouche gonflée, quoique pourtant il ne se fût rien passé entre eux. D'autres fois j'avais envie de l'éveiller en sursaut : « Aime-moi, aime-moi, ou je te tue. » Enfin, la sentant s'en aller de mon cœur un peu plus chaque jour, l'idée me vint de m'adresser à celui qu'elle aimait. Je ne sais pourquoi, j'associais dans mon esprit ce nom d'artiste à grandeur d'âme, générosité, compréhension supérieure. Un jour donc, je dis à cet homme très simplement : « Écoutez... je ne suis pas de

« force... Je sens qu'elle m'échappe et qu'elle
« va vers vous sans le vouloir... Pour vous, ce
« n'est qu'une amourette, la satisfaction d'un
« instant... Moi, c'est toute ma vie. Ne me la
« prenez pas, je vous en supplie... laissez-la-
« moi, allez-vous-en. » L'homme répondit :
« C'est bien, je m'en irai. » En effet, il partit
le lendemain, mais il l'emmenait avec lui.

« Ce que j'ai souffert, vous en savez quelque
chose ; et encore, moi, j'étais seul, je n'avais
pas un cœur à qui dire ma peine, une maman
pour m'empêcher de faire des folies. Je les fis
toutes. D'abord je voulus les rejoindre, bien
décidé à les tuer tous les deux ; ils étaient en
Suisse, à Gersau, au bord du lac des Quatre-
Cantons. Qu'il me parut triste ce lac, assombri
des montagnes en reflet, teinté de nuit et de
deuil, le soir où je débarquai, à deux pas de
l'unique hôtel. Ma femme et son amant venaient
de partir pour le Kursaal. Je pris une chambre
en face de la leur ; je les entendis rentrer avec
tous les gens de l'hôtel. Il parlait haut dans le
couloir, de sa voix câline et chantante ; mais il
en avait une autre que je ne lui connaissais pas,
sa voix d'appartement, aiguë et dure, qui m'ar-

riva bientôt vaguement à travers leur porte fermée. Je gardai la mienne entr'ouverte une partie de la nuit, et j'étais là, mon revolver à la main, guettant, prêt à bondir. Un détail bête me retint, le peu d'habitude que j'avais des armes, de celle-ci surtout achetée le matin du départ, toute chargée, et dont je craignais de mal me servir. Il me semble pourtant qu'au moindre soupir équivoque, au moindre appel voluptueux, je me serais rué sur eux comme une brute; mais ce que j'entendais ne ressemblait pas à des caresses. Lui, grondait furieux, haineux; elle, d'une petite voix dolente brisée de larmes, suppliait, s'humiliait. J'ai su plus tard qu'il lui faisait une scène à propos d'un musicien du Kursaal qu'elle aurait trop regardé, car il était jaloux, lui aussi, jaloux, méchant, jusqu'à la battre, et dans leurs querelles son grief sérieux, ce qu'il lui reprochait surtout, c'était d'avoir trompé son mari. D'entendre cette petite plainte énervante et monotone d'un être que j'aimais tant, que je sentais souffrir si près de moi, des larmes ruisselaient sur mes joues, appelées par ses larmes, et, tout en me traitant de niais et de lâche, je me jetais sur mon lit

avec des sanglots et des cris que je cachais
tout honteux sous l'oreiller... Ah! qu'il fait
noir dans nos pauvres âmes, quand la prière ne
les éclaire pas. Et, dans ce temps-là, je ne savais pas prier.

« Au petit jour, l'amant d'Irène sortit seul
avec sa boîte et son chevalet. Il allait peindre
dans la montagne. Ma femme devait dormir, la
chambre était silencieuse. Je n'eus qu'à tourner
le bouton et, sans savoir comment j'étais entré
ni pourquoi, en assassin ou en mari, pour l'embrasser ou pour la tuer, je me trouvai auprès
d'elle. Le peu de bruit que je faisais l'éveilla à
moitié, car elle s'agita; mais son lourd sommeil d'un matin de mauvaise nuit la reprit tout
de suite en longs soupirs. Elle avait dû coucher
seule, lui sur le divan où traînaient des draps,
ajoutant à l'encombrement de cette étroite
chambre remplie de malles, de vêtements, éclairée par la double lumière matinale du ciel et du
lac voisin. Quelle émotion de revoir ma bien-aimée sur ce lit d'hôtel et de hasard, dans la
même pose coquette que j'avais si souvent admirée, un bras replié soutenant ses cheveux,
l'autre jeté sur le drap, dans sa nudité éblouis-

sante. Là, oui, je crus que j'allais l'étrangler pour l'empêcher d'être encore à cet homme; mais, comme je me penchais sur elle, halluciné de cette envie farouche, elle fut secouée d'un de ces longs demi-sanglots comme en a l'enfant qui s'est endormi grondé et chagrin. Je vis alors que ses yeux étaient rouges, ses paupières gonflées de traces de larmes, et une grande pitié me vint d'elle, toute ma colère tombée devant tant d'irresponsabilité et de faiblesse. Ah! il en parle à son aise, l'autre, le marchand de phrases, quand il nous commande avec un beau geste de théâtre : « Tue-la... » Encore faut-il avoir l'instinct du meurtre, une âme lâche et des mains de bourreau... Je gagnai la porte sans me retourner; une heure après j'étais parti.

« Rentré à Paris, incapable de me remettre aux affaires, je vins me réfugier ici et m'y trouvai si seul, si malheureux, que je finis par utiliser mon revolver, contre moi-même, cette fois... Ce petit trou rond que je me suis fait dans la tête, — le vieux Mérivet relevait ses cheveux blancs, montrait la cicatrice, — cet effleurement de balle m'a tenu deux mois ni mort ni vivant, hébété. Quand mon cerveau s'est repris à vivre, j'ai trouvé à mes côtés un homme admirable, un saint qui a soigné mon âme, et, mon âme une fois guérie, par la loi de charité et de pardon mes bras se sont rouverts à celle que j'aimais encore et qui ne demandait qu'à me revenir. Pauvre petite, quel retour ! Maigrie, changée, avec ce même rouge sur les pommettes qu'on voit aux feuilles des hêtres attaqués par les charençons, elle échouait de ses six mois d'amour libre comme d'une sortie d'hôpital. J'espérais que ce joli coin vert, si heureusement placé entre la rivière et le bois, lui rendrait des forces. Mais elle continua à dépérir, même après un hiver passé dans son pays, au milieu d'une forêt d'orangers, près de Blidah. Parfois, avec le sourire navré de ses beaux yeux qui chaque jour prenaient plus de place dans son visage, elle me disait : « Je t'aime, je suis heureuse et « je m'en vais... Quel sort ! »

« Moi, j'avais confiance dans ma passion, dans sa jeunesse... Subitement lui revint la vie, du moins le goût et l'apparence de la vie. Les romans de Herscher avaient fait ce miracle. Tout un été, son dernier été, elle le passa dans

notre jardin, que vous voyez de l'autre côté de
la route, frileusement blottie en plein soleil au
fond d'une guérite en osier, à lire et relire les
délicates histoires d'amour du romancier, une
entre toutes : « La Brodeuse d'or », qu'elle préférait pour cette jolie figure de Yamina dont elle
s'amusait à copier et porter le costume, la veste
de velours pailleté et la coiffure de sequins sur
ses longues nattes. « Que dirait l'auteur, s'il
« me voyait en Yamina? me demandait-elle
« souvent... Est-ce que je lui ressemble?... »
Moi, sans savoir, je répondais : « Bien sûr... »
songeant avec tristesse que si le romancier eût
été là, il aurait vu comme je les voyais, juste
au-dessus du fauteuil de sa coquette Yamina,
aux beaux yeux de fièvre, le linge étendu sur
le balcon de sa chambre, son linge de malade,
l'oreiller, le matelas, qui séchaient, trempés
des sueurs de l'insomnie. Cependant, cherchant à lui plaire, à la dorloter jusqu'au bout,
je lui demandai un jour si elle aurait quelque
joie à se trouver avec Herscher, si elle désirait
que je lui écrive de venir. Mon amour durait
encore, mais mon orgueil jaloux était bien guéri,
comme vous voyez; tout cela est si petit devant

la mort! Irène, très émue, resta silencieuse et m'envoya pour toute réponse un baiser du bout des doigts en sanglotant.

« Je la perdis quelque temps après, en ces premiers jours d'automne où dans les champs dégarnis les corbeaux remplacent les hirondelles. Et seulement alors j'appris qu'elle avait une correspondance avec l'illustre romancier, qu'elle était une de « ses inconnues » dont lui-même a raillé depuis la folie amoureuse. Que voulez-vous? ma pauvre femme était une romanesque. La vie plate, dans le sillon, l'épouvantait. Sans l'avoir jamais vue, le grand homme lui répondait : *Madame X..., poste restante, Villeneuve-Saint-Georges.* Et, chaque samedi, Barbe allait chercher et porter un nouveau courrier ; c'est elle qui m'a révélé le mystère de cette correspondance, bien inoffensive, je suppose. Je dis « je suppose », car j'eus le courage de ne pas ouvrir une des nombreuses lettres, toutes de la même écriture, trouvées dans un tiroir de ma femme. Je les ai renvoyées à l'homme célèbre avec ces mots : « Votre inconnue de Ville-
« neuve est morte. Si vous voulez savoir son
« nom, vous le trouverez au fronton d'une petite

« église bâtie pour elle sur la route de Corbeil, « entre Draveil et Soisy. » M. Herscher n'est jamais venu. »

Il y eut un moment de silence, traversé de roucoulements de pigeons sur le toit de l'église, de cloches lointaines, apportées par la rivière comme sur un tremplin sonore. Puis Richard, avec un méchant rire :

« Votre récit, mon bon monsieur, prouve que pour trahir et pour mentir toutes les femmes se valent, et que, parmi les hommes, bien peu auraient votre indulgence, votre bonté. »

M. Mérivet le regarda, navré d'avoir été si peu compris.

« C'est ma faute, dit-il. Je n'ai pas su vous rendre l'écart existant entre mon Irène et moi. Elle avait tout ce qui me manquait, beauté, jeunesse; par elle je fus heureux pendant des années, sans me préoccuper de son propre bonheur, sans lui demander une fois : « Que te « manque-t-il ? » Devant des juges qui seraient des juges, rien que dans cet égoïsme la faute de la femme trouverait sa justification. Combien d'autres raisons pourraient l'absoudre ! De quel droit, par exemple, exige-t-on qu'elle soit la femme d'un seul homme, quand l'homme ne se contente jamais d'une femme unique? Pendant des années, Irène a vécu seule à la maison, n'ayant son mari que le soir, et loin de son pays, loin de sa mère, sans enfant. Pas d'enfant dans le ménage, voilà la grande excuse... La maternité est la raison d'être de la femme, sa fonction, sa joie, sa sauvegarde .. A vous comme à moi, mon cher Richard, il nous a manqué un enfant. »

Fénigan se leva furieux. Ce qu'on lui disait là, il ne le savait que trop. Lydie s'en désespérait assez, de ce manque d'enfant. Mais tout à sa vengeance, il ne rapprochait pas dans son esprit les deux lignes d'un raisonnement et se contentait d'invectiver.

« Alors, selon vous, ce qui nous arrive est le mieux du monde, la femme fait bien de tromper son mari?

— Non! je veux seulement qu'il y ait une défense, et qu'on l'écoute avant de condamner.

— La femme a trouvé la meilleure façon de se défendre, elle file, » dit Richard avec rage.

Le vieux, clignant ses yeux finauds, le força doucement à se rasseoir sur la pierre, à son côté :

« Eh oui, elle s'en va... Et n'est-ce pas plus digne que de rester, en mentant et se cachant ? Cette mise hors la loi sociale et mondaine ne vaut-elle pas mieux que l'adultère, installé sans danger ni scandale ? Je dirai plus : l'absence de votre femme vous facilite de plaider sa cause vis-à-vis de vous-même, de regarder bien en face son malheur et le vôtre, afin d'être tout prêt pour le grand jour de la réconciliation et du pardon.

— Je ne pardonnerai jamais, moi, » grinça Richard, les dents serrées.

Le vieillard secoua la tête :

« Vous croyez cela, parce que vous êtes encore torturé de cet horrible mal de jalousie, dont j'ai souffert autant que vous et dont vous guérirez comme moi.

— On guérit quand on n'aime plus.

— Détrompez-vous. La jalousie n'est pas la même chose que l'amour; elle tient de lui, certes! On le sent à la volupté qui se mêle à ses plus abominables souffrances... O Dieu, quand je me rappelle la joie que j'éprouvais à faire dire à ma femme qu'elle pensait à son peintre, qu'elle l'aimait par-dessus tout. J'en mourais, et c'était sauvagement bon... Tout de même, l'amour peut exister sans la jalousie, qui en est comme la fièvre, le délire. Délire orgueilleux quelquefois, plus encore que passionnel. « Est-ce possible?... un autre plus « beau, plus aimé que moi! » La preuve que la jalousie est une sensation à côté de l'amour, indépendante de lui, c'est que partout l'amour se montre identique à lui-même, en Orient comme en Occident; tandis que la jalousie des Orientaux ne ressemble pas à la nôtre. Ainsi l'Arabe n'a pas la jalousie du passé, peut-être la plus triste, la plus rongeante. J'ai connu près d'Orléansville un caïd qui parmi ses quatre femmes en préférait une, plus belle il est vrai que les autres. Baïa, ancienne danseuse et courtisane. Un *roumi* amoureux n'eût pas cessé un jour, une heure, de torturer cette malheureuse avec les frasques de son exécrable jeunesse. Mon caïd, au contraire, très indifférent à ce passé enfoui, disparu, puisqu'il le connaissait et l'oubliait volontairement, se montrait, pour le présent, d'une jalousie féroce, si bien que Baïa s'étant permis un léger flirt, comme vous dites, avec un interprète de l'armée, son mari lui balafra la figure et la gorge de je ne sais combien de coups de kandjar. La femme échappée à la mort par miracle, le caïd fut condamné à cinq ans de pénitencier à Ajaccio, de là, il écrivait régulièrement à son frère, chargé de surveiller ses femmes et son bien, et chaque en-tête de lettre, au lieu de la formule arabe de rigueur *la ilah ill Allah*, portait cette recommandation, toujours la même : *veille sur Baïa*. Preuve que sa jalousie ne désarmait pas.. Tenez, le grand homme dont mes parents m'ont donné le nom, bien mal adapté, poverino, car je n'eus jamais rien d'héroïque, — Napoléon, quasi Arabe d'origine, avait la jalousie orientale. Ses lettres à Joséphine nous le montrent sans inquiétude d'un passé terriblement tumultueux, tandis que tout lui est soupçon et torture de sa vie présente... De cette même Baïa dont je vous parlais, j'ai retenu cette réponse au président des assises, qui lui demandait pourquoi elle était si coquette, avec un mari tellement jaloux : « Pour « lui apprendre à mieux me surveiller, » dit-elle tranquillement. Combien de maris, en effet, non seulement ne surveillent pas leur femme, mais l'exposent au danger, par vanité, par insouciance ou maladresse ! Le peintre qui m'avait volé la mienne, n'est-ce pas moi qui suis allé le chercher, qui l'ai introduit dans ma maison ? Et vous-même, mon cher voisin, êtes-vous certain d'avoir toujours bien surveillé Baïa ? »

Ici, la vieille soutane râpée du vicaire traversa le petit clos, au milieu des abeilles et des pavots à longue tige. En passant, l'abbé Cérès, montagnard ariégeois resté alerte malgré son âge, les cheveux blancs et drus, s'inclina très humblement.

« Surtout, monsieur l'abbé, n'oubliez pas que nous déjeunons ensemble, » lui jeta le vieux Mérivet. Puis à Richard, quand le prêtre fut hors de portée de sa voix :

« Voilà l'homme, voilà le saint qui m'a guéri, qui m'a sauvé

— Comment, M. Cérès ? dit Richard qui, depuis l'enfance, depuis le catéchisme, connaissait le vicaire et le traitait un peu en inférieur, car le pauvre abbé n'était pas reçu dans les châteaux, les maisons bourgeoises, où on le trouvait trop excentrique, mal tenu, les mains douteuses.

— Oui, ce prêtre admirable est venu à bout

de mon orgueil... Je sais ce qu'on dit de
M. Cérès dans les sacristies officielles ; mais si
vous entrez à la Petite Paroisse, et il faudra bien
que vous vous y décidiez une fois, vous comprendrez pourquoi j'ai pris comme desservant
ce simple aux yeux clairs, absent des soins de
la vie, et quand vous l'entendrez réciter le *Pater*,
il a une façon de dire « comme nous pardonnons à ceux qui nous ont offensés... » qui vous
touchera jusqu'au cœur, vous guérira, puisqu'elle m'a guéri.

— Il est des offenses impardonnables, des
blessures qu'on ne guérit jamais, gronda Richard
sourdement... L'homme outragé se venge et
frappe. Je suis pour Shakespeare contre Jésus.

— Ah! oui. Shakespeare, Othello... J'ai lu
ça, pour savoir, pour me renseigner, quand
j'avais le mal; mais il n'y entend rien, votre
Shakespeare. Son Othello n'est pas un jaloux,
c'est un nègre, un *pays chaud*, passionné, brutal, rien de plus. La marque de la jalousie,
quand elle envahit un être, est de rendre féroce
le plus doux, d'initier brusquement le plus
candide à toutes les dépravations, de donner
aux anges, aux vierges une imagination sata-

nique et tous les mots de passe de la débauche. Pour qu'Othello fût vrai, il faudrait, quand la jalousie le gagne, que l'âme envieuse et perverse d'Iago, le seul vrai jaloux de la pièce, entrât dans lui, l'habitât... Le coup de génie, par exemple, est d'en avoir fait un mulâtre, de lui avoir donné l'infériorité de la race, une laideur, une infirmité. Chez l'infirme amoureux, la jalousie semble naturelle ; elle s'explique moins chez un gars bâti comme vous, mon cher voisin. »

Richard sourit tristement ; il se connaissait une infirmité cruelle, cette timidité dont tant d'années de ménage n'avaient pu venir à bout. Une fois, une seule en huit ans, il avait osé aimer sa femme comme il la désirait, à pleines lèvres, à pleins bras, et encore il était gris, cette nuit-là. Tandis que l'autre, le jeune monstre, trouveur de mots brûlants, expert à toutes les caresses... Ah ! le beau voyage de noces qu'ils devaient faire... Un sursaut violent le mit debout, avec le geste d'écarter, d'arracher quelque atroce vision de ses yeux.

« Où allez-vous ?... Richard !...

— Non... non... toujours voir ça, c'est fini. Je ne peux plus. Adieu... adieu... »

Il crachait les mots d'une voix rauque, lancé à pas furieux sur le grand chemin. Derrière lui, le vieux Mérivet resta songeur, un peu inquiet de ce brusque départ, se demandant si avec toutes ses vieilles histoires, ses dissertations sur la jalousie, il n'avait pas excité le pauvre mari, au lieu de le calmer. Dans le silence et la chaleur du petit clos, où le murmure des abeilles semblait la vibration de la lumière sur la floraison bleue, rose, mauve, pourpre, des pavots, le bonhomme se levait au bout d'un moment, tout étourdi, quand un break passa, chargé de monde, toilettes claires, ombrelles éclatantes. L'église de pierre blanche, en haut de laquelle tourbillonnaient des colombes, ce vieux monsieur à la boutonnière mouchetée de rose, fermant sa grille d'un air important et soigneux de propriétaire, intriguaient les promeneurs qui s'arrêtèrent.

« Peut-on visiter ? » demanda du haut de l'impériale une des plus fraîches ombrelles. M. Mérivet sourit, très flatté :

« Visiter ? Pourquoi faire ? L'église n'a rien de curieux, mais tous les dimanches, à neuf heures, nous avons messe et sermon, et je vous réponds qu'elle n'a pas sa pareille, la messe de la Petite Paroisse. »

Il salua, rentra chez lui, de l'autre côté de la route, avec une vanité qui s'exaltait à entendre, sur le break arrêté, une jolie voix de femme lire tout haut l'inscription lapidaire :

NAPOLÉON MÉRIVET

CHEVALIER DE L'ORDRE DE SAINT-GRÉGOIRE-LE-GRAND

A BATI CETTE ÉGLISE...

VI

JOURNAL DU PRINCE

Votre lettre, mon cher Vallongue, m'est revenue de Messine, que je vous avais désignée comme ma première escale, notre voyage autour du monde s'étant trouvé subitement interrompu.

L'effet produit par mon absence sur le personnel de Stanislas, l'allocution du directeur au réfectoire, la prière du P. Salignon pour le prompt retour d'une ouaille égarée, tout le récit pittoresque et précis que vous me faites des jours qui ont suivi mon départ, m'a beaucoup amusé, et j'en avais grand besoin, car tout n'est pas rose dans le métier de ravisseur. Pardon encore, et merci pour la peine que vous avez prise de rapporter mon baluchon à Grosbourg sous cette pluie battante, et aussi pour le très fruga¹ déjeuner qu'on a dû vous servir dans la somptueuse vaisselle plate aux armes de la maison. Ne mentez pas, je connais l'ordinaire lorsque la duchesse est là. En pleine saison des fruits, vous avez dû manger des pruneaux et des mendiants au dessert; et puis, vous avez eu une duchesse de méchante humeur, à qui je venais de faire un nouvel appel de fonds. En ces circonstances, le sang du baron Silva bouillonne et crie contre moi. La sombreur de mon père s'explique moins si, comme vous le dites, ses jambes lui reviennent de jour en jour. Il devrait être rayonnant. Quant à maître Jean, mon ancien précepteur, ce mot de cavata qu'il vous a chuchoté, en parlant de son élève, n'a qu'un lointain rapport avec le tiroir à cravates où j'entasse mes lettres et bibelots d'amour... Il voulait surtout vous faire entendre que je suis un irrésistible leveur de femmes. Le pauvre garçon a pu s'en rendre compte, comme assidu témoin de mes amours qu'il accompagnait sur son violoncelle... Oui, le petit clocher en haut de la côte, aperçu à travers l'ondée avec quelques maisons serrées tout autour et, dans le fond, le grand rideau vert de la forêt de Sénart, est bien l'église des Uzelles. On l'appelle dans le pays « la Petite Paroisse » et, plus pittoresquement, « la Paroisse du bon cocu », à cause du vieux bonhomme qui l'a fait bâtir. Donc l'endroit était privilégié pour mon aventure.

C'est là qu'un matin du mois dernier, j'attendais au petit jour ma maîtresse, Mme F..., dans un coupé aux armes et à la livrée de Grosbourg, ce qui ne manquait pas de désinvolture, vous en conviendrez. Le délicieux Alexandre avait tout disposé pour notre fuite, fourni l'argent, tracé les itinéraires ; je vous recommande le garçon, il est cher, mais incomparable.

Gagné Melun par les bois, pris le train jusqu'à Lyon, et après une halte de quelques heures, filé sur Cassis où nous arrivions le lendemain soir. Tout le voyage, un enchantement. Cette jolie fille sautant de son lit dans ma voiture, sans même le temps d'attacher son corsage, nos premières étreintes trempées de menthe et de rosée, l'ivresse de nous croire poursuivis dans cette course folle à travers bois, parmi le craquement des branches, *le bruissement des feuilles contre les vitres; par-dessus tout, la joie délicate et sauvage de sentir qu'on échappe à la règle, au devoir, qu'on chasse en terre défendue. Enfin, Cassis, la mer, à la pointe de la jetée le* Bleu-Blanc-Rouge, *sa grande voile goëlette à mi-mât, n'attendant plus que nous pour ouvrir son aile. Tout cela, oh! tout cela subrexquis.*

Mais à peine embarqués, par un divin soir vert et lilas, où mon amie et moi commencions à goûter, je crois bien, le plein de la joie physique, enlacés et couchés sur le pont, bercés par un admirable chœur de voix d'hommes qui venait d'un corailleur napolitain tirant la même bordée que nous et mêlant ses sonorités joyeuses au doux ruissellement du sillage, au cliquetis de la flamme en haut du mât, horrible, most horrible! *voilà ma bien-aimée prise d'un abominable mal de mer qui ne l'a plus quittée de la nuit ni du lendemain, nous a obligés à relâcher pour un mois, deux mois, peut-être toujours. Comme fiasco, il n'en est pas de plus complet. Je vous ai dit quelle délicieuse compagne de route j'avais choisie entre bien d'autres, aventureuse et voyageuse, passionnée du bateau et de la voile, sachant tenir la* barre, larguer une écoute aussi bien que moi, le type de la femme pour navigateur. Va te promener ! Il faut qu'elle ait le mal de mer... et quel mal de mer, effroyable, incurable.

Que faire, maintenant ? Renoncer à mon beau voyage ? Renvoyer le Bleu-Blanc-Rouge à Cardiff, en laissant au brave Nuitt les quinze cents livres avancées pour trois mois de paye ? Je ne m'en suis pas senti le courage. Non plus que d'aller nous installer bourgeoisement, la comtesse et moi, — comte et comtesse des Uzelles pour les voisins de table d'hôte et les registres d'hôtel, — dans une villa au bord du lac de Lucerne ou de Genève, pour émigrer ensuite aux lacs italiens. La vie à deux dans ces conditions, c'est le suicide par l'ennui, à moins d'être amoureux ou poitrinaire, ce qui n'est pas mon genre ; ni le vôtre, n'est-ce pas, Vallongue ?

Pour me donner le temps de réfléchir, j'ai remisé mon yacht sous le grand rocher de Monaco et loué le premier étage d'un de ces caravansérails de Monte-Carlo, pompeusement groupés autour de la maison de jeu. Bien que ce ne soit pas encore la saison, il y a foule aux tables de roulette, foule d'étrangers seulement. Les premiers jours, j'ai gagné la forte somme; puis j'ai perdu, en sus de mon gain, les quarante ou cinquante mille francs qui me restaient. La malechance ayant voulu qu'Alexandre ne fût pas aux Uzelles pour répondre aussitôt à ma demande d'argent, j'ai été obligé de reprendre au capitaine Nuitt l'avance que je lui avais faite; vous pouvez vous figurer sa déception, son épouvante. Et la paye de l'équipage, by God? et la pension de mistress Nuitt? Pendant huit jours, j'ai dû supporter ce baragouin avec des variations à mourir de rire par le captain, le second, le stewart, bonnes figures anglaises, congestionnées, consternées, me poursuivant partout, au bureau de poste, aux tables de jeu, agitant sur les blanches terrasses de l'hôtel, sur la route ombragée de Monaco, les ombres frénétiques et comiques d'une pantomime de Hanlon Lee. Enfin, les g lions arrivés, captain Nuitt, sa femme et son équipage contents et soldés, je continue à jouer, parce que les journées sont longues, mais à l'abri désormais de tout fâcheux emballement.

Très désolée d'abord du contre-temps dont elle est cause, ma maîtresse s'est vite résignée, grâce aux deux excellents Pleyel, et à l'auditoire complaisant de notre caravansérail. Ajoute: la joie du confortable, de l'élégance, et celle, incomparable, de s'entendre dire par un maître d'hôtel : « Madame la comtesse est servie, » en entrant dans la salle à manger au bras de M. le comte. Les titres, les blasons, c'est le rêve de cette petite bourgeoise sans parents, et qui, dans l'orphelinat où fut accueillie son enfance, a grandi avec l'idée qu'elle était d'origine noble, archi-noble. Il est vrai qu'elle ne manque pas de distinction, la taille longue et pliante, l'air facilement insolent, le front étroit, admirablement encadré ; mais de grands pieds et de grandes mains, aussi commodes pour le piano — clavier et pédale — que peu rassurants sur l'origine. M'aimerait-elle, si je n'étais fils de duc, prince moi-même? J'en doute. Elle est trop jeune pour que mon jeune âge l'ait amorcée, ainsi que telle mûre baronne, amie de ma mère et goulue de chair fraîche. Bien que démentis par ma taille et ma carrure, mes dix-huit ans la gênent plutôt, et aussi la candeur, l'ingénuité qu'elle me suppose. Pauvre fille.

Il reste encore des femmes sentimentales. Ma maîtresse est de celles qui vous disent : « Viens pleurer sur mon épaule. » Et à ce propos, mon cher Wilkie, que je vous raconte, cela vous servira à l'occasion, comment j'ai pu vaincre ses toutes dernières résistances. Nous étions seuls, le soir, dans une resserre au fond de son parc. Ce qu'il m'avait fallu d'astuce pour l'amener là!... Rien de plus, par exemple; prières, lamentations ne m'avançaient pas de ça. Pour achever de me rendre ridicule, on l'est si aisément en un pareil débat, une poussière m'entre dans les cils. Je me frotte avec énergie, tout en poursuivant mon attaque; mes yeux rougissent, sont en larmes, et, brusquement, je la sens qui s'abandonne : « Tu pleures?... tu doutes que je t'aime?... Oh! non, ne pleure plus, ne doute plus... prends-moi. » Et la méprise dure encore, elle me croit très amoureux, sans m'aimer beaucoup elle-même.

N'est-ce pas une chose curieuse qu'elle se soit lancée dans une telle aventure, avec si peu de combustible passionnel? Est-il vrai, comme elle l'affirme, que « ça l'ennuyait de mentir »? Ce n'est pourtant pas ennuyeux; et dans le duel de l'homme et de la femme, l'arme de la faiblesse, l'arme enfantine et féminine, le joli mensonge, délicat et pervers, ciselé par de petites mains artistes, me paraît du jeu le plus agréable... Non, le mensonge ne l'ennuyait pas. Elle s'ennuyait, tout simplement. Victime de la vie monotone et désœuvrée, elle a préféré se livrer à tous les caprices de mes dix-huit ans, à tous les dangers d'une montgolfière à feu de paille. Qu'espère-t-elle? En admettant qu'elle parvienne à divorcer, j'ai, moi, pour ne pas l'épouser, mille prétextes d'âge et de situation. D'ailleurs, il n'est pas question de divorce pour elle. Son mari, M. F..., qu'on supposait un gros indifférent, Alexandre m'apprend qu'il crève de mâle rage et pourrait nous fondre sus un de ces matins. Mais cette jalousie de mari me semble moins redoutable que celle de mon père, le général.

Oui, mon cher Vallongue, mon père jaloux de moi, amoureux fou de ma maîtresse qui, très au fond du cœur, garde un sentiment plus vif au héros de Wissembourg qu'à son innocent de fils. Ce sentiment, la pitié l'a-t-elle fait naître, ou existait-il avant la maladie du général? Je l'ignore; mais des mois et des mois, je les ai vus, elle au piano, lui dans son fauteuil d'infirme, échanger des regards plus signifiants que des paroles, et j'ai senti souvent qu'avec une roucouleuse de son genre, ce blessé, gavé d'ans et de *gloire, était un rival dangereux. Le vieux, lui, me devinait, il se méfiait de la cavata, convaincu que je finirais toujours par triompher, à cause de mes jambes et de tout ce qui lui manquait. Ah! que j'ai dû le rendre malheureux, surtout quand elle venait passer l'après-midi à Grosbourg, et que je l'emmenais par toute la maison et le jardin. Imaginez don Juan cul-de-jatte; le malin des malins, celui à qui on ne la fait pas, comme il dit, et qui, lui, l'a faite à tout le monde, figurez-vous cet homme vissé dans un fauteuil, réduit à guetter de loin, derrière une vitre, à se dire tout le temps : « Où sont-ils?... Qu'est-ce qu'ils font? » soupçonneux, rongé, se traînant sur ses pilons pour venir écouter aux portes, lâche, furibond, en larmes. C'était mon père, cet homme-là. Comme je comprends que pour finir cette torture, l'idée lui soit venue de m'enfermer à Stanislas! A quoi j'ai répondu, du tac au tac, par la double escampette du jeune homme et de l'amoureuse... Maintenant, il pourrait très bien se faire, surtout après le faux départ du Bleu-Blanc-Rouge qui nous a laissés sous sa coupe, que mon père abusât de ma minorité pour me réintégrer à Grosbourg et même à Stanislas. Non! ce serait trop drôle* que je rentre en préparatoire... Avec ma maîtresse, alors? La tunique lui irait si bien. Et voilà un dénouement qu'elle n'a certes pas prévu.

Songe-t-elle à quelque chose, du reste? il me serait difficile de le savoir; et c'est vraiment bien extraordinaire cette fermeture, cette impénétrabilité de deux êtres qui vivent l'un contre l'autre, s'endorment sous la même moustiquaire. Parfois, je pense au cri d'horreur qu'elle pousserait, si elle entrait dans moi subitement; ce moi, tellement obscur et trouble que je m'y perds, que j'y ai peur, si elle l'habitait tout à coup, quelle épouvante! si seulement elle ouvrait cette lettre... Ce serait pour tuer le peu d'amour qu'elle peut avoir, à moins que tout le contraire arrivât. Quelle est donc cette duchesse du grand siècle qui prétendait que pour aimer un homme en plein, la femme devait le mépriser un peu? Voyez-vous que, las de ma maîtresse, et pour la dégoûter de moi, me montrant tel que je suis, je change en passion son amourette? Non, mieux vaut laisser faire la destinée et Notre-Dame de Fourvières, en qui la charmante fille a la plus aveugle confiance. A ce point que, partie de chez elle presque nue, elle a voulu en arrivant à Lyon, même avant de s'acheter une chemise, monter en pèlerinage à Fourvières et s'y munir de scapulaires et de chapelets bénits. Je ne l'en ai pas détournée ; c'est si joli le cliquetis des médailles sur une gorge blonde, c'est si bon le plaisir qui devient un péché, la volupté savourée dans le remords et dans la peur!

Parmi les étrangers plus ou moins hybrides qui dans cette saison habitent notre hôtel ou viennent seulement y manger, nous nous sommes liés avec un jeune ménage, les Nansen. Le mari, Suédois, professeur dans une faculté quelconque de son pays, ayant eu la poitrine malade, s'était fait donner une mission dans le midi de l'Italie. Il en revient, marié depuis huit mois avec une très jolie fille d'un hôtelier de Palerme. Lune de miel passionnée, attelage Nord et Midi d'un amusant contraste. L'homme, un roux à lunettes, doux, rachitique, les épaules en ailes cassées, des yeux du Nord, fins et pâles. Quelqu'un a dit : « En montant vers le Nord, les yeux s'affinent et s'éteignent. » Tels ne sont pas les beaux yeux myopes de Nina, Mme Nansen, deux grains de raisin noir, tentants et luisants dans cette splendide chair italienne. La femme un peu ronde, mais si vraiment

jeune et naturelle, se frôlant à son mari avec un
rire de maîtresse aimée, des frissons de plante
heureuse qui se dresse et s'épanouit au soleil.
Notre présence à l'hôtel, où ils venaient prendre
leur repas d'une villa voisine, dérangea l'har-
monie du ménage. Les jolies toilettes de ma Parisienne, sa réserve hautaine, impressionnaient visiblement M. Nansen, qui trouvait tout à coup à
sa Nina des corsages criards et l'air commun.
Mais le pauvre garçon était bien trop timide pour
me laisser espérer qu'il prendrait jamais la relève
de mon quart, quelle que fût son envie et peut-être
la mienne. De quoi est faite cette timidité, si fréquente parmi nous, et que la femme ignore? Je
vous ai parlé de M. Poum-poum; Nansen, comme
timide, me fait penser à lui. Un de ces êtres qui
trébuchent dès qu'on les regarde marcher, qui font
effort pour pousser la porte d'un magasin, et,
dans la rue, rasent les murs, voudraient les trouer,
y disparaître. Poum-poum, dont j'ai eu toutes les
confidences, me parlait d'un de ses amis qui se
grisait pour oser être tendre avec sa femme, et
j'ai toujours pensé que c'était lui-même, cet ami.
Mon Danois est de cette force. Un soir, au salon,
il jouait une valse lente de Brahms, en regardant

ma maîtresse comme en extase. J'étais près de lui, je lui dis tout bas : « Prenez garde, Nansen, ça se voit... » Au lieu de me demander ce qui se voyait, il devint très rouge et laissa tomber ses lunettes sur les touches.

Quand je la taquinais à propos de son muet amoureux, Lydie me répondait en souriant : « Mais il me semble que la femme ne vous déplait pas non plus... » Et, de vrai, cette petite Nina m'amorçait par son double attrait mystérieux de femme et d'étrangère ; en plus, très éprise de son mari, excitante. Ma maîtresse l'a-t-elle compris? Est-ce la peur d'un de mes caprices qui l'a décidée à quitter Monte-Carlo brusquement? mais un matin, il y a huit jours, à l'heure où le capitaine Nuitt vient flegmatiquement aux ordres, elle se déclara prête à reprendre la mer, malgré l'avis des médecins. On convint de relâcher à Gênes et, dans le cas où ce court voyage ne la fatiguerait pas, de continuer sur Malte et la suite.

« Si nous emmenions les Nansen jusqu'à Gênes? » proposai-je d'un ton négligent. Après avoir cherché ma pensée jusqu'au fond de mes yeux, ce qui n'est pas commode, elle décida, très fière comme toujours :

« Emmenons les Nansen. »

A deux heures, le jour même, le Bleu-Blanc-Rouge sortait de Monaco, toute sa toile au vent. Mais avant le soir, au large de Vintimille, nous attrapions le plus joli coup de foutreau : grêle, tonnerre, tramontane, la mer démontée, et Mme F..., écroulée sur son lit, sans la force d'un mouvement, d'une plainte, agonisante. A côté, dans le salon traversé d'éclairs, Nansen vomissait à pleine cuvette, sans plus songer à l'amour. Nous aurions pu, sa femme et moi, nous rouler sur les divans, nous embrasser devant lui, qu'il n'eût pas trouvé la force d'un geste. Mais la pauvre Ninette était bien loin de ces idées. Folle de peur, elle passa toute la soirée agenouillée, cramponnée au fauteuil de son époux, et, chaque fois qu'un éclair illuminait les hublots, c'étaient d'éperdus signes de croix, des litanies criées, sanglotées : « Sainte Barbe, sainte Hélène, sainte Marie-Madeleine... » Pour flirter dans ces conditions, il m'eût fallu l'âme romantique et blasphématoire d'un personnage d'Eugène Süe.

Le lendemain, complications nouvelles. Nansen se trouvait pris d'une hémoptysie violente, conséquence de ses malaises ; et la pharmacie du bord manquant de perchlorure, nous dûmes atterrir à San-Remo pour le prompt soulagement de nos malades. Dès le soir, pendant que le Bleu-Blanc-Rouge tirait des bordées sans fin, pour venir reprendre sa place à côté du yacht de Son Altesse, au pied du rocher de Monaco, nous rentrions tous à Monte-Carlo par la Corniche. A l'hôtel m'attendait une lettre de mon père, martial appel de clairon à l'honneur, à la patrie. Depuis cent ans, toujours nous avons eu un Dauvergne sous les drapeaux, et en belle place; si demain la guerre éclatait, si la France avait besoin de ses fils, qui marcherait, chez nous? Quatre pages de ce lyrisme, pour m'engager en définitive à lâcher ma maîtresse et à entrer à Saint-Cyr. Vous pensez si toute cette claironnée m'a laissé froid.

La guerre m'ennuie, je la trouve bête et sale. Des deux façons d'envisager un champ de bataille, la verticale, celle du cavalier, le sabre au clair, droit sur l'étrier, un coup d'eau-de-vie dans la tête, et l'horizontale, celle du blessé qui se traîne, le ventre ouvert, dans l'ordure et le sang, je n'ai jamais pu m'imaginer que la dernière, qui m'a dégoûté, sinon effrayé. Le lendemain de Wissembourg, mon père disait en par-

lant du combat : « *Il y avait de la viande...* »
Ainsi m'apparaît la guerre, toute en viande, en
viande abattue et charretée, non pas en belle
chair sur pied, étincelante et vivante. Je ne suis
pourtant pas lâche. L'autre nuit, si vous m'aviez
vu tremper le nez dans le vinaigre avec la solide
équipe du Bleu-Blanc-Rouge, je ne renâclais pas.
Non, j'aurai mes moments comme tout le monde,
seulement le carnage me fait horreur. En plus,
les mots : patrie, drapeau, famille, n'éveillent en
moi que des échos hypocrites, du vent, du son.
Vous êtes pareil, mon cher Vallongue, avec cette
variante que, chez vous, tout vient de l'étude, de
la réflexion. Votre cerveau, comme celui de tant
de jeunes Français, est une conquête de la philosophie allemande, conquête autrement sérieuse
que celle de l'Alsace et même de la Lorraine.
Kant, Hartmann, surtout l'autre, le fameux,
vous savez qui je veux dire, ont démonté devant
vous le décor de la vie pièce à pièce; l'érudition
du sentiment et de la sensation a détruit en vous
la faculté de sentir.

Mais moi, moi qui ne sais rien, qui n'ai rien
lu ni appris, comment suis-je au même point de
lassitude et de décrépitude morales ? Pourquoi

suis-je déjà desséché, ravagé, à dix-huit ans à peine? D'où me vient ce mépris de tout devoir, de toute tâche, cette révolte contre n'importe quelle loi?... Mon nom, ma fortune, ma jeunesse, et une âme d'anarchiste. Pourquoi ça? Vous à qui je dis tout, qui me savez à fond, Vallongue, tâchez donc de m'expliquer à moi-même. M'appréciez-vous simplement — votre lettre semble me le dire — comme un produit de la nouvelle école, un échantillon du tout dernier bateau? Nos aînés alors seront surpris. Ceux qui s'en vont et ceux qui viennent ne se ressemblent guère, je le sais; mais cette fois, si j'en juge par mon père et moi, les ponts sont bien rompus entre les deux générations, et, d'une rive à l'autre, l'incompréhension pourrait s'exagérer jusqu'à la haine.

Il est certain que j'ai lu à ma façon la lettre du général, n'y voyant que son retour à la vie et le désir de ravoir sa chère Mme F..., par qui, je dois l'avouer, ses frais d'éloquence militaire ont été mieux goûtés que par son fils. Ma sentimentale amie en avait les yeux tout embués; depuis quelque temps du reste, ces accès de sensibilité sont fréquents chez elle, même inquiétants. C'est cela qui en serait une aventure!... Ici, pourtant, ses larmes venaient d'une source toute morale; je la sentais bouleversée, prête aux plus grands sacrifices. Ah! le vieux lascar, sa lettre n'était pas tant pour moi que pour celle qui la lirait par-dessus mon épaule, en pensant à lui. Et je prévois maintenant une démonstration paternelle encore plus vive. Parions qu'il va venir en personne nous jouer une bonne scène de mélo pour décrocher du même coup sa maîtresse et son garçon, deux timbales au lieu d'une. S'il croit que je l'attendrai!... D'abord, la roulette ne m'amuse plus, encore une sensation tombée dans le gouffre; elle ne valait pas l'ennui de cuire dans ce paysage d'Afrique, aveuglé de soleil et de poussière chaude, assourdi par cette crécelle des cigales qui semble le bruit monotone de la lumière.

Le mieux serait de repartir sur mon yacht, en confiant Lydie à des amis qui me la ramèneraient, par terre, dans quelque coin perdu de Bretagne ou d'Italie. Mais qui? C'est fini, les Nansen... J'oubliais de vous dire que le malheureux Suédois fut emporté par une phtisie galopante, le lendemain de notre rentrée. A ce propos, monsieur le philosophe, que je vous soumette comme à mon confesseur un cas passionnel et mystérieux, presque indisable.

Voilà donc le Suédois ad patres. *Pendant deux jours, nous avons vécu dans cette mort, ma maîtresse passant des heures près de la veuve désespérée, moi et mon brave Nuitt, dont je mets la sinécure à toute sauce, occupés du triple cercueil en chêne, plomb et sapin, pour ramener le défunt dans son pays, et aussi des questions de transport, de transit... On en mangeait littéralement, de ce Suédois; sa cendre se mêlait à nos aliments, s'insinuait dans notre sommeil. Le troisième jour, hier matin, la comtesse me dit:*

« *Vous devriez aller voir Nina... vous venez d'être tout à fait bon et complaisant pour elle, elle voudrait vous remercier.* »

Rien de plus banal que cette visite. Pourquoi étais-je si ému, si passionnément ému, en entrant dans le petit jardin de la villa Nansen, au creux d'un ravin mauve, à dix minutes de la mer? Était-ce le sirocco, l'haleine des lauriers-roses? Je me sentais la bouche sèche, les mains brûlantes, et tout mon être engourdi d'un vertige sensuel qui ne m'empêchait pas de songer à la mort... Comment n'y pas songer, du reste? Mat-

tresse du logis, elle le remplissait du désordre et de l'effarement qu'elle apporte. Ces fenêtres, au premier, large ouvertes, cette autre hermétiquement close où s'entrevoyait la lugubre lueur jaune des cierges au plein jour, et partout, jusqu'au fond du jardin, jusque sous les lauriers, l'horrible odeur de mixture et de sciure de bois qu'exhalent les couches mortuaires.

J'attendis cinq minutes dans un parloir, au rez-de-chaussée, assis sur un canapé de paille. Des pas dans l'escalier. Nina... Je vous ai dit, n'est-ce pas? que rien n'existait entre cette femme et moi. La veille de son malheur, nous avions ri et joué ensemble, tout le soir, sur la terrasse de l'hôtel. Un flirt gai. Mais mon désir avait beau l'amuser, elle s'occupait surtout à surveiller son mari, assis au piano avec ma maîtresse, devant une sonate à quatre mains. Je ne l'avais plus revue. Dites-moi pourquoi j'étais sûr de ce qui allait arriver... Elle entra, très pâle, vêtue en hâte d'une robe noire collant à sa taille libre et souple; on sentait sa belle chair mate d'Italienne là-dessous. Ses yeux luisaient entre ses paupières rougies, boursouflées. Elle se jeta près de moi sans une parole; nos mains se frôlèrent, et le feu prit… « Ah! monsieur Charley… » Je l'eus tout de suite contre ma poitrine, sur ma bouche, épuisée de ses nuits de veille, offerte, éperdue, pâmée dans un lent baiser de fièvre qui sentait l'houbigant et le phénol… Juste à ce moment, sa propriétaire entrait demander une paire de draps et m'extirper d'entre les dents une occasion qui ne reviendrait plus.

Tout de même, mon philosophe, que pensez-vous de ceci? Par quelle détente diabolique cette femme s'est-elle arrachée de ce mort qu'elle aimait, qu'elle pleurait, pour tomber inconsciente dans mes bras? Serait-ce qu'un souffle aphrodisiaque voltige autour des cercueils? ou simplement la vie reprend-elle sa revanche, dans une poussée véhémente et immédiate? J'ai la conviction que les médecins en savent plus qu'ils ne disent sur ces instants de désordre et de perversion, dont ils doivent souvent profiter. Moi-même, une autre fois déjà, en des circonstances encore plus terribles, j'avais subi la mystérieuse influence… l'amour et la mort, Vallongue!

Je comptais ne vous envoyer mon journal que lorsque j'aurais pris une décision et fixé notre *nouveau séjour, mais nous voici en pleine péripétie. Ce n'est pas mon père qui vient d'arriver, c'est Othello. Ce matin, entre dans notre chambre, pimpant toujours, mais le visage à l'envers, M. Alexandre qui, depuis mon départ, moucharde pour le compte de ma famille le mari de Mme F..., et a fait le voyage en express avec lui. Heureusement, ce farouche mari explore à Monaco où il nous croit, ce qui nous laisse le temps d'une résolution.*

A bientôt d'autres nouvelles. L'affaire ne manque pas de gravité; mais je me tâte, le pouls est bon.

Charlexis.

VII

En quittant brusquement le vieux Mérivet, après leur causerie autour de la petite église, Richard s'était heurté à M. Alexandre; et le sourire en coin du larbin, l'ironie qu'il crut y voir, lui traversèrent l'esprit d'un jet de lumière.

« Où ils sont, les misérables?... mais cet homme le sait; il le sait par Grosbourg, et Rosine, chez nous, par Alexandre. »

Et pendant qu'il arpentait la route déjà brûlante, son ombre ramassée et courte à côté de lui doublait les gestes d'un furieux soliloque.

« Suis-je bête, de n'y avoir pas pensé plus tôt, d'être allé si souvent me morfondre à ce guichet de poste!... Pourvu maintenant que cette fille parle... Oh! elle parlera, sinon... »

Justement Rosine Chuchin, qui montrait en plus jeune et plus fin la physionomie chafouine de son père le garde-pêche, apparut à la petite porte du parc, en haut de ces deux marches, d'où elle avait failli tuer son maître avec l'annonce du départ de Lydie. En chapeau de dame et petits souliers, un paroissien doré sous le bras, la servante attendait quelqu'un. Elle s'écarta devant Richard, avec ce sourire vague et subalterne, où l'on peut voir tout ce qu'on veut ; mais il la fit tourner des deux bras, en l'accolant contre la porte qu'il fermait d'un coup de pied :

« Où est madame?... tu le sais... dis tout de suite... où est madame? »

Il la secouait brutalement. Elle, stupéfaite, sans comprendre d'abord, bégayait :

« Mais non, monsieur Richard, je ne le sais pas, moi, où est madame... En revenant de la grand'messe elle a trouvé une dépêche...

— Je te parle de ta maîtresse... ma... ma femme. » Il dit le mot avec effort. « Où est-elle?... » Et voyant qu'elle allait mentir : « Jamais je ne me suis mêlé de tes histoires ; mais je les connais, tu penses... Si tu crois que je ne vous entends pas, quand ton amant vient à la lingerie... Je n'aurais qu'un mot à dire, pour que ma mère te jette à la rue et que le père Chuchin...

— Oh! monsieur Richard...

— Alors, pas de tricherie. Quand Alexandre leur écrit, où adresse-t-il ses lettres? »

L'involontaire oscillation de tout ce corps de robuste campagnarde témoigna son incertitude, puis elle finit par livrer en chuchotant le nom de la ville et de l'hôtel. Richard fut anéanti. Il les croyait loin, au delà des mers, hors de toute portée. Ne lui avait-on pas parlé d'un voyage dans les Indes? Et voilà qu'au lieu de bondir sur sa vengeance toute proche, il se sentait subitement calmé, sans renoncer pourtant à son départ, car il chargeait Rosine de lui préparer le sac de nuit :

« Tu sais, la mallette que j'emporte quand je vais chasser aux étangs de Mérogis... Surtout, pas un mot à ma mère... Elle est allée, dis-tu?...

— A la gare de Villeneuve, avec la victoria.

— A Villeneuve, maman ! Et pourquoi faire ? »

Mᵐᵉ Fénigan ne sortait jamais que pour la messe.

« Je ne sais pas, monsieur Richard, mais je vais profiter de son absence pour prendre le sac de nuit, resté au château. »

Elle s'engageait sous la charmille. Il la rappela : « Entre dans ma chambre en même temps et prends-y... »

Il ne sut comment demander son revolver, dans le tiroir de la table de nuit. C'était si bien souligner ses intentions ; il en eut comme une gêne.

« Non, rien, j'y vais. »

En visitant son arme, il s'en voulut de cet apaisement subit et inexplicable.

« Pourquoi cela ? Comment l'idée que demain, à la même heure, je serai vengé si je veux, comment cette idée m'a-t-elle à ce point refroidi ? Suis-je donc tout à fait lâche, ou seulement incapable d'une détermination ? »

Alors, pour s'exciter, reprendre son élan furieux de tout à l'heure, il chercha les lettres de Charlexis à sa femme, qu'il gardait là dans un coffret, pour les avoir toujours sous la main, sous les yeux. Ah! ce fut vite fait. Dans ce cerveau un peu assoupi, alenti par les torpeurs du plein air, l'imagination avait besoin pour s'aviver de représentations extérieures. Ainsi de certains voluptueux qui appellent le livre et l'image à l'aide de leurs sens amortis. Ces lettres, il les savait par cœur; mais à la lecture, les phrases prenaient corps, les mots étincelaient comme des regards...

Le roulement de la victoria sur le sable l'arracha à ces visions... Sa mère, déjà!... Il serra les lettres en hâte, désolé de n'être pas parti sans l'avoir vue. Maintenant, il faudrait un prétexte pour expliquer le voyage, éviter les larmes, les supplications. Il cherchait, en descendant au-devant d'elle, et se montra sur le perron, comme la voiture se rangeait tout au bas. Quel ne fut son étonnement d'apercevoir le siège du cocher encombré de colis, et près de Mme Fénigan, sous une ombrelle d'un rouge écarlate, une jeune femme coiffée, vêtue du même rouge, depuis l'aigrette de sa toque de voyage jusqu'à la soie de ses bas à jour qu'elle laissa voir, en sautant de la voiture avec une impétuosité de jeune garçon.

« Bonjour, Richard ! » cria-t-elle joyeusement, en aidant à descendre Mme Fénigan qui faisait des signes à son fils. La voix sonnait, jeune et fraîche, dans un gentil accent de pays, entendu déjà, presque familier. Cependant Richard hésitait, quand la mère, montant le perron au bras de la dame en rouge, l'annonça :

« Élise, voyons, la cousine de Lorient. »

Un essaim de souvenirs, de minutes amoureuses et heureuses, tourbillonna dans sa mémoire. Il revit la cousine, toute ronde et menue, galopant près de lui dans les plaines de Sainte-Geneviève-des-Bois, à la portière du landau où François Belleguic, riche entrepreneur de charpente, et Mme Belleguic, née de Kerkabelec, convenaient avec Mme Fénigan du prochain mariage de leurs enfants, qui déjà s'entendaient à merveille. Les deux mères, par malheur, se ressemblaient trop pour s'entendre. Mme Belleguic, née de etc... était une Bretonne taillée dans la pierre dure, encore un « bon tyran » qui prétendait mener tout le monde comme elle tenait son mari, la main ferme et les guides hautes. « François qui n'est pas un aigle », disait-elle en parlant de lui, devant lui, et le mari chaque fois s'inclinait, souriant et béat; sans rien d'un aigle en effet, soumis au joug conjugal qui, à la longue, lui avait déformé la nuque. Richard, à la suite d'une scène violente entre les deux bons tyrans, dut prendre parti pour sa mère contre les parents de celle qu'il caressait déjà d'un regard de fiancé ; il se sacrifia, surtout par faiblesse, impossibilité matérielle de dire non, mais gardant au fond du cœur une vraie peine, disparue sous l'effaçure du temps et de blessures autrement profondes. En ces douze années, Mme Belleguic, née de Kerkabelec, avait rejoint ses ancêtres. François qui n'était pas un aigle, désolé de ne plus se l'entendre dire, suivait sa femme dans le tombeau. Élise, mariée à un chirurgien de marine alcoolique et brutal qui la battait comme à la mécanique, avait obtenu sa séparation de biens et de corps, ensuite le divorce, sitôt la loi votée. Mme Fénigan fulmina d'abord de toute son indignation de catholique orthodoxe ; ce fut même, à l'époque, entre elle et Lydie, prétexte à des discussions aigres-bonnes, où les « chère mère » et « chère fille » se croisaient en sifflant avec des jets corrosifs. Puis, sa bru partie, devant l'abandon et la tristesse de son fils, à qui elle croyait que pourrait suffire sa tendresse de mère sans effusion, ses idées changèrent sur la divorcée et même sur le divorce. Elle se rappela qu'Élise et Richard s'étaient aimés. Un remords lui vint de son caprice à briser ce mariage, qui leur eût épargné à tous tant de chagrins ; remords d'autant plus sincère que la disparition des Belleguic lui laissait l'entière autorité dont elle était si jalouse. Alors, sans une décision bien précise encore, guidée par son instinct de mère et les avis du curé de Draveil, son confesseur, elle écrivit en cachette à la cousine de Lorient de venir passer quelque temps aux Uzelles, et la cousine, peu rancunière, était accourue.

Sa présence eut ce premier effet d'empêcher le départ immédiat de Richard. Il l'ajourna à un train du soir et déjeuna en face d'Élise, amusé de retrouver son rire clair, le joli retroussis de ses yeux et de ses lèvres éblouissantes. Elle était de cette race de privilégiés, sur qui la vie roule en torrent ses intempéries et ses catastrophes, sans que la moindre marque leur en reste. Après tant d'années de deuil et de larmes, il la revoyait aussi gaiement étourdie, toujours son goût provincial du clinquant et du voyant, toujours sa petite rangée de grains de riz entre les lèvres, sa joue brune et rose à duvet de fruit, seulement les bras plus ronds, la peau plus blanche et une science du décolletage, impudente et naïve, bien pour intimider son craintif voisin de table. Richard, à tout instant, se détournait, glissait un regard en rougissant et remplissait de joie la coquette brave fille, à qui la mère avait dit très simplement : « Mon enfant est malade, guéris-le-moi. »

Comme ils achevaient de déjeuner, Élise eut un cri de détresse : « Et mon sac? » Un petit sac en cuir rouge dans lequel elle serrait argent, titres, bijoux, tout son avoir. D'abord, on ne s'alarma pas. Arrivée depuis une heure, que n'avait-elle égaré? Bien sûr le petit sac se retrouverait comme l'éventail, les bagues, l'ombrelle, éparpillés autour de cette gentille personne par ses perpétuelles virevoltes de mouvements et d'idées. Après de longues recherches, il fallut pourtant convenir que le petit sac était resté dans le wagon ou, peut-être, à la gare de Villeneuve, le cocher Libert affirmant ne l'avoir pas vu sur le siège avec les autres colis.

« Que Libert retourne à la gare, dit Mᵐᵉ Fénigan.

— Merci, cousine, je suis trop inquiète, j'irai moi-même.

— Élise, je vous conduirai, proposa Richard... Nous prendrons le boghey pour aller plus vite. »

Et la cloche sonnant le déjeuner de l'office, le bon garçon descendit atteler lui-même pour ne déranger personne et ne pas perdre de temps. Restées seules, un même élan poussa les deux femmes aux bras l'une de l'autre.

« Ah ! chère fille, si tu pouvais...

— Mais, il me semble, ça ne va pas trop mal... Laissez-moi faire, vous verrez.

— Tu l'as trouvé changé ?

— Surtout pâli, les traits allongés... Je l'aime mieux ainsi, plus distingué. Mais vous me l'aviez annoncé si triste, cousine, et il fredonne tout le temps. »

Elle esquissait le « poum poum », l'accompagnement en basse de la sonate.

« C'est quand il pense à elle, qu'il chantonne comme ça, dit la mère.

— Il y pense toujours, alors... Est-ce possible, après ce qu'elle lui a fait ?

— Tu ne comprends pas... moi non plus, ma pauvre enfant. »

D'en bas, Richard appelait, déjà sur le siège ; la cousine descendit vite le rejoindre.

Deux grandes lieues séparent les Uzelles de Villeneuve-Saint-Georges. Dans la voiture légère qu'il menait lui-même à toute bride, Richard fit le trajet en moins d'une demi-heure. Quand le boghey entra dans la cour de la gare, encombrée d'omnibus, de carrioles, de voitures de maître, évoluant parmi la bousculade des Parisiens endimanchés, M. Alexandre, en toque écossaise, la sacoche en sautoir, roulait une cigarette devant la salle d'attente, regardant tout ce petit monde coureur de banlieue avec l'air de supériorité et de lassitude du voyageur qui a de longues traites à fournir. Prévenu par Rosine Chuchin des projets de son maître, puis de l'arrivée de la cousine, il pensait que Richard ne pourrait partir que par l'express du soir, et qu'avec une avance de quelques heures lui-même arriverait à temps pour avertir les amoureux. Son plan, ses grimaces, tout était prêt. Profiter de la peur, du désarroi des premières minutes pour embarquer le prince sur le *Bleu-Blanc-Rouge*, emmener la dame par terre et, les amants enfin séparés, mettre entre eux le doute, les mensonges, rendre tout rapprochement impossible.

La subite entrée de Richard dans la cour tumultueuse vint bousculer toutes ses résolutions. D'un coin de la salle des troisièmes, il le vit sauter de voiture, passer sur la voie, évidemment pour prendre le même train que lui... Que faire, alors ? Comment monter en wagon sans être aperçu ? Et en route, et là-bas, à l'arrivée ?... Soudain, nouvelle apparition de Richard agitant un petit sac rouge, qu'il montrait de loin joyeusement à la dame restée dehors sur le siège du boghey. Il remontait en voiture à côté d'elle, lui reprenait les guides, et sans même effleurer son trotteur du bout du fouet, disparaissait dans la grande rue cailloutcuse de Villeneuve, aux regards épieurs de l'ancien maître d'hôtel. Richard partirait-il, décidément ; ou si l'arrivée de la cousine l'avait fait changer d'idée ? A coup sûr, rien en lui n'indiquait l'Othello bourrelé, ruminant sa vengeance... Le train de Paris, qui entrait en gare, ébranla le quai. Des portes claquèrent : « Les voyageurs pour Lyon, Marseille, Nice... » M. Alexandre hésita une seconde. Puis un mauvais rire tordit sa lèvre rase, et il sauta dans le premier wagon à sa portée.

Pour rentrer, Élise avait désiré prendre le plus long.

« Je tiens du petit Chaperon-Rouge, disait-elle en riant, j'aime les chemins de traverse, les détours où l'on s'égare à la chasse de tout ce qui a des ailes, de tout ce qui sent bon... Peur du loup ?... Jamais de la vie... Quand le Chaperon-Rouge sait s'y prendre, c'est pour le loup qu'il faut trembler. »

Grisée par la splendeur du jour, la vitesse de leur course, la joie de ses bijoux retrouvés, elle donnait bien l'impression du petit Chaperon, tel qu'on se le figure avec sa coiffe incarnadine et le grelot de son rire d'enfant. Ils avaient pris le long de l'Yères, petite rivière de Watteau d'un bleu noir profond, frigide, endormie sous de hauts ombrages, entre des pentes vertes dont la fraîcheur contrastait avec la braise blanche du chemin. « Gare! gare! » Sur le passage du boghey à toute vitesse, les familles parisiennes qui encombrent les routes de campagne de la traînerie de leur dimanche, s'écartaient vivement ; aux fenêtres de villas microscopiques, d'une variété burlesque, à tourelles, balcons, ornements de faïence ou de cailloutis d'un rose de nougat, se penchaient des silhouettes curieuses, et partout sur ces visages écrasés d'ennui et de fatigue, Richard surprenait la même expression de joie, de sympathie gagnée au passage de la plaisante créature, qui leur souriait du haut de son siège. Comment aurait-il pu se soustraire au charme enjôleur de ce sourire, l'homme assis à côté de la jeune femme, frôlé de sa chaleur vivante, du souffle frais de son gazouillis ou de ses boucles envolées ? A tout instant, pour lui prendre les guides, le fouet, elle lui caressait la joue des rondeurs de son bras nu, ou voulant lui montrer un magnolia géant au cœur d'une pelouse, une escadrille de petits canards jaunes suivant le fil de l'eau, elle se penchait, mettait près de ses yeux l'échancrure de sa robe autour d'une nuque blanche et pleine. Sans qu'il s'en doutât, ces effluves féminins le charmaient, détendaient ses nerfs d'une tiédeur apaisante.

En entrant dans le village d'Yères, que traverse le grand chemin, il fallut changer d'allure. La fête du pays, annoncée de loin par des boîtes, des orgues, des tambours, des fanfares, une odeur âcre de friture, alignait des deux côtés de la chaussée baraques et chevaux de bois. Serrée, portée presque par la foule plus compacte à mesure qu'on avançait, la voiture allait au pas.

« Ça va, Eugène?... Et le petit ménage?... »

A cette question de Fénigan, Eugène Sautecœur, dit l'Indien, qui marchait près du boghey, l'épaule à la hauteur du siège, se retourna, laissant voir sous la casquette ronde d'ordonnance sa large face violacée et anxieuse.

« Pas mal, merci, monsieur Richard, et les enfants de même. Seulement que le garçon fait ses vingt-huit jours et que je reste chargé de ma belle-fille... Ça n'est pas tout le temps commode. Ce matin, nous avions des amis de son mari à déjeuner. Elle a voulu les conduire à la fête... Bon sang! ce que je me fais vieux. »

Il tira du fond de sa casquette un foulard de couleur, dont il épongeait son front suant, barré d'un pli farouche. Et regardant tout à coup autour de lui la foule, que sa grande taille dépassait : « Ah ! la garce... elle m'a encore fait voir le tour. » Il salua militairement et se rapprocha vite des baraques, en quête de sa bru que Richard, un moment après, apercevait sur la place de l'Église, dans un groupe de jeunes flambards aux grands cols cassés, aux modes de café-concert, en train de tirer à un jeu de massacre.

« Si vigilant que soit votre Indien, dit Élise, je crois qu'il aura du mal à garder cette chasse-là.

— Je le crois aussi, cousine ; mais il faudra qu'elle fasse attention, le père Sautecœur serait terrible.

— Plus que le mari ?

— Oh ! le mari... c'est un type de mon genre. »

Sur ce mot prononcé d'un accent douloureux et qui fut la première, l'unique allusion à sa détresse, depuis l'arrivée d'Élise, Richard rendit la main au trotteur impatient de se sentir hors de la cohue et descendant à fond de train la rue en pente jusqu'à l'Yères. Passé le petit pont, il s'engagea sur une route ombragée, entre d'immenses parcs odorants et fleuris. Au lointain, sur le tumulte de la fête champêtre qu'ils laissaient derrière eux, la sonnerie de vêpres tombait, lente et grave, pareille à la phrase navrante qui venait d'assombrir à l'improviste la banalité rieuse de leur causerie.

Aux Uzelles, ce soir-là, après que l'immuable couvre-feu eut sonné pour tous les hôtes du château, on veilla tard dans la chambre d'Élise. Mme Fénigan, en flanelle blanche, son bougeoir à la main, ne se lassait pas du récit de leur promenade ; et la bougie se consumait, et les paupières du petit Chaperon-Rouge devenaient lourdes sans que la mère, entrée pour quelques minutes, s'aperçût qu'elle était là depuis deux heures. Richard, pendant ce temps, stupéfait de se retrouver dans son lit, au lieu de rouler sur la route de Monte-Carlo, se demandait pourquoi son oreiller lui semblait si doux, ses draps si frais, après la fièvre des nuits précédentes, comment sa tendresse pour sa mère, les conseils affectueux du vieux Mérivet n'ayant pu le détourner de sa folle entreprise, il avait suffi d'un corsage entr'ouvert, d'une masse de cheveux tordus et dégageant une nuque étincelante, pour changer la direction de sa pensée. Qu'un peu de chair de femme fût à ce point irrésistible, que dans un cœur bourrelé comme le sien il y

eût place pour un autre désir que de vengeance
et de mort, toute la philosophie du pauvre
diable s'y perdait et s'y agitait, longtemps après
sa lampe éteinte.

Le lendemain, il ne partit pas, n'en parla
pas même. On n'avait qu'un cheval de selle à
l'écurie, il fallut s'en procurer un second pour
Élise; et Richard prit l'habitude de sortir tous
les jours avec elle. Silencieux par goût, par
tempérament, l'équitation avait pour lui cet
avantage qu'à cheval on ne parle pas, on ne
pense qu'à demi, tout à la surveillance de la bête
la plus capricieuse, la plus peureuse, d'une vision absolument disproportionnée à la nôtre.
On devient un peu cheval soi-même. Dans la
crise qu'il traversait, osant à peine regarder au
dedans de lui, Richard trouvait délicieux cet
arrêt de sa personnalité. Lorsque après une de
ces longues promenades au grand air Mme Fénigan voyait son fils lui revenir épanoui, la
voix et les mains bonnes, sans ce pli toujours
au même coin du front, indiquant la même
sombreur de pensée, elle aussi rayonnait, s'imaginait la guérison prochaine, prête à croire, si
Rosine ne lui eût avoué l'aventure de la valise,

que Richard n'était pas aussi gravement atteint que le prétendaient le curé de Draveil et ce vieux fou de père Mérivet.

« Eh bien, fillette ? » C'était, sur un ton de malice mystérieuse, son mot de chaque soir, en s'installant dans la chambre d'Élise, mais les journées, les parties de cheval se succédaient sans amener rien de décisif.

« Je fais tout ce que je peux, pourtant, » disait la jeune femme presque larmoyante. Et la mère l'encourageait, cherchait avec elle comment vaincre la timidité de Richard. « Car c'est cela, vois-tu, ma fille, rien que cela qui l'empêche. Tous les hommes sont timides, et lui, plus que tous les hommes.

— Croyez-vous, cousine ? Alors, j'essaierai encore. »

Elle essaya.

Surpris un jour par l'orage, dans la plaine de Courcouronne, ils s'abritaient, après une course éperdue, sous un hangar à l'entrée du pays. L'espace était étroit, la place de leurs montures rapprochées:

« Comme mon cœur bat !... voyez, Richard. »

D'un geste irréfléchi, elle lui prit la main

qu'elle appuyait sur le corsage haletant de son amazone. Richard en eut les sens bouleversés. « L'autre, l'autre... » murmura-t-il en glissant sa main libre sous la taille qui s'abandonnait; et, pendant cinq minutes, ils s'étreignaient voluptueusement, muets et pâles.

Jusqu'alors elle n'avait guère plus compté pour lui qu'une de ces hirondelles entrant par le vitrail ouvert de l'isba, battant de l'aile contre les poutres et la coquille des épées ; maintenant, il se mit à l'observer, curieux de savoir ce qui se cachait dans cette âme toujours en liesse, derrière ce continuel gazouillis. Pourquoi ne pas aimer celle-là, si elle le guérissait de l'absente, et puisque sa mère semblait tant le désirer?... Il y songeait, en faisant au salon après déjeuner une partie d'échecs avec Mme Fénigan, le lendemain de ce terrible orage qui avait raviné le jardin toute la nuit et rendu les routes impraticables. Gênée avec Richard depuis la veille, anxieuse d'un aveu qu'elle espérait, qu'elle sentait venir, Élise, droite devant une croisée, regardait dehors.

« Qu'y a-t-il donc? demanda Mme Fénigan, dérangée de sa partie par des cris, des huées.

— C'est ce vieux mendiant... Comment l'appelez-vous? Le père Georges, qui est dans un état... Et tous ces polissons après lui... Ils lui prennent son bâton... Le malheureux! mais il va tomber! »

Il y eut du dehors une explosion de rires. Ivre, hideux, squameux, toute la boue du grand chemin sur ses loques, dans sa barbe, le vieux rouleur, en voulant mettre en fuite la bande de petits chacals ameutée sur ses talons, avait laissé tomber sa trique dont les gamins s'étaient emparés, et maintenant, incapable de faire un pas, il restait le dos au mur de la ferme, s'y cramponnait, glissait, chavirait, se relevait pour tomber encore, pleurant, demandant son bâton que Robin le cantonnier, tiré de sa sieste et de sa brouette, finissait par lui mettre entre les mains. Alors se joua un petit drame dont Richard, le front à la vitre, suivait les péripéties. Tandis que dans un élan de pitié presque animale le cantonnier avait pris le vieux pauvre par le bras et le calait tant bien que mal sur ses jambes flageolantes, des charretiers de la ferme rentrant de baigner leurs chevaux s'arrêtaient pour regarder, et leurs gros rires secouaient toute la route. Gêné d'abord, puis honteux, Robin se mit à rudoyer le vieux, qui s'effarait encore plus, l'entraînait dans ses glissades. Les rires redoublèrent. Du coup, le cantonnier lâcha prise, et le père Georges, éperdu, ahuri, tâtonnant comme un aveugle, croula sur les genoux, sur les mains, s'aplatit enfin de tout son long, dans le monceau de boue soigneusement rejeté au bas de la muraille.

« C'est abominable ! » s'écria Richard, indigné de la joie bête de tous ces rustres. Élise, trompée à sa colère, crut devoir manifester son horreur de l'ivrognerie, surtout chez les vieilles gens. Il la trouva stupide, et Mme Fénigan sachant la faiblesse de son fils pour les routiers, spécialement pour celui-là, se hâta de chercher une diversion :

« Regardez donc, mes enfants... en voilà un miracle... l'abbé Cérès avec une soutane neuve...

— C'est le desservant de la Petite Paroisse, cet abbé Cérès ? demanda Élise.

— Oui, cousine, et un très brave homme... mais je suis de l'avis de notre cher curé, il manque un peu de dignité, de tenue ecclésiastique. Concevez-vous qu'il avait recueilli chez lui tous les Lucriot, cette famille de braconniers, la grand'mère, les deux filles, pendant que le père était à la prison de Melun. »

Richard se retourna avec brusquerie :

« Sans ce prêtre, ma mère, quand Lucriot est revenu de Melun après son acquittement... »

Il s'interrompit pour regarder sur la route où les clameurs s'accentuaient.

L'abbé Cérès n'avait pas qu'une soutane neuve ; son large chapeau, ses souliers à boucles faisaient aussi leur première sortie. Et, fier d'aller voir ses pauvres en habit de gala, le brave homme songeait : « Bien sûr ils ne vont pas me reconnaître, » quand le rassemblement l'avait arrêté. Ce qu'il disait au vieux besacier couvert de boue et d'ordure, noyé dans un purin immonde, Richard, de sa fenêtre, ne pouvait l'entendre ; il comprit seulement que le prêtre, après un appel inutile à ceux qui l'entouraient, se penchait sur ce paquet de guenilles dégoûtantes, le relevait et l'entraînait par le bras sans souci des rieurs, pas plus que de sa belle soutane. Pendant qu'ils se perdaient dans la courbe de la route, Élise dit en riant :

« Il sera propre, M. l'abbé, tout à l'heure. »
M°™ Fénigan ajouta :

« Pourvu qu'il ne l'emmène pas chez lui.

— Tu m'y fais penser, dit Richard gagnant vivement la porte... J'ai un coin, moi, pour ce pauvre vieux.

— Tu ne vas pas nous apporter ça ici... » cria la mère. Mais il n'entendit pas, déjà loin sur le grand chemin.

Il rentra tard. On l'attendait pour se mettre à table; un dîner à douze couverts, comme il s'en donnait fréquemment aux Uzelles en l'honneur de la cousine et où se retrouvait l'ancien personnel des dimanches, le notaire, successeur de M° Fénigan, le propriétaire de la Petite Paroisse, et Jean Delcrous, juge au tribunal de Corbeil, épais et court garçon qui, toujours en quête d'un mariage riche, tournait autour d'Élise, avec des dents de loup, écartées et luisantes entre des favoris de bois noir. Mais, ce soir, le petit Chaperon-Rouge n'était pas d'humeur folâtre ni coquette. L'indifférence de Richard, après la scène de la veille, ce qu'elle avait appris du vieux routier, longtemps appelé le « pauvre de Lydie », que de motifs à réflexions inquiétantes, un peu trop fortes pour cette cervelle en mie de pain !

« Eh bien, cousin... et votre ami, votre vieux mendiant? » demanda-t-elle en s'attablant à côté de Richard, agressive et sous les armes, les bras, les épaules sortis de la plus seyante gaze rose. Il répondit que son ami dormait dans une petite baraque du bord de l'eau, où Chuchin serrait les avirons et les filets.

« Au bord de l'eau?... mâtin ! il sera au frais.

— J'ai fait mettre un poêle, » dit Richard tranquillement. Ce poêle dans la baraque aux avirons la fit beaucoup rire.

« Ni esprit ni cœur, » songea-t-il, sans se douter du dépit caché sous ce rire d'écolière. Quelle différence avec sa femme, si pitoyable aux pauvres gens, se désolant, lorsqu'on sortait en voiture, de ne pouvoir faire l'aumône aux chemineaux, s'emportant contre Libert le cocher, contre les chevaux qu'elle accusait de ne pas vouloir s'arrêter ou toujours trop tard, le mendiant déjà loin, hors de portée. Ils le savaient si bien, les pauvres routiers, qu'en passant près du landau, jamais ils ne regardaient, jamais ils ne tendaient la main. Oh! l'accent apitoyé de Lydie pour dire cela, Richard l'avait encore dans l'oreille, sous le petit rire taquin de la cousine.

« Non, je vous vois installant le père Georges avec son chouberski. Comment vous a-t-il remercié?

— En l'embrassant sur les deux joues... glapit le juge de Corbeil.

— L'horreur! » fit Élise avec un cri d'épouvante, repris en chœur par toute la table. Delcrous, heureux de voir son anecdote amorcée, continua:

« Moi, ce n'est pas un simple mendiant, c'est un assassin, un condamné à mort, qui, une fois, a voulu m'embrasser à toute force.

— Mais ce n'est pas possible, voyons, Richard, dit Mme Fénigan comiquement indignée... L'évangile de l'abbé Cérès ne t'a pas tourné la tête à ce point? »

Richard se taisait. Le juge en profita:

« C'était tout à mes débuts de magistrat, dans un petit trou qu'on appelle Souk-Ahras... »

Une voix interrompit:

« Souk-Ahras, frontière de Tunisie, excellent terrain pour l'alfa.

— Mon cher monsieur Mérivet, vous savez votre Algérie sur le bout du doigt... J'arrivais donc à Souk-Ahras comme juge de paix faisant fonctions de procureur de la République. Débarqué depuis une heure, je m'installais au jour tombant dans le rez-de-chaussée de mon prédécesseur, des chaises dépaillées, un petit lit de fer, quand mon garçon de bureau, mon chaouch, vint me chercher de la part du condamné... « Quel condamné? »... Et figurez-vous ma tête, en apprenant qu'il y avait à la prison de ville un malheureux qu'on s'apprêtait à guillotiner le lendemain matin ; ma fonction de juge de paix en territoire civil m'obligeait à l'assister jusqu'aux montants de l'échafaud. Cette chance d'arriver juste la veille!... A la prison, je trouve une espèce de fauve, Maltais, Mahonais, noir, velu, lippu, qui me regarde avec de petits yeux jaunes, affectueux et niais, fond en larmes et, dans un sabir de vache espagnole, me supplie de me laisser embrasser. Il puait comme un lion, le misérable! Voyant qu'il n'avait rien de mieux à me dire, je vais me coucher, éreinté de mes deux nuits de corricolo. Vers trois heures du matin, mon chaouch m'éveille en

sursaut : « *Ia didou, moucié zouge de paix...*
« — Qu'est-ce que c'est ? » Le condamné à mort demandait encore à me parler... Il abusait, cet animal-là. Mais comment refuser à un homme qui va mourir ? Toute la prison était debout. « Nous n'avons pas d'aumônier, me dit le direc-
« teur en s'excusant, le condamné a peut-être
« quelque révélation à faire. » On m'amène près de lui, et le voilà qui, en me voyant, recommence à soupirer, à sangloter. « Ah ! monsieur
« Delcrous... monsieur Delcrous... » Il fallut me laisser embrasser encore ; car c'est tout ce qu'il désirait, frôler sa grosse lippe sur mes joues qu'il inondait de larmes : « Ah ! monsieur Del-
« crous ! oun si grand misérable comme moi... »
En allant à l'échafaud, en descendant de la charrette que je suivais à cheval avec les gendarmes, il réclama de nouveau et je dus lui accorder la même faveur burlesque. J'aurais pu croire à une mystification, si le moment n'eût été aussi tragique, et si les minutes du greffe ne m'avaient révélé le motif de cette sauvage sympathie. Il s'appelait Juan Delcrous, des mêmes nom et prénom que moi, bien qu'il fût de Port-Mahon, et moi de Cahors. »

Une voix de femme demanda :

« Quel crime avait-il donc commis, votre condamné? Cela peut-il se dire?

— Oh! parfaitement, madame... Il avait coupé la tête à sa maîtresse qui le trompait.

— Dire qu'on l'eût acquitté pour sa femme légitime!... murmura Napoléon Mérivet... le même crime pourtant, et plus lâche, puisqu'il se sait impuni.

— En quoi le divorce intervient fort sagement, » opina la basse prudhomesque du notaire. Le petit Napoléon fit un geste, qui mit en danger la superbe carpe rôtie présentée autour de la table :

« Ah! oui, elle est propre, la législature du divorce... Qu'est-ce qu'elle a eu de bon?

— Mais de supprimer un usage barbare et de débarrasser le mari, sans effusion de sang, de la femme qui le déshonore.

— Comme si le mari qu'on trompe et qui tue songeait à son déshonneur!... Il tue par rage jalouse, déception d'orgueil et d'amour, quelquefois par crainte du ridicule, embarras de situation, et aussi parce que de faux moralistes lui ont soufflé le meurtre. Et vous croyez que le divorce peut rien empêcher de tout ça?... Vous figurez-vous Othello envoyant du papier timbré à Desdémone? »

Delcrous, qui tenait à flatter Élise, invoqua certaines existences de femmes pour qui la nouvelle loi semblait une délivrance. Mais le vieux Mérivet ne voulait pas en convenir. Pour lui, le divorce était l'anéantissement du mariage.

« Oui, madame... et pas autre chose, répétait-il tourné vers Mme Fénigan qui protestait... Autrefois, quand on se savait engagé à vie, on s'arrangeait du mieux possible, comme pour un long voyage; on faisait des concessions, des petits sacrifices aux manies de son compagnon de route. L'un se tassait, l'autre se gênait un peu. Aujourd'hui, dès la première humeur, le ménage se déclare incompatible. Tout craque à la moindre brisure. Plus d'indulgence, plus de patience. Et même lorsqu'ils se marient pleins d'amour, nos jeunes gens gardent cette arrière-pensée : si ça ne va pas, la porte est ouverte.

— Pourtant, monsieur Mérivet, quand une pauvre créature comme... comme... »

Élise voulait dire : « Comme moi, » mais des larmes l'étouffaient. Et ne pouvant continuer sa phrase, elle se versait coup sur coup de grands verres d'eau pour refouler son émotion. Après un moment de silence et de gêne où chacun attendait qu'elle parlât, Mérivet s'adressa à la mère de Richard, pour traiter la question impersonnellement :

« A la pauvre créature qui ne trouverait le bonheur ni l'amour dans le mariage, voici ce que je conseillerais. Au lieu de divorcer, songer à la Petite Paroisse, à l'humble chapelle sans curé, dont le clocher a des lézardes où les ramiers du bois font leurs nids. Qu'elle y entre seulement le temps d'un « Notre père », une simple prière de résignation et de renoncement... Tout le secret du bonheur est là. »

On connaissait la folie douce du bonhomme, et ce fut autour de la table un échange de sourires qui termina le dîner plus gaiement qu'il n'avait commencé.

Le jour suivant, les routes séchées jusque dans la forêt, Élise et Richard sortirent à cheval comme d'habitude. Ils traversaient le petit Sénart, où d'étroits chemins ombragés de chênes s'entre-croisent parmi d'anciennes carrières abandonnées, ce qu'on appelle des *uzelles*, envahies de liserons, de ronces, de fougères, avec de l'eau de pluie dans le fond, abreuvoirs des lapins et des faisans. Élise proposa une halte de quelques minutes ; et, sitôt leurs montures attachées aux grillages en fil de fer qui entourent la chasse réservée des d'Alcantara, assis l'un près de l'autre sur la mousse dans ce fouillis de ravines embroussaillées :

« J'ai une question sérieuse à vous faire, Richard, dit-elle en le regardant bien en face, votre réponse aura une influence sur ma vie ; aussi, je la veux très franche et sans restriction. Que pensez-vous de M. Delcrous?... Croyez-vous qu'il puisse faire un bon mari ? »

C'était si peu ce que Richard attendait ! Il hésita, mit longtemps à trouver un mot, et encore ce mot fut-il une bêtise :

« Pour vous, ce mari ?

— Pour moi. Je m'ennuie de vivre seule. Je vous parais à tous très gaie... Si vous saviez que je ris souvent sans en avoir envie ! »

L'espièglerie de son petit nez, de sa bouche gamine aux coins moqueurs, démentait la mélancolie du couplet ; mais l'accent en était sincère et lui rendit la sympathie de son cousin.

Que de complications dans l'être le plus simple! Si elle lui eût dit : « M'aimez-vous? Puis-je espérer que vous divorcerez un jour et que vous voudrez de moi pour femme? » sa réponse était prête : « Je ne vous aime pas. Je ne veux pas me remarier... » Et cependant il dut faire effort pour lui conseiller d'en épouser un autre.

« Honnête homme, Delcrous? oui, je pense... Mais tellement ambitieux... et si peu tendre!... Je me le rappelle, il y a deux ans, quand il fit condamner l'assassin des Meillottes. Il se frottait les mains en mâchonnant : « Enfin, nous « la tenons, cette tête. » Il en avait comme une mousse de plaisir au bord des lèvres.

— Vous m'épouvantez, » dit Élise avec une évidente satisfaction de ce signalement antipathique, où se démêlait de la jalousie. Mais, comme s'il voulait s'en défendre, Richard reprit vivement :

« Oh! je ne crois pas qu'il vous rende malheureuse... Pourtant... »

Il s'arrêta, anxieux, incertain. Et le grand silence de la forêt autour d'eux, fait de frissons et de chuchotis, craquement d'insectes sous la mousse, bourdonnement aux cimes lumineuses des arbres, ressemblait bien au mutisme de leurs lèvres frémissantes, gonflées d'aveux. Pourquoi la trouvait-il si tentante, ce jour-là, dans son amazone bleu marine qui l'engaînait, courte et replète, jusqu'à la ligne rose pâle du cou?... Pauvre petit Chaperon-Rouge aux griffes de ce chat-fourré... Richard se dressa brusquement et, très ému : « Attendez deux jours, avant de lui répondre. »

Elle songea : « C'était si simple, tout de suite, » et se leva comme à regret, très lentement.

Leurs chevaux, à toutes brides, suivaient maintenant la route dite diagonale qui coupe la forêt en largeur, traverse des zones forestières variées, peuplements de sapins, d'aulnes, de bouleaux, de chênes, clairières de charbonnages où, dans la fumée éparse, s'entrevoient des huttes d'herbage et de terre battue, entourées de poules, d'enfants, de stères de bois coupé, aligné, de bourrées en piles sur des charrettes. Ils galopaient ainsi depuis une demi-heure sans un mot, emportés par leurs désirs et par leurs rêves, lorsque au bout d'une longue hêtraie, touffue et haute, en arceaux, ils aperçurent un relais de chasse Louis XV au portail cintré, aux fenêtres géantes, devant lequel un groupe de forestiers à cheval, vestes bleues passementées d'argent clair, semblaient attendre le carrosse de Mᵐᵉ de Pompadour.

« C'est la faisanderie, » dit Richard à Élise curieusement arrêtée.

Que de souvenirs, et si navrants, évoquait pour lui ce vieux logis où, les jours d'ouverture, sous la tente dressée en face du portail, Lydie s'asseyait à la droite du général-duc, toute jolie et toute fière... Les forestiers venaient de s'écarter avec respect devant un très élégant cavalier, militairement sanglé de gris jusqu'au menton, qui se dirigeait vers le chemin de la diagonale. Richard tressaillit, stupéfait de retrouver rajeuni, solide en selle, le malade qu'il croyait cloué sur son fauteuil, à Grosbourg, et qui passait près de lui sans l'apercevoir, uniquement occupé d'Élise.

« Quel est ce monsieur ? » demanda-t-elle. Mais il n'avait pas eu le temps de répondre, qu'un second cavalier, beaucoup plus jeune que l'autre, en petite tenue de dragon, se détachait du groupe des gardes et s'élançait au galop derrière le général. Cette fine moustache, ces boucles fauves sous le képi! Fénigan retint un cri de surprise et de rage. Charley!... c'était Charley!... dans les dragons... Et Lydie, alors? Où l'avait-il laissée? Que devenait-elle?... Ses oreilles bourdonnaient, les hêtres de l'allée lui semblaient grandis, démesurés. Élise très loin, toute petite, avec des gestes et des mots qu'il ne comprenait pas. Puis, subitement, avant qu'elle pût s'expliquer ce vertige, elle le vit tourner bride et partir comme un fou à la poursuite du père et du fils disparus déjà aux lointains de la longue allée. Elle le rejoignit au Chêne-Prieur, où Richard s'était arrêté pour interroger un charretier du charbonnage perché tout en haut de son chargement, et dont la voix sonnait, martelée et forte, dans l'air libre de la clairière.

« Sûrement oui, que c'est le prince... A preuve qu'il est venu chasser dimanche avec l'Indien et qu'il a donné une « pièce quarante sous » à notre Guillaume pour le rabattage... Rapport à son service aux dragons, ça, le fils à Foucart de la charrette des morts et le garçon d'Eugène vous renseigneront mieux que moi là-dessus, d'abord qu'ils sont tous les deux dans le même escadron que le petit Charles *six*.

— Merci, » dit Richard blanc comme un fût de bouleau. Et, tout bas à sa cousine : « Rentrons, je souffre. »

Jusqu'au château, elle ne put lui arracher une parole, mais le « poum poum poum » qu'il chantonnait dans sa barbe expliquait sa torture intérieure. Élise songea : « J'ai perdu ma peine, » et, sitôt rentrée, monta dans sa chambre cacher ses larmes, pendant que Richard allait retrouver sa mère au potager.

C'était l'heure apaisante, après la grande chaleur de la journée, où les fleurs boivent et se baignent. Dans le ruissellement de l'eau le long des bordures, sous la caresse oblique et tiède du soleil, elles se redressaient, s'étiraient voluptueusement ; et leur éclat, s'avivant à mesure que diminuait le jour, soulignait l'antagonisme éternel de la couleur et de la lumière. Des nuées de papillons rayaient l'air au-dessus des plates-bandes. Le heurt des arrosoirs à la margelle des bassins, un ordre bref du jardinier à l'un de ses aides troublaient seuls l'activité silencieuse de cette fin de jour, d'une fraîcheur, d'une douceur enveloppantes.

« Qu'as-tu ? » demanda Mme Fénigan voyant

son fils arriver tout bouleversé dans la serre où, le sécateur en main, elle émondait des arbustes rares. Au lieu de répondre, il questionna :

« Charlexis est donc de retour ?

— A Melun, depuis deux mois... Engagé aux dragons... tu ne savais pas ?

— Et elle ?... Où est-elle ?... Qu'en a-t-il fait ?

— Ce qu'on fait de ces femmes-là, répondit la mère en tranchant une branche d'un coup sec... La débauche payée, on s'en débarrasse. »

Elle parlait si haut que les jardiniers pouvaient l'entendre. Richard ferma la porte vitrée et reprit d'une voix dure, que sa mère ne lui connaissait pas :

« Lydie n'était pas une débauchée ; mais une victime de ta tyrannie, une prisonnière qui s'évade, disait sa dernière lettre... Et puis tu n'as pas le droit d'insulter la femme qui porte notre nom. »

Les yeux de Mme Fénigan étincelèrent :

« Il y a longtemps que tu aurais dû le lui ôter, ce nom, puisque tu le pouvais.

— Le divorce, n'est-ce pas ?... pour me faire épouser la cousine, qui se pavoise avec des signaux de navire... ça, n'y compte pas... jamais... jamais...

— Oui, je comprends... tu préfères le catéchisme de la Petite Paroisse... Demander pardon à la coquine de tout le ridicule dont elle nous a couverts; ensuite l'installer, non plus dans le Pavillon, mais au Château, chez ta mère, pour... faire ses couches. »

Mais sitôt ces tristes paroles, elle aurait voulu les retenir, devant la pâleur subite de Richard et le tremblement de ses lèvres. Elle eut un élan tendre, des bras ouverts qu'il repoussa brutalement avec un geste fou :

« Enceinte ! mais tu m'avais dit qu'elle ne pouvait pas... Pourquoi mentais-tu ? pourquoi m'as-tu toujours menti, quand tu parlais d'elle ? Tu la haïssais donc bien ?

— Elle était le tourment et la honte de ta vie. Oui, je la détestais... Mais sois tranquille, le ton dont tu me traites me sert de leçon. Il ne sera plus question d'elle entre nous. Reprends-la, soigne-la, reconnais le bâtard, à sa naissance. On lui assure deux cent mille francs. Bonne opération, comme tu vois. »

Blessée à fond dans son orgueil, dans sa passion maternelle, elle affectait de continuer son émondage, ponctuant chaque phrase d'un cisaillement bref. Mais Richard ne la laissa pas faire :

« Prends garde, ma mère. »

Il lui saisit les poignets, la retourna vers lui violemment et, désespéré par tout ce qu'il venait d'apprendre, mit ses traits convulsés tout près de ce visage de vieille femme qui lui ressemblait, puis se débonda :

« Le tourment de ma vie, c'est toi, m'entends-tu? toi, pas elle... Depuis mon enfance, que tu enfermais dans une chambre de malade, en la privant d'air et de mouvement, ton égoïste amour m'a empêché de m'épanouir, de devenir un homme. Pour me garder près de toi, tu m'as tyrannisé comme tu avais tyrannisé mon père; tu as flatté ma paresse et mes vices, tu m'as rendu toute carrière impossible. Afin que je ne me marie pas, qu'il n'y ait pas ici d'autre influence que la tienne, tu poussais les servantes dans mon lit... Allons donc!... Comme si je ne t'avais pas vue faire... Et cette pauvre petite que tu es allée chercher à Lorient, à moins de me la jeter dans les bras, que n'as-tu essayé pour qu'elle devînt ma maîtresse et rien de plus que ma maîtresse, puisque son mari est encore vivant et que l'Église ne reconnaît pas le divorce; mais tout, plutôt que de revoir chez nous celle que ton despotisme en a chassée et dont tu fus toujours jalouse... Ah! elle est jolie, ta religion; joli, le pharisien qui mène ta conscience. Mais rien n'y fera, rien; j'aime ma femme, tu entends, je l'aime et je lui pardonne, car je suis coupable envers elle de ne pas l'avoir défendue contre toi, contre ta méchanceté... Pleure, pleure, va. Elle pleure encore plus, celle qui est seule, abandonnée je ne sais où... Oh! mais je la retrouverai... Plutôt que de continuer l'existence que je traîne loin d'elle, en face de toi, j'aimerais mieux mourir, me déchirer avec ça, tiens...

— Richard, mon enfant... »

Il voulait lui arracher le sécateur, mais plus prompte et plus adroite, elle jeta les lourds ciseaux au fond de la serre, dans un fouillis de plantes et de fleurs froissées.

VIII

« Non, vous ne pouvez pas vous figurer la fatigue que me cause cet appel de tous les instants à ma volonté, pour les choses les plus simples, pour me dresser, m'asseoir, quitter mon chapeau, le remettre; ce qui vous est un geste inconscient, automatique, nécessite chez moi l'effort, la levée de toutes mes réserves... Me tirer de mon lit, le matin, mâcher quand je suis à table, achever la phrase que j'ai eu le malheur de commencer, tout devient, pour ma triste carcasse, un acte, une torture... Asseyons-nous, tenez, j'en sue à grosses gouttes d'être venu à votre bras jusqu'ici. »

A Grosbourg, l'après-midi, sur la terrasse du

bord de l'eau. Compatissant et résigné derrière ses lunettes, depuis le déjeuner maître Jean promène d'un banc à l'autre les doléances du général-duc d'Alcantara, en essayant sur lui ces consolations distraites dont on berce le mal des incurables. « Pourtant, monsieur le duc, vous êtes monté à cheval, hier, et Charlexis vous trouvait admirablement en selle.

— La bonne blague! Venu en landau jusqu'à la faisanderie avec la duchesse, la fantaisie m'a pris d'un temps de galop sur la jument du garde général, qui est très douce. Au bout de cinq minutes, j'étais dans le fossé où la voiture est venue me chercher, bien heureux de n'y avoir pas oublié tous mes os. Voilà comme j'étais en selle... C'est que je n'ai plus de forces et que si je négligeais un instant de me dire : « Je veux vivre, » eh bien, je ne vivrais plus. »

Les yeux fermés, la tête appuyée au treillage de glycine et de jasmin rouge qui monte derrière le banc, les grands traits blêmis du général s'abandonnent avec une expression de lassitude, d'épuisement. Dans le parc, retentissent les appels et les coups de raquette d'une partie de tennis masquée par un bouquet de troènes, entre lesquels passent en éclair des bérets blancs, des jupes voyantes. Un éclat de gaieté, plus bruyant, plus triomphant que les autres, arrache le malade à sa torpeur.

« Entendez-vous votre ancien élève jouant avec toutes les Esther, les Rébecca du château de Mérogis? Ah! il ne souffre pas, lui... Comme il rit bien... » Et tout à coup, la voix sombrée, très dure : « Je le trouve effrayant, ce gamin-là, il me donne un vertige d'abîme... Et vous, arrivez-vous à le comprendre? »

Maître Jean chevrote :

« Mais il me semble... Je le croyais amendé, rentré dans le rang, dans le devoir...

— Oui, par force... Au fait, vous ne savez pas la fin du roman. La duchesse défend qu'on en parle, attendu que le jeune homme ne s'y montre pas des plus brillants, mais je n'ai pas de ces faiblesses de mère. Donc, un matin, dans la chambre des amoureux, à Monte-Carlo, tombe ce vieux lascar d'Alexandre, chargé par nous de surveiller le mari. « Il me suit, il est « là, sauve qui peut! » dit-il avec un trémolo de circonstance. La dame prend peur, sachant son homme lambin au démarrage, mais violent comme un buffle et la corne dure. Le petit, très crâne, je dois le dire, refuse de se sauver. Alexandre est obligé de le prendre à part : « Il « n'y a pas de mari, c'est de la farce. Mais vous « êtes sans le sou, nettoyé par la roulette ; un « yacht, une femme et, peut-être, un gosse sur « les bras, il s'agit de s'en tirer. Voilà de l'ar- « gent, filez par le bateau ; moi, je vous débar- « rasse de la dame. » Connaissant notre amoureux, vous pensez avec quelle joie il accepte. Un crampon de trois mois, fichtre! Il s'arrache en pleurant des bras de la bien-aimée et, pendant qu'Alexandre se carapate avec elle jusqu'en Bretagne, lui, pour dépister Barbe-Bleue qu'on entend venir, s'embarque sur son yacht et fait voile censé vers le petit port du Morbihan, où sa maîtresse doit l'attendre, où elle l'attend encore. Nous-mêmes, je crois bien que nous ne l'aurions revu de longtemps, si son *Bleu-Blanc-Rouge* ne s'était perdu, une nuit, sous le feu des Baléares. Il nous est revenu penaud, la bourse vide... Procès avec l'armateur, indemnité à l'équipage, frais de rupture, tout cela demandait beaucoup d'argent. J'en ai profité pour lui serrer la vis et obtenir qu'il fît son volontariat. Mais l'incompréhensible, le sinistre de la chose, c'est qu'il n'ait pas eu un mot, une pensée pour celle qui lui a donné sa vie et qui se morfond en Bretagne depuis plus d'un mois. »

Maître Jean navré, stupéfait, regarde par-dessus ses lunettes.

« Comment... elle ne sait pas encore ?

— Non. Alexandre a dû régler l'affaire, et j'imagine qu'il se délecte à la traîner. C'est un si mauvais chien... La duchesse, attention ! »

Elle arrivait par le fond de la terrasse, se hâtant de son pas menu, les cheveux et le teint plus jaunes qu'à l'ordinaire sous son élégante capeline de jardin.

« Je vous cherchais, dit-elle à son mari, très bas, très vite, et lui glissant une lettre décachetée... Lisez ce que je viens de trouver dans le courrier de Charley. C'est le timbre de Draveil qui m'a avertie. »

D'abord à mi-voix, puis mentalement, le général lut les quelques lignes de provocation adressées à son fils par Richard Fénigan. « Je vous savais gredin, mais vous seriez un lâche si, maintenant que vous voilà soldat... » Les longues mains blanches qui tenaient la lettre s'énervaient.

« Play ! » cria une voix fraîche et virile, au tennis de la pelouse. Le général reprit gravement, sa lettre lue :

« Après la rencontre d'hier, en forêt, il fallait s'y attendre, en somme. »

La duchesse eut un bondissement révolté :

« Tant d'argent que j'ai déjà donné, que je suis prête à donner encore, ne suffit donc pas à satisfaire ce monde-là ?

— Il n'y a pas que l'argent dans la vie, ma chère... D'ailleurs le mari n'a rien touché, lui. On lui a pris sa femme, il se fâche, c'est assez naturel, et il me semble difficile que Charlexis ne l'accompagne pas sur le terrain.

— Ah çà ! vous êtes fou ?... Ne vous ai-je pas entendu dire que Richard Fénigan était de première force à l'épée comme au pistolet ?

— Qu'y faire ? Votre fils est soldat, on l'insulte, il faut qu'il se batte.

— Je ne lui montrerai pas cette lettre.

— Il en recevra une autre plus outrageante encore.

— J'irai trouver la mère.

— Elle vous recevra comme vous l'avez reçue, la mère... Non, non, voyez-vous, il n'y a qu'un moyen pour empêcher l'enfant de se battre.

— Lequel? demanda la duchesse passionnément.

— C'est que je marche à sa place. »

Un peu d'espoir brilla dans le regard de femme qui le jaugeait, mais aussitôt elle haussa les épaules.

« Vous parlez de marcher, mon pauvre ami, et vous ne pouvez vous tenir debout... Non, le plus simple serait d'écrire à son colonel, à notre cousin de Boutignan, pour qu'il le rappelle tout de suite. Je voulais lui épargner les grandes manœuvres, mais devant cela... »

Une balle de tennis roulait à leurs pieds, et l'odorant rideau de troènes s'écartait sous les mains du jeune prince, le cou nu dans un veston de flanelle blanche, un large ceinturon de faille autour de sa taille souple, la joue rose, les cheveux humides. Il sourit au vif mouvement de la duchesse, qui dissimulait la lettre:

« Vous sentez le mystère, par ici, » dit-il. Et la balle ramassée d'un revers de sa lourde raquette, il disparut entre les branches, laissant après lui l'émerveillement de sa grâce adroite et légère. Tous trois eurent la même pensée, que la mère formulait ainsi :

« Un bijou pareil... Voyez-vous qu'on me le détériore ?... Je monte vite écrire à Boutignan. »

Resté seul avec Jean, le général se leva d'un sursaut énergique :

« Laissez, laissez... Je veux voir. »

Debout et vacillant sur place, il se posa de profil, les pieds en équerre, voulut lever sa canne, viser au commandement, mais il chancela, les bras ouverts, et serait tombé si le précepteur ne l'eût retenu, rassis sur le banc.

« Le terrain dans ces conditions ! » murmurait le pauvre homme en essuyant son front tout baigné d'une sueur d'effort et ses yeux d'où roulaient des larmes. Il reprit après un silence :

« Qu'elle me l'a bien dit que je ne pouvais pas me tenir debout !... Qu'il y avait bien dans son accent tout le mépris de la femme pour le mari qui ne peut plus la défendre, elle ni ses enfants ! »

Et pendant qu'il parlait, le regard à terre, on entendait sonner dans le parc les rires et les coups de raquette d'une partie joyeusement en train.

Le prince dormait encore, le lendemain matin, quand le courrier apporta à Grosbourg une lettre chargée au timbre de Draveil. L'ordre donné à tous les portiers, rien ne pouvait arriver à Charlexis sans passer par les mains de sa mère qui, après avoir signé le registre du facteur, ouvrit un billet de Fénigan, plus insultant encore que le premier. Elle n'en dit rien à personne, et Charlexis rappelé le matin même à Melun par une dépêche de son chef, elle se sentait tranquillisée quand, à déjeuner, le jour suivant, arriva un nouvel envoi de Richard, pour le père cette fois, avec un duplicata des outrages au jeune prince : « Qu'en pense M. le duc d'Alcantara ? Se montrera-t-il aussi pleutre que son fils ? »

La duchesse, assise en face de son mari, s'étonnait de ne pas le voir manger. Il ne pouvait tenir sa fourchette, ses doigts tremblaient trop. Au lieu de répondre à sa femme, il lui passa les deux lettres qu'il venait d'ouvrir. Elle balaya du regard ces insultes à tous les siens, et, très calme maintenant qu'elle sentait son fils à l'abri : « C'est ridicule, dit-elle, il sait que vous ne pouvez pas vous battre.

— Il ne le sait pas... Il m'a vu à cheval avant-hier.

— Il a dû vous voir par terre, alors, car vous n'êtes pas resté longtemps en selle... D'ailleurs, on s'explique. Je lui enverrais maître Jean. »

Les lunettes du précepteur papillotaient comme devant une partie de violoncelle trop difficile.

« Vous avez raison, » dit le général subitement rassuré.

Infortuné maître Jean ! qu'ils lui semblaient lointains, les jours où, dans la barque à Chuchin, son violoncelle passait la Seine, entre les deux maisons. Autrefois si gaies, si vivantes, comme les Uzelles étaient mornes à présent, surtout depuis que Mme Fénigan et son fils, à la suite d'une explication violente, ne se voyaient pas, ne se parlaient plus. Richard avait repris sa chambre dans le Pavillon où on lui servait ses repas, où il passait toutes ses journées. Sans les claquements secs et réguliers d'un pistolet de salon, personne n'aurait su qu'il était là. La mère redoublant d'activité, de surveillance, trottait de la basse-cour au verger, continuait à faire la vie dure au jardinier et à ses loirs ; et dans le cassant de sa voix, de sa démarche, dans le furibond cliquetis de ses clefs grondait le cri de son orgueil blessé, l'outrage à sa tendresse maternelle.

« Après tout ce que j'ai fait pour lui, qu'il me préfère cette méchante femme, oh !... »

Les mots manquaient à son indignation, surtout quand elle se remémorait l'expression de cette bouche enfiévrée et crispée lui crachant l'injure et la haine au visage. Et c'était son fils, cela, c'était son petit Richard !

« Mais vous vous trompez, cousine, intervenait doucement la bonne Élise, en l'aidant à ramasser les fruits tombés sous les pommiers en quenouilles au bord des allées, votre Richard vous adore... il vous a parlé dans la colère, mais je suis sûre que si vous vouliez... »

L'orgueilleuse mère se redressait, laissant rouler les pommes à ses pieds :

« Jamais !... tu ne me connais pas ; m'humilier devant mon fils, j'aimerais mieux mourir ! C'est lui qui doit me demander pardon.

— Qui vous dit qu'il n'y pense pas? Si seulement vous me permettiez de frapper au Pavillon, d'essayer de le voir. »

La mère souriait de pitié :

« Tu perdrais ton temps, pauvre petite, tu ne sais pas ce qu'il faut lui dire... tu es une trop brave fille. »

Au fond elle lui en voulait. Élise le comprenait bien, et devant ce grand chagrin, oubliant sa déconvenue, se sentait inutile, encombrante, parlait de rentrer à Lorient sans que Mme Fénigan sût trouver un mot pour la retenir. Richard, lui, en proie à la plus atroce de ses crises jalouses, ne songeait qu'à se venger et à tuer. Deux officiers, d'anciens copains de Louis-le-Grand, casernés au fort de Villeneuve, étaient prêts à marcher comme témoins, et il passait ses jours à s'entretenir la main, guettant le facteur et la réponse à ses provocations, quand maître Jean, bégayant et transi, apparut un matin dans l'atelier. C'était tellement extraordinaire pour lui les choses qu'il voyait en entrant, ce pistolet sur la table, ces cartons de tir troués, déchiquetés, et les choses aussi qu'il avait à dire, la démarche dont il s'expliqua. « Le général ne demandait qu'à prendre la place de son fils parti pour les manœuvres, mais la faiblesse de ses jambes ne lui permettant pas de se tenir debout, il comptait sur la générosité de Fénigan et de ses témoins pour obtenir certaines conditions.

— Il veut se battre à cheval ? demanda Richard, la voix cinglante.

— Non, mais assis... C'est d'Elbée, si je ne me trompe, que les bleus fusillèrent blessé, dans un fauteuil. On vous proposera une rencontre de ce genre, aux Uzelles ou à Grosbourg, deux sièges à quinze ou vingt pas. »

Richard le coupa brutalement :

« C'est bon pour des gardes-malades, cette affaire-là ; vous direz au général que j'attendrai le retour de son fils, j'aime mieux ça. J'attendrai un mois, six semaines, autant qu'il faudra... mais je veux me battre avec ce jeune drôle et, si rien ne peut l'y décider, je le guetterai à un tournant de route, à un carrefour du bois, et je le tuerai. » Il répéta plusieurs fois : « Je le tuerai... je le tuerai... » entrant le mot dans la faible tête de maître Jean comme à coups de maillet... Aussi le précepteur franchit-il en chancelant la petite porte à deux marches qui donnait sur la ruelle de la forêt, où la mère de Richard l'attendait depuis un moment. A sa vue le pauvre homme s'exclama niaisement :

« Ah ! madame, qu'il y a longtemps... que je suis aise... »

Mais elle l'interrompit très vite et, montrant le Pavillon :

« Qu'êtes-vous venu lui dire ? Quel mal ces gens de Grosbourg veulent-ils nous faire encore ?

— Mais, madame, c'est lui, c'est M. Richard... Ce n'est pas nous. »

Tout suffoqué, il raconta les lettre reçues au château, l'épouvante de la duchesse.

« Je l'avais prévenue, dit Mme Fénigan avec un petit rire fier... Malheur à vous si nos enfants se rencontrent ! »

Un mot de maître Jean la fit réfléchir :

« Le malheur est aveugle, madame, il peut vous atteindre aussi bien que nous : je vous en prie, apaisez plutôt votre fils, vous avez tant d'influence...

— Plus aucune, hélas ! Cette horrible femme en s'en allant m'a emporté l'affection, la confiance de mon enfant. Croiriez-vous que depuis trois jours... »

Elle se tut de peur de pleurer, ce qu'elle ne voulait à aucun prix ; les larmes affaiblissent, et elle avait besoin de tout son courage, de tout son orgueil en face de l'enfant révolté.

Sortis en causant de la ruelle forestière, ils suivaient le grand chemin de Corbeil ; elle, tête nue sous l'ombrelle comme dans une allée de son verger. Des gens qu'ils rencontraient, des vieux du pays, tous endimanchés, saluaient, se retournaient, avec surprise.

« Qu'y a-t-il donc ce matin ? demanda maître Jean ; j'ai entendu en venant la cloche de la Petite Paroisse, pourtant nous sommes en semaine...

— Quelque anniversaire de ce vieux fou... » et Mme Fénigan haussa les épaules. Elle gardait rancune à Mérivet de la discussion du dernier dîner, lui attribuant l'aversion subite de Richard pour Élise et le divorce... Aussi, comme il passait près d'eux en sortant de son église, elle répondit à peine et très sèchement aux cérémonieux saluts que lui adressait le vieux bonhomme, vêtu de noir, ganté de noir, en grand deuil de la femme aimée dont il célébrait. ce même jour, le vingt et unième bout de l'an.

« Le pardon de toutes les infamies, la rémission de tous les crimes, voilà ce que l'on prêche là dedans. » Elle désignait de son ombrelle la petite église blanche au bord du chemin. « Et l'on voudrait que j'y entre, que je fasse partie de cette paroisse... Ah ! bien, merci. Que mon fils y vienne, s'il veut, à la Paroisse du bon cocu, — le mot fut jeté tout à trac ; — moi, jamais de la vie je n'y mettrai les pieds.

— Oh ! madame Fénigan... madame Fénigan... soupira le violoncelliste songeant tout à coup au message de mort dont il s'était chargé... Qu'allons-nous devenir, si vous ne pouvez rien sur votre fils ? Il veut tuer... tuer...

— Qu'il commence donc par sa femme !... ce sera un beau débarras.

— Madame...

— Comment, vous aussi, vous la défendez ? Qu'est-ce qu'elle vous a donc fait boire à tous, cette grande vicieuse ? Ah ! oui, vous, c'est la musique, vos duos ; c'est comme Richard, poum... poum... poum... et puis cette veulerie qui passe pour de la douceur, de la faiblesse...

les hommes aiment tant à se figurer qu'ils protègent... Ah ! la gueuse qui m'a pris mon fils... si elle était là, si je la tenais...

— Vous en auriez pitié, si elle était là, madame, car vous êtes très bonne et elle est très malheureuse... » dit maître Jean avec un clignement d'yeux derrière ses lunettes, comme s'il attendait le coup dont venait de luire l'éclair dans le regard de Mme Fénigan. Mais non. D'une brève inclination de tête, l'altière personne rompit l'entretien et, tournant le dos vivement, reprit seule le chemin des Uzelles.

La grille de l'église était restée ouverte. Par quel mouvement subit et contradictoire, quelle volte inconsciente de tous ses sentiments, Mme Fénigan franchit-elle l'étroit perron ? Sans doute les paroles du vieux Mérivet à la pauvre créature en déroute : « Entrez et agenouillez-vous, le secret du bonheur est là. » Il l'avait dit avec tant de certitude ; et, tout à l'heure encore, quand le vieux fou traversait le chemin, on lisait sur sa figure une telle expression de bien-être et de soulagement !...

Elle entra, saisie par la demi-ombre après l'éclat du dehors, promena son regard arrogant sur les grands murs froids, moirés çà et là du reflet des vitraux en couleur, tous fermés, excepté celui du fond, très haut, très large au-dessus de l'autel, découpant un grand morceau de ciel bleu où passaient des colombes... Oh! ce ciel si profond, si attirant... Presque sans le vouloir elle s'agenouilla, et l'humble prière recommandée, le « Notre Père » des petits vint à ses lèvres oublieuses des autres formules. « ... pardonnez-nous nos offenses comme nous les pardonnons... » Des larmes jaillirent en torrent de la roche dure. Ce fut une détente, un allègement de tout son être, où elle se vit, se jugea, revécut son existence.

Oui, Richard avait raison. L'orgueil, un besoin de domination conduisait et gâtait tous ses actes ; oui, son mari et son fils qu'elle aimait pourtant, avaient souffert par elle. Et peut-être, avec une belle-mère plus tendre, Lydie l'orpheline aurait vécu heureuse dans son ménage. Mais il eût fallu à Mme Fénigan beaucoup d'indulgence, un cœur de pitié et de pardon. De tout cela maintenant elle se rendait compte, et aussi de ce qui lui restait à tenter. Quelque chose de très difficile ; mais puisque Dieu venait de l'inspirer, il l'aiderait sans doute encore, « Notre Père qui êtes aux cieux... »

Un long soupir, non loin d'elle, l'avertit qu'elle n'était pas seule dans l'église. Ses yeux faits à l'obscurité distinguaient à quelques pas devant sa chaise une pauvre femme en marmotte, aux vêtements terreux, délavés, qui priait, tassée sur ses genoux, un paquet posé par terre à côté d'elle avec un parapluie de coton noir. Mme Fénigan l'ancienne, celle qui entrait tout à l'heure dans la chapelle, n'aimait pas les mendiants; elle trouvait la charité dégradante, et jamais, outre son jour d'aumônes, le lundi de tradition, il ne lui arrivait de donner un sou ni une miche. C'était un des articles de son code personnel, un perpétuel sujet de discussion avec sa bru, lorsqu'elles sortaient toutes deux en landau. Ah! si Lydie, du coin perdu où se cachait la misère de sa faute, avait pu voir son implacable belle-mère s'approcher de la pauvresse et lui demander tout doucement : « Vous n'êtes pas du pays ? » quelle stupéfaction pour elle et quelle espérance!... Mais la mendiante ne répondait pas. Épuisée de fatigue, elle s'était endormie en priant, assise, écroulée plutôt sur ses talons tournés. Loin de s'indigner, comme elle n'eût pas manqué de le faire autrefois, et de réveiller brutalement celle qui se tenait devant Dieu en si inconvenante posture, Mme Fénigan se sentit prise d'une immense pitié et, tirant de son ridicule le porte-monnaie qui tintait au fond avec le trousseau de clefs, sans l'ouvrir, sans regarder ce qu'il contenait, elle le posa sur le paquet de la pauvresse. Pour qui connaissait la mère de Richard, ce mouvement de charité désordonné était encore plus extraordinaire que les résolutions intimes et nouvelles qu'elle emportait de sa station à la Petite Paroisse.

En la voyant sortir, Napoléon Mérivet, qui depuis un moment se promenait dans son petit champ de pavots, eut une exclamation de joie :

« Vous, madame, c'était vous ?... J'avais bien entendu remuer des chaises, seulement... jamais je n'aurais supposé...

— En effet, c'est un vrai miracle ; mais les miracles ne sont pas pour vous étonner, » dit-elle avec un sourire épanoui. Puis, tandis qu'elle ouvrait son ombrelle à l'ardent soleil de midi :

« Monsieur Mérivet, j'ai à vous demander un

service... Je dois m'absenter quelques jours, très peinée de laisser Richard seul, surtout dans les circonstances cruelles... »

Sous ses gros sourcils moustachus, le vieux souriait d'un air de malice :

« Vous ne le laissez pas seul... et la cousine ?

— La cousine retourne en Bretagne et je pars avec elle.

— En Bretagne, vous ? pourquoi faire ?

— Je ne sais pas encore... Une inspiration que je viens de trouver là dedans. »

Sans en demander davantage, le vieillard lui dit avec un élan expansif :

« Ah ! je savais bien que vous étiez une brave, une noble femme, et qu'il n'y avait que votre sacré orgueil...

— Surtout, monsieur Mérivet, pour mon fils comme pour tous j'accompagne Élise, rien de plus ; Richard se forgerait peut-être des espérances folles... je veux voir par moi-même, avant.

— Votre fils ne saura, n'espérera que ce que vous voudrez, madame. En votre absence, je veillerai sur lui et sur les gens de Grosbourg ; et si je ne me sentais pas de force à empêcher les grandes sottises, j'ai près de moi mon brave Cérès, qui à la douceur de saint François joint sa poigne archangélique... Je réponds de votre enfant.

— Merci, » dit Mme Fénigan très émue. Elle allait s'éloigner, quand au geste du vieillard pour fermer sa petite église, elle le retint :

« Prenez garde, il y a encore du monde, une pauvre femme qui s'est assoupie en priant Dieu. »

Le petit Napoléon leva la tête fièrement :

« C'est l'église du grand chemin. Dès que la porte reste ouverte, toujours quelque misère qui passe, entre et demande asile. Ne la réveillons pas, je fermerai plus tard... Est-ce qu'il y avait quelqu'un autre, avec cette pauvre femme ?

— Oui, quelqu'un que j'ai laissé dans un coin et qu'il faudra y laisser toujours... mon orgueil, mon sacré orgueil... » dit Mme Fénigan toute souriante et ne ressemblant en rien à l'arrogante personne qui était entrée à la Petite Paroisse, quelques minutes auparavant.

IX

Après une course folle à travers la France, un haletant et zigzagant voyage sous la direction de M. Alexandre, avec stations, détours, précautions variées, déguisements romanesques, la comtesse Lydie, simplement même la comtesse, accompagnée de son cornac et de sa femme de chambre, s'échouait un soir de septembre dans l'hôtel de la *Princesse de Lamballe*, à Quiberon. Des plafonds bas, infiltrés de moisissure, un baldaquin étouffant au-dessus d'un lit bateau mangé aux vers, lui valaient une nuit lourde, sans sommeil ; puis à l'angelus du matin, sa fenêtre à guillotine relevée sur un ciel brumeux, la petite place grise devant l'église romane au porche écrasé, des vieux Bretons s'accostant dans le brouillard avec des grondements de phoques, lui laissaient une oppression et comme le pressentiment de l'ignoble comédie qu'on lui jouait.

Cette impression sinistre dura toute la matinée, jusqu'au retour de M. Alexandre parti à la recherche de la famille Blanchard, sa famille, dont le souvenir, après quarante ans d'oubli, lui était revenu subitement, un matin, à Monte-Carlo, quand il cherchait un refuge pour les amoureux traqués. Sur le coup de midi, il rentra rayonnant. Grands et petits, tous les Blanchard de son enfance dormaient dans le cimetière sablonneux de Quiberon, en face de la Mer-Sauvage dont la vague vient directement des Açores en trois élans ; tous les Blanchard, sauf un oncle, capitaine long-courrier toujours au loin, et sa femme qui vivait solitaire dans une petite maison jaune, sur la plage de Port-Haliguen.

« Ma tante Maison-Jaune », ainsi baptisée par Alexandre, consentait à louer son habitation toute meublée à Mme la comtesse, à lui faire la cuisine ainsi qu'à M. le comte lorsqu'il serait là, même à fournir la carriole qui allait venir prendre, après le déjeuner, Mme Lydie, ses bagages et sa femme de chambre; le tout aux conditions les plus modérées, sans compter l'agrément de se trouver en vigie, pour guetter le *Bleu-Blanc-Rouge* entrant dans le port les ailes éployées, et se rangeant presque au ras de la maison.

Le bourg de Quiberon, situé au milieu de la presqu'île, a deux ports : l'un, très rapproché, Port-Maria sur la Mer-Sauvage, l'autre, sur le Morbihan (petite mer), Port-Haliguen, qu'il faut aller chercher à une lieue, à travers un réseau de petites ruelles, murs bas, calcinés par l'air salin, entourant des métairies, des vergers, vraies embuscades de bleus et de chouans.

Quand Lydie arriva dans le tranquille petit pays, tout en longueur, avec son sémaphore de maçonnerie blanche au bout de la jetée, ses quais de factoreries lointaines bordés de maisons basses, de cabarets marins, de hangars, d'entrepôts, le brouillard s'était dissipé et avec lui l'oppression lugubre du matin. Une lumière douce dorait la mer, découpait les lignes sinueuses de l'horizon, Port-Navallo, Saint-Gildas; et le calme des flots contrastait avec la canonnade de la Mer-Sauvage sur les brisants, entendue nuit et jour de l'autre côté de la presqu'île. Seule sur la plage, à l'entrée du port, éclatait la maison jaune et, plus voyante encore que l'ocre de ses murs, la coiffe aux grandes ailes de tante Blanchard qui, dès l'aube, fourbissait son carreau et son mobilier d'acajou, dans l'attente de ses locataires.

Véritable abri pour une nomade aventureuse, ce logis de plain-pied et tout près des vagues, où partout aux murs, sur les cheminées, sur les meubles, coquillages, coraux, plantes marines, magots de l'Inde et de la Chine parlaient voyages et cieux exotiques, où cette mer qu'elle aimait tant et d'une fougue toujours repoussée, brisait sous les fenêtres, tremblotait dans tous les miroirs, avec les voiles de ses bateaux de pêche rentrant et sortant à des heures régulières en essaims de mouettes blanches. Mais quelle solitude, et pour les goûts luxueux et vaniteux de la jeune femme, combien de privations! Le phare de la Teignouse, s'allumant chaque soir dans les tulles lilas du crépuscule, ne remplaçait pas le lustre de la salle à manger de Monte-Carlo, à l'heure du souper, quand Lydie faisait son entrée au bras de M. le comte. De même sur ce désert de sable, d'une mélancolie que l'Histoire grandit et solennise des tragiques souvenirs de l'émigration, les quelques familles de baigneurs venues d'Auray, de Vannes, et s'ébattant provincialement au soleil, ne rappelaient que de très loin à la comtesse les admirateurs suédois, hongrois, grands et petits russiens, empressés autour de ses toilettes dans les féeriques jardins de la maison de jeu. Ici, cette étrangère, seule et trop belle, éloignait; pour la juger, lui adresser la parole, on attendait d'avoir vu le comte, celui qui devait venir la rejoindre avec son yacht. Quand? Nul ne savait. La marche des voiliers est si incertaine.

Au début, elle ne s'ennuya pas trop. Le pays nouveau, l'installation, la peur de voir paraître le mari redouté; puis M. Alexandre qui, toujours logé hôtel *Lamballe,* à Quiberon, venait la voir, prendre ses ordres chaque matin. Long et raide, lorsqu'il se dressait sur le terre-plein de la maison jaune, devant la croisée du parloir où cousait avec tante Blanchard la femme de chambre lyonnaise, sa figure de vieux diable, toute rasée et hachée de pointillures sous un coquet chapeau de bains de mer, ses yeux de pierrot à la prunelle tournante jetaient l'effroi au cœur de la suppléante de Rosine :

« Au moins, madame en est-elle sûre ? demandait la camériste... Moi quand il me regarde tout dans le fond et m'interroge comme ceci : « Agarithe, êtes-vous discrète ?... » sans jamais un mot de plus, je tremble, chaque fois, d'entendre quelque confidence abominable. »

Mais sa maîtresse la rassurait :

« Je connais Alexandre depuis mon enfance. »

Et en effet, du temps qu'elle était à l'orphelinat de Soisy, il figurait déjà pour elle un des personnages de la grand'route, de ce fantastique jeu de l'oie dont s'amusaient ses yeux de fillette. La marque de ces impressions initiales demeure en nous si profonde, qu'à cette heure encore M. Alexandre lui imposait. Ah ! si elle avait pu scruter cette petite tête féroce d'affranchi, au cou gonflé de venin et de haine contre l'enfant trouvée, la petite bohème devenue bourgeoise et madame. Si seulement lui était tombée entre les mains la lettre où le Frontin macabre faisait à la duchesse le récit de

son arrivée dans leur chambre de Monte-Carlo :
« Le mari !... Sauvez-vous. »

Pour se plaire à ces combinaisons scélérates, il fallait un ancien domestique, la cruauté spéciale au métis aigri, ranci dans trente ans de bas offices, dont il se vengeait délicieusement sur une dame, sur une blanche. Car M. Alexandre ne travaillait pas que pour l'argent. Il ne restait pas à Quiberon seulement pour régler les comptes, mais aussi pour la joie de guetter sa victime, de lui annoncer son lâchage ; comme il disait avec élégance, « de lui mettre ça dans la main ». De jour en jour cette heureuse minute approchait. Une fois pourtant, il eut une surprise désagréable, la crainte d'un dénouement imprévu.

« Alexandre, regardez donc là-bas, vers le sémaphore, lui criait Lydie, du rez-de-chaussée de la maison jaune, les mains en auvent au-dessus des yeux... si on ne dirait pas la voile de Charlexis ? »

Un rire cynique et muet grimaça sur la face glabre.

« Voilà qui m'étonnerait, » grommela l'ancien larbin, regardant par complaisance vers la jetée et fixant bientôt avec inquiétude le navire signalé qui offrait, comme allure, voilure, dimension, une ressemblance parfaite avec le *Bleu-Blanc-Rouge*. Étranger, à coup sûr, puisqu'il avait à son bord le pilote, dont la chaloupe suivait en remorque ; Anglais probablement, au dire de quelques vieux pêcheurs, gardiens de phares et douaniers, seuls habitants de Port-Haliguen à cette heure du jour, et qui s'étaient avancés jusqu'à la pointe de la maison jaune, pour voir la goëlette de plus près. A chaque bordée nouvelle, la ressemblance s'accentuait ; et même, un instant, sur le pont inondé de soleil et d'embruns, à côté de la roue du gouvernail, Lydie reconnaissait la carrure massive du brave Nuitt et sa barbe rousse en collier.

« C'est ça... c'est ma foi ça, » ronchonnait M. Alexandre anéanti, et plus bas, rien que pour sa cravate : « Fichue affaire !... » Le moyen de combiner quelque chose de sérieux, de suivi, avec des écervelés comme ce petit Charlexis. Sûrement c'était son béguin pour la comtesse qui repiquait. Ah ! elle avait de la chance, la gueuse... Et les patrons, à Grosbourg, qu'est-ce qu'ils diraient ? Et le bénef sur la rupture, sur la naissance secrète, toute la pêche en eau trouble, par quoi la remplacerait-il?... Projetant déjà des combinaisons nouvelles, M. Alexandre, afin d'être le premier à saluer son jeune maître, s'avançait jusqu'au sémaphore, où Lydie vint le rejoindre avec la robe et la coiffure que Charley préférait, rose et blanche sous le double hâle du vent de mer et du soleil, comme un œillet sauvage, un œillet de la dune.

Presque en même temps, la goëlette portée par une forte brise terminait sa bordée à quelques mètres de la jetée et montrait en virant son nom écrit sur le panneau d'arrière en gros caractères : AMPHITRYTE — CARDIFF. C'était un bateau de commerce, sorti des mêmes chantiers que le *Bleu-Blanc-Rouge*, mais supérieur de tonnage, chargé de tourteaux, et sans rien du confort luxueux d'un yacht de plaisance.

« Aussi, je me disais... il arrive trop tôt, beaucoup trop tôt. »

Et l'affreux Alexandre, épiant le délicat visage de la jeune femme, se délectait à y suivre les tressauts nerveux de sa déception. Dix minutes après, l'*Amphitrite* entrait dans le petit port silencieux, qu'elle emplissait de sa blanche carène ruisselante et du grincement de sa manœuvre mêlé aux éclats d'une dispute entre le capitaine et le pilote. Les voix sonnaient contre les pierres du quai ; mais personne ne savait l'anglais dans Port-Haliguen et l'explication n'eût jamais fini, si Lydie, se souvenant des leçons de sœur Martha l'Irlandaise, ne s'était offerte à servir d'interprète.

Un curieux motif de tableau moderniste, cette Parisienne élégante, assise au milieu du pont sur un rouleau de cordages, dans l'odeur du goudron et des tourteaux ; devant elle l'Anglais, un géant apoplectique et roux, se chamaillant avec le petit pilote breton, noir, simiesque et velu, tandis que les matelots, halant sur les vergues, regardent avec stupeur au-dessus d'eux ce quai désert, ces rares maisons basses, comme effarés de se trouver là. En effet, dans le fracas des flots et des rochers, le pilote Madec avait crié : « Port-Maria, » le capitaine avait entendu : « Port-Lorient, » et pris Madec à son bord, puisque c'est pour Lorient que l'*Amphitrite* était chargée. Le vent debout l'empêchant d'entrer à Port-Maria, le pilote venait abriter le navire de l'autre côté de la presqu'île, dans cette anse de Port-Haliguen qui ne ressemble guère à la rade spacieuse et bruyante où l'Anglais comptait aborder. Heureusement, la douce voix de l'interprète, sa jolie robe, ses yeux de saphir mettaient vite tout le monde d'accord; mais elle eut ensuite à se défendre des générosités du capitaine qui, très impressionné par cette apparition shakespearienne, offrit successivement à la délicieuse Miranda descendue sur le pont de sa goëlette un flacon de vieux porto, une lunette de marine, un pagne, un tomahawk, des babouches javanaises, un sabre à deux mains du Japon, et finit par lui faire accepter un tout petit revolver américain, un *bull-dog* que l'autoritaire long-courrier gardait tout armé au fond de sa poche comme argument décisif contre les pilotes, gabelous et autres gens de loi patentés de la mer.

Remis à peine de cette émotion, M. Alexandre en dut supporter une autre encore plus secouante. En ouvrant son *Petit Journal* au café de l'hôtel il y lut le suivant fait divers :

La nuit du 27 au 28 septembre, le yacht *Bleu-Blanc-Rouge* au prince d'Olmütz, abordé par un torpilleur espagnol dans les eaux des îles Baléares, a coulé à pic. Le prince seul et le cuisinier du bord, miraculeusement recueillis par une balancelle mahonaise chargée d'oranges pour Marseille, viennent de débarquer dans cette ville.

« Qu'allait-il faire aux Baléares? ce fut la première parole de Lydie apprenant cette triste nouvelle, qu'on lui apporta sans le moindre ménagement... De Monaco à Quiberon, ce n'est pas la route indiquée.

— Ah! vous savez, la voile... un coup de mistral ou de tramontane... » objectait le vieux larbin avec un émoi blagueur de toutes ses petites rides. Et de s'offrir aussitôt pour aller aux renseignements du côté de Grosbourg, où le jeune prince ne manquerait pas de venir se ravitailler. Prêt d'ailleurs à tout ce que voudrait Mme la comtesse, aux ordres de qui le fils de ses maîtres l'avait mis. Et de basses protestations, et des tortillements d'échine, tous les trucs et détours de l'office, toutes les grimaces de son ancien métier.

« C'est cela... allez voir, » disait Lydie toujours confiante, mais plus que jamais rêveuse. Dans les ténèbres morales où s'agitent la plupart des êtres, certains faits les illuminent brusquement, montrant jusqu'au fond le noir des abîmes. Le sinistre du *Petit Journal* apportait à la jeune femme une de ces révélations. Charlexis mort, que serait-elle devenue? Incapable d'une pensée de lucre, la perspective de la misère ne l'effrayait pas. D'où venait donc la terreur subite dont cette supposition de mort l'avait glacée? Seulement de s'être sentie presque aussi indifférente à la disparition de son amant qu'à celle de n'importe quel visage connu. Ne l'aimait-elle donc pas? Eh bien, non. Jusqu'ici elle doutait; à présent, la preuve était faite. Elle l'avait suivi par vanité, ennui et lassitude, besoin d'horizons nouveaux et de jours imprévus. Mais au plus intime de leurs caresses, quelque chose les dédoublait, les séparait toujours, quelque chose de froid et d'impénétrable qui l'enveloppait, lui, d'une fine cotte de mailles à la dure défense, l'abritant de toutes les blessures qu'il faisait, rendant inégal et lâche ce duel sans témoins et sans armes qu'est l'amour. Deux ou trois fois, la peur l'avait prise à son côté, à certains de ses sourires, à ces paroles de son père qui la hantaient : « C'est un monstre... je vous dis que c'est un monstre. » Et l'image désespérée du général, ses yeux ardents et braves si différents de ceux de Charlexis, achevaient de diminuer dans le cœur de la jeune femme l'amant pour qui elle avait tout quitté. Ah! si c'eût été à refaire. Quand la vie s'ouvrait, droite et simple, par ce mariage inespéré avec un brave homme, pourquoi se jeter dans la traverse, follement, sans passion, sans joie? Maintenant, où allait-elle? Comment finirait tout cela?

Elle y songeait, frissonnante, incertaine, dans la brume du soir qui se levait, le chuchotis de l'eau flaquant contre les pierres de la jetée. Des voiles qui rentraient, grandies par le brouillard, glissaient en fantômes. Soudain, au bout de la digue obscurcie, une flamme étincela, haute et claire, la lampe du sémaphore. En même temps, Lydie sentit en elle une secousse, un sursaut inexpliqué d'abord, mais qui, renouvelé, compris, l'inonda d'une joie ineffable. L'enfant, leur enfant qu'elle oubliait, et qui se révélait pour la première fois. Ce fut un changement magique; la vie lui apparut avec un but, une lumière protectrice. Le père, lui-même, s'humanisa dans sa pensée, lui sembla moins obscur, moins loin. Des chants, des cris remplissaient le port. Les avirons bruyants roulaient dans les barques ; et, le long du quai, par les portes basses des maisons, où luisaient des feux rouges à travers la brume, on entendait craquer et pétiller le bois vert avec le rire des tout petits autour du foyer.

Une semaine passa sans nouvelles. Lydie ne s'alarmait pas, pensant bien que le prince, rentré à Grosbourg, aurait du mal à s'échapper une seconde fois. Chaque matin les baigneurs devenaient plus rares sur la plage, la maison jaune plus seule. Malgré l'exceptionnelle douceur de la saison, on sentait à la montée des brumes, aux tons de vieille dorure que prenait la lumière à certaines heures comme aux accents plaintifs et longs de la brise, à la frénésie du vol des goëlands, que l'été touchait à sa fin... Et de l'autre côté de la presqu'île, les mugissements de la Mer-Sauvage redoublaient, chaque vague écroulée sur les roches avec le vacarme d'une batterie.

« Si vous entendiez ça l'hiver, madame... c'est affreux, paraît-il, » disait à Lydie sa servante Agarithe qui, tout le jour à coudre avec la tante Maison-Jaune, savait à fond le pays et frissonnait à l'idée d'un hivernage possible dans cette solitude. « Ce qu'ils appellent le *Trou du souffleur*, ce rocher qui siffle et qui ronfle derrière Port-Maria, du bruit qui sort de là quand vient novembre, les gens ne peuvent plus dormir… De ce côté-ci la mer n'est point si farouche, mais les hommes s'en chargent d'être méchants pour elle. »

Et la Lyonnaise contait à sa maîtresse les batailles livrées dans Port-Haliguen entre les sardiniers et les forbans de Concarneau venant pêcher en ces mêmes parages. Par ces ciels bas de l'hiver, chargés de brouillard et d'interminables pluies de côtes, quand les lampes restent allumées nuit et jour, que le gros temps empêche les barques de sortir, il fallait voir, dans ce tout petit port noyé d'embruns, deux cents, trois cents marins, hurlants et saouls, se ruer à l'assaut des auberges Le Bucz ou Le Quellec qui leur refusaient du boire, et chassés à coups de barres d'anspect ou de potées d'eau bouillante, tourner leur rage contre eux-mêmes, se crocher, s'entre-tuer avec tant de furie que, de la terrasse de Le Buez, ils roulaient sur le quai plein d'ordures et du quai dans les flots du bassin, par grappes, sans se lâcher.

« Rassurez-vous, ma fille ; nous serons parties avant de voir ces horreurs, » répondait Lydie qui tenait à sa femme de chambre ramassée sur un quai de Lyon, bien veule, bien niaise, mais le seul visage où elle pût lire autre chose que de la méfiance ou de l'antipathie. M. Alexandre, avant son départ, avait glissé dans l'oreille de tante Blanchard que sa locataire n'était comtesse que de la main gauche, et de Port-Haliguen à Quiberon pas un caillou du chemin qui n'eût ramassé la calomnie, pour la repasser plus sale à la pierre voisine. De là cette malveillance que l'abandonnée sentait se lever devant elle, craquer sous chacun de ses pas. Son orgueil en souffrait, mais bien peu, maintenant que l'enfant était là, qu'il prenait plus de place dans sa vie. D'ailleurs, elle ne sortait guère. Un piano, oublié à Ploërmel par des Écossais fantaisistes, et qu'elle avait fait venir, la retenait à la maison, éparpillant, selon le vent, la fantaisie de ses arpèges dans le port silencieux et sonore, ou les envoyant vers la plage, de jour en jour plus déserte et plus large.

Sur la vaste étendue de sable, où tombèrent les chouans de Sombreuil, restaient deux ou trois cabines de baigneurs, des enragés attendant l'arrivée prochaine de la flotte et ses essais de combats de nuit. Pour éviter les regards de malice et d'envie, les sourires haineux qu'elle retrouvait le soir en éclaboussures de boue dans le bas de sa robe, Lydie ne venait jamais de ce côté. La jetée lui faisait sa promenade préférée, depuis surtout qu'elle n'avait plus à guetter le yacht, à scruter l'horizon avec l'espoir toujours déçu et si énervant d'y voir monter une voile de goëlette. Pourtant, que Charlexis n'eût pas écrit ou seulement Alexandre, voilà ce qu'elle commençait à trouver bizarre. Un dimanche, enfin, le premier dimanche d'octobre, jour des régates et fête à Quiberon, une lettre arriva, non pas celle qu'elle attendait.

Pour la première fois, ce jour-là, Lydie avait pu passer une heure en mer sans ces horribles contractures d'estomac qui lui rendaient toute traversée impossible; il est vrai que le bateau ne bougeait pas, — le bateau-pilote servant de but d'arrivée pour les courses à voile, — et qu'il faisait en plus un temps de vierge, bleu et doux, le Morbihan sans une ride, immobile et figé, ne vivant que par le scintillement d'un soleil d'été égaré dans l'arrière-saison.

« Venez avec moi, madame la comtesse, lui avait dit le pilote resté son ami depuis l'arbitrage de l'*Amphitrite,* je vous réponds que vous serez mieux pour voir sur mon bateau même que si vous étiez sur l'estrade du sous-préfet et de M. le commissaire de marine. »

Et depuis plus d'une heure ils attendaient, au large de l'immense baie, très loin, perdus entre ciel et mer, dans une atmosphère cristalline, une douceur, une chaleur réverbérée, qui tenait les êtres, muets, en extase, comme s'ils planaient. Jamais Lydie ne s'était sentie si près du ciel. Oh ! serrer une main aimée, dans cette paix divine, cette trêve bercée. « Mais on ne voit rien, » murmurait Agarithe. Le plus curieux, c'est que, trop distants du rivage pour percevoir sa mince ligne d'ombre, la table lumineuse et sonore de l'eau leur apportait par bonds, par bouffées, tous les bruits de la fête au Port-Haliguen, des cloches, des rumeurs, un fredon de biniou, des éclats de tambours et de fanfares. On ne voyait rien et tout s'entendait. A l'avant du bateau, quelqu'un dit tout bas : « Ç'a l'air de nous tomber du ciel. » Soudainement retentit le signal d'une boîte à feu, suivi d'une clameur de foule où fusait le timbre suraigu des voix d'enfants. Puis un silence...

« Les voilà! » cria le pilote en se levant. Arrivaient les bateaux de course en longues files, ceux de la tête presque bord à bord. Où prenaient-ils l'air qui gonflait leurs voiles, tendait leurs agrès, faisait craquer leurs musculeuses membrures, donnait à leur élan cette haleinée puissante de soufflet de forge qu'on entendait courir devant eux? Leurs hautes ailes d'oiseau rock, blanches, rousses, pas plutôt dressées sur le bleu, ils étaient là, tournant le bateau-pilote qui les saluait de hurrahs, et le rasant tellement près que d'un heurt son boute-hors emporté vola en mille pièces et que le bateau pirouetta avec des craquements, une mêlée de cordages, des piaillées de femmes, des jurons de matelots. La durée d'un éclair, Lydie voyait virer et fuir le Concarneau qui avait fait le coup, vaisseau fantôme à voile brune, manœuvré par une équipe de forbans blêmes comme l'eau-de-vie de marc qui les saturait, les yeux fous, les cheveux en plaques ruisselantes sur des faces de noyés. L'Américain, qui suivait, un yacht de plaisance, gris d'argent et coquet, lui fit battre le cœur, tant son équipage ressemblait aux matelots si corrects du brave Nuitt; et quand le gentleman qui tenait la barre, un long New-Yorkais à lunettes, moins élégant certes que Charlexis, la salua dans le virage, ses beaux yeux de perle se mouillèrent.

Ce fut fini pour elle du plaisir de la course. Forbans et sardiniers, pêcheurs de Noirmoutiers et de l'île de Houat, émergeaient, voltaient, filaient à tire-d'ailes; elle les regardait d'un œil vide, comme un tournoiement de mouettes ou d'hirondelles de rochers, en songeant à l'absent, à celui qui l'avait rendue mère. Car son amour, son triste simulacre d'amour, n'était guère plus que cela : le sentiment de la responsabilité, et les premières tendresses maternelles s'agitant dans leur source profonde. Rentrée chez elle, rien ne put la distraire de cette chère pensée. Les quais de Port-Haliguen, grouillant d'un peuple pittoresque, les gigues des matelots, comiques et solennelles, le commissaire de marine galonné comme un général péruvien, assis à une petite table devant l'auberge Le Quellec pour distribuer les médailles des régates, puis les concours de binious, les courses à la nage dans le bassin du port, derrière des canards et des cochons, elle ne voulut rien voir, laissa sa femme de chambre courir seule. Celle-ci pourtant, dans la soirée, s'étant fait prêter par M*me* Blanchard une grosse lanterne de bateau, bien utile dans les petites routes entre-croisées, décida sa maîtresse à l'accompagner jusqu'au bourg, pour voir les danses.

La bise s'était levée, piquante, sous un ciel scintillant d'étoiles ; mais dès l'entrée du pays, une chaleur venait de bêtes et d'hommes, en tas par des ruelles étroites au sol feutré de fumier, et sur la place du bourg, qu'entourait un cercle inextricable de voitures dételées. C'est là que l'on dansait et « rien qu'au son des bouches, parce que les binious étaient trop saouls », répondait à Lydie une candide fleur de lin perdue sous une grande coiffe blanche. La foule se pressait autour de deux ou trois rondes, dont la plus belle virait sous les fenêtres de la *Princesse de Lamballe*. Un garçon d'hôtel, ayant reconnu Agarithe, les fit parvenir non sans peine au premier rang des spectateurs, la grosse lanterne posée à terre devant elles, parmi le double cercle de quinquets et de lampions qui faisait à la danse une rampe rougeâtre et fumeuse. La place s'éclairait de quelques lumières semblables et aussi des falots de toutes les carrioles, charrettes, chars à bancs, berlines, diligences, qui avaient amené les métairies, hameaux, domaines du voisinage, et dressaient dans la pénombre une irrégulière et mobile estrade circulaire où des silhouettes s'empilaient en gesticulant.

> *J'aime bien les cotillons rouges,*
> *J'aime mieux*
> *Les cotillons bleus.*

Chantées par des voix rauques, grêles, de pêcheurs, de sardinières, avec la talonnade de gros souliers retombant en mesure, des rondes de pays menaient le branle, et de ce tourbillon bigarré blanc et noir de drap rude, de laine échauffée, de ces rires, de ces souffles montait une buée lourde, mêlée à la poussière du sol piétiné, à la fumée des pipes et des lampions.

Parfois, un pan lumineux du décor se détachait, éteignait tout un coin de la fête ; une carriole, une diligence qui partait, emportant ses lanternes, ses chansons dont les éclats disparaissaient dans l'entre-croisement des ruelles :

> *Les cotillons rouges,*
> *Les cotillons bleus,*
> *Ce sont les bleus*
> *Que j'aime le mieux.*

Peu à peu, la place redevenait presque noire. Les branles, éclaircis, fondus en un seul, ne se guidaient plus que par les lampions à bout de mèche et les étoiles que l'on commençait à entrevoir, comme on entendait la bramée de la Mer-Sauvage tout à coup rapprochée. Elle faisait la basse d'une ronde farouche que les bouches venaient d'attaquer, à temps précipités :

> *Fendons le bois,*
> *Le roi!*
> *Chauffons le four,*
> *L'amour!*

Les jupes lourdes claquaient, les voix se bousculaient à perdre haleine ; dans l'angle sombre de la place, le vent chantait, tournait seul. « Rentrons, » murmura Lydie, reprise au cœur de l'angoisse singulière qui l'avait étreinte le matin de l'arrivée, à cette fenêtre d'hôtel, là-haut. Agarithe ramassa la lanterne ; elles s'en revinrent par ces petits chemins de chouans, où des ombres rôdeuses battaient les murs, où des ivresses lourdes croulées dans les fossés s'endormaient entre un hoquet et un refrain de ronde :

> *Chauffons le four,*
> *L'amour !*
> *Dormez, la belle,*
> *Il n'est point jour.*

Les chiens des métairies aboyaient sur leur passage, leur faisaient presser le pas, baisser la voix.

« Regardez donc, madame... ces lumières, là-bas, sur la mer... entre les branches du sorbier... on dirait la flotte. »

Oh ! cette flotte, Agarithe en rêvait, et tout Quiberon avec elle. L'hôtel *Lamballe* était plein de voyageurs, du monde de Port-Navallo, de

Vannes, de Nantes, même des gens de Paris, venus pour la voir, assister aux exercices. Le garçon, ami d'Agarithe, lui avait parlé d'une dame parisienne, accompagnée de sa cousine, petite boulotte assez jolie.

« Vous a-t-on dit comment s'appelait cette dame ? » demandait Lydie que troublait une étrange coïncidence. N'avait-elle pas cru reconnaître, pendant les rondes, une silhouette de femme, appuyée au balcon de l'hôtel, l'air hautain, la tête nue, tout le portrait de sa belle-mère ? Mais Agarithe ne savait pas les noms. Puis la présence à Quiberon de Mme Fénigan s'expliquait si peu. Évidemment une de ces apparitions de rêve éveillé, comme en évoque la pensée longtemps fixée au même point. Tout le jour, Lydie avait interrogé le passé, quoi d'étonnant qu'il lui eût répondu par un de ses fantômes ? Un peu l'hallucination de la Lyonnaise qui, à force d'entendre parler de la flotte, voyait luire ses fanaux à tous les coins de l'horizon. Et pourtant, arrivées dans Port-Haliguen, avec la sombre immensité de l'Océan sous leurs yeux, elles n'y apercevaient pas d'autre feu que celui du sémaphore, et plus près, une lumière qui les attendait au rez-de-chaussée de la maison jaune, l'unique habitation de la plage.

Sous cette lampe, une lettre bien en vue, que Lydie ouvrit tout de suite, et qui lui expliqua enfin l'affreuse angoisse de ses premières heures dans ce pays, le malaise étrange dont elle venait d'être reprise le soir même, comme un avertissement que son mauvais destin devait la frapper ici, sur cette plage, et non ailleurs. Oh! l'intuition de la femme, prescience, clairvoyance subtile au bout de tous ses nerfs, qu'est-ce que notre finesse d'observation à côté de cela? Vaguement elle déchiffra l'épître de M. Alexandre. C'était long, c'était bête, et menteur d'un bout à l'autre, d'une veule écriture de larbin que son regard balayait avec épouvante, en retenant certains mots au passage : « ... dû faire sa soumission... volontariat... dragons... argent chez le notaire... réversible sur l'enfant. » Le résumé de la lettre : « C'est fini, il vous lâche. Préparez votre note, je vais venir la régler et vous écris d'avance afin d'éviter tout débat. »

Elle le savait bien, que cela finirait ; et ce qu'elle ferait au bout de cette impasse, elle l'avait décidé aussi. Seulement, pourquoi si vite ? Pourquoi si laidement ?... Ne pas même lui écrire un mot, l'adieu tremblé des lettres de rupture, laisser ce soin à un domestique !... Voilà qui dépassait toute infamie. Peu à peu, un fait s'éclairant par un autre, elle découvrait la farce atroce qu'on lui jouait depuis Monte-Carlo, leur départ en tragédie, sa fuite ridicule à travers la France, et cette méchanceté de la conduire si loin, de la faire attendre si longtemps pour lui cracher cette injure à la face... O Charley, c'est tout cela que signifiaient votre rire indéchiffrable et ces yeux de pierre froide dont elle avait tant peur. « Un beau monstre, » comme disait le père, un monstre incapable d'aimer et qui, d'instinct, repoussait toute intimité et toute tendresse. Il finissait bien ainsi qu'il devait finir, leur ignoble roman sans amour... Et ces gens de Grosbourg avec leur notaire, pour qui la prenaient-ils donc ? Comment ! le général, lui aussi... Oh ! cela l'outrageait plus que tout, l'idée que ce fier, cet intrépide dont la passion désespérée l'avait quelquefois émue, pouvait la croire une âme de trafic et de lucre. Ils allaient bien voir le cas qu'elle faisait de leur argent et de tout.

« Réversible sur l'enfant... » Oui, sans doute, l'enfant. Dans la ferme résolution prise par elle dès le premier jour de ne pas survivre à sa folie, elle n'avait pas prévu cette ironie, huit ans de stérilité dans le mariage pour aboutir à cette maternité de rencontre. Mais cet enfant, comment l'élèverait-elle? Pas de père, pas de nom, pas même celui d'une mère qui n'en avait jamais eu. La misère noire, et du sang de prince dans les veines. Que deviendrait-il, déclassé, délaissé? Ne valait-il pas mieux cent fois l'emporter dans la mort avec elle?

... La mort, certainement. Mais quelle mort? S'en aller vite, s'évader de sa triste existence, mais par quelle porte? La mer était là, tout près, au bas des roches. Ouvrir doucement la fenêtre, enjamber l'appui, deux pas à faire... Le noir de la nuit et de l'eau l'effrayait. Il faudrait se chausser, se vêtir ou sortir à demi nue... Ah! voilà... Son regard cherchant tout autour dans la chambre venait de découvrir le petit revolver de l'Anglais, reluisant sur la cheminée. Droite devant la glace, elle le mania un instant avec des doigts experts, songeant à une foule d'êtres et de choses, déjà le défilé de la dernière heure dans ses yeux hagards ; et comme elle écartait très bas les dentelles de sa chemise, pour viser à la bonne place, le sentiment de sa beauté l'arrêta, presque un regret de meurtrir ces blancheurs nacrées où brillait l'or d'une petite médaille. Le temps d'une prière mentale à la Dame de Fourvières, le doigt sur la gâchette, elle allait tirer. Des coups rapides contre sa cloison et la voix d'Agarithe la retenaient encore : « Madame ! madame !... Oh ! que c'est beau... toutes ces lumières vertes, bleues, jaunes, rouges, qui dansent sur la mer... la voilà... la voilà... c'est la flotte... quand je vous le disais... »

Machinalement elle tourna la tête vers la fenêtre dont les vitres vibrèrent, secouées par une violente canonnade où se perdit l'aboiement court et féroce du petit bull-dog. Comme Lydie tombait, un de ces longs feux électriques promenés des vaisseaux sur la côte inonda la chambre jusqu'au fond, de son flamboiement bleuâtre. Elle le reçut en pleine figure et put croire que c'était l'éternité qui s'ouvrait. Une fois franchie l'angoisse du mauvais passage, c'est peut-être ainsi quand on meurt.

X

JOURNAL DU PRINCE

Entre deux batailles, navré comme un vaincu qui commence à en prendre l'habitude, puisque c'est nous les manchons blancs, je vous écris d'un vieux moulin, quartier général de notre armée. Je croyais, comme vous le disait ma dernière lettre de Grosbourg, m'être tiré de cette absurde corvée des grandes manœuvres, et j'étais en train d'esquisser un flirt délicieux avec deux petites juives du voisinage, deux sœurs, l'une fraîchement mariée, l'autre à la veille de l'être ; ça mordait déjà très gentiment, rien qu'un hameçon et la même cerise pour deux, voilà qu'une dépêche de

mon cousin de Boutignan m'oblige à reprendre
bien vite ma place à l'état-major. « Ordre supérieur ! » m'a dit ma vieille bête de colo en clignant
du seul œil qui lui reste, et je n'ai pu en savoir
plus long, Boutignan, officier de cour, craignant
toujours de se compromettre. Mon petit doigt
m'avertit cependant que, cette fois encore, le général-duc, mon père, m'a joué quelque méchant
tour. Peut-être trouvait-il que ma présence à Grosbourg secouait trop de gaieté et de jeunesse autour de son fauteuil d'infirme. Vous savez qu'après
un mieux très marqué, il a dégringolé brusquement, et de plusieurs marches. Les médecins attri-
buent cette recrudescence à une chute de cheval,
mais j'étais là, je l'ai vu glisser de sa selle, déjà
assommé d'un nouveau coup de sang. Son mal a
donc pour moi tout autre cause. Il aimait Mme F...
et gardait, j'en suis sûr, le vague espoir de mettre
la main dessus. La nouvelle de son suicide a dû
l'agiter rudement. Oui, mon cher, la malheureuse
femme, apprenant que je renonçais, s'est envoyé
une balle dans le cœur, ou bien près. Elle était
mourante il y a huit jours ; depuis, je suis sans
nouvelles. Mais vous figurez-vous l'émoi de
M. Alexandre, chargé d'aller régler les frais de

rupture, et trouvant pour le recevoir, à ce chevet d'agonisante... devinez qui?... La mère du mari, la propre belle-mère de Mme *F*... *Comment se trouvait-elle là? Deux femmes qui se haïssaient. Le mari était-il dans la maison, lui aussi? Tout ce que je sais, on a flanqué par la face de maître Alexandre ses offres d'argent, ce qui n'était point pour déplaire à la duchesse; et mon père m'a écrit, à propos de ce suicide, une lettre catafalqueuse et sentimentale comme une valse de 1845.*

Mon amour, fatal à cette ingénue? Je n'en crois pas un mot. Elle s'est tuée par dépit, ennui, embarras de savoir comment braver la maussaderie de l'existence. Avec dix ans de plus sur le dos, je me sens bien capable d'en faire autant et pour un moindre prétexte, surtout si ces dix années ressemblent à ces quelques semaines que je viens de passer au régiment. Non pas que le métier me fatigue; comme secrétaire et cousin du colonel, fils de papa, prince moi-même, je suis dispensé de tout service et pourrais bâiller tout le jour sur mon lit, dans la chambre que j'ai louée devant la plus belle vue de Melun. Mais Melun, mais l'habitant... Que faire? où aller? avec qui? Les officiers que je vois à la table du mess, quand mon cousin de Boutignan m'y invite, ont des conversations de lycéens. Ils ne sont guère que cela pour la plupart. Internés à dix ans dans une cour de lycée ou chez les Pères, ils n'en sont sortis que pour entrer internes à Saint-Cyr ou à Saumur, et, de là, passer à la caserne, à peine changer de prison. Ils ne savent rien de la vie, s'amusent de leurs anciens pions, ont gardé « ce rire au colonel » qui était le « rire au professeur » de l'enfance et de la lâcheté. A part quelques ambitieux, qui piochent et se rongent sous la lampe, des petits Bonaparte sans étoile, en route pour l'Élysée ou le poteau de Satory, presque tous ne songent qu'à couper à l'exercice, à l'instruction, filer sur Paris et nocer. Comme anecdotes, des souvenirs de collège ou de garnison. Très peu ont fait la guerre. Après dîner, quelques-uns se racontent, la moustache fumante, de formidables aventures, où claquent les Nom de Dieu! et où il en tombait! où ils en ont reçu!... pas un pouce de leurs dolmans qui ne fût criblé, traversé... et leurs bêtes n'en menaient pas large, je vous jure, ni l'autre bête qui trottait dessus... Puis, en écoutant mieux, vous voyez qu'il s'agit non d'une bataille, mais d'une forte averse attrapée un premier de l'an ou un 14 Juillet, qu'ils étaient commandés pour escorter le président du Sénat ou du Corps législatif. Ils n'ont pas d'autres campagnes et le regrettent. Moi aussi, car je me demande si tous ces gentilshommes, excellents pour l'escorte et la parade, sont vraiment des hommes de guerre, et la tenue qu'ils auraient sur un champ de bataille. Braves, parbleu! Tout Français qui se sent regardé est brave. Mais déterminés, capables, sous le feu, d'un acte spontané et lucide? C'est à savoir. Il faut s'être trouvé devant la mort pour répondre de son sang-froid contrarié par l'heure et les circonstances. Mon père me racontait qu'en Crimée, un jour, portant à des chasseurs à pied un ordre du maréchal Bosquet dont il était l'aide de camp, au moment de quitter l'abri très chaud, très sûr, des petits vitriers, et de se remettre en route sous des paquets de mitraille, il avait senti tout à coup une lourde paresse dans ses jambes et ne s'était levé, avec quelle peine! que sous les regards aiguisés et moqueurs des camarades, commençant à trouver qu'il restait trop. Ces quelques minutes de frousse lui comptaient comme les plus atroces de sa vie. Il me parlait aussi d'un de ses copains, chef d'escadron aux chasseurs d'Afrique, bien connu dans l'armée pour l'abominable colique dont il était saisi, chaque fois que sonnait le galop de charge. Il avait dans ses fontes un flacon d'absinthe pure qu'il sifflait d'une haleine, et fonçait avec cela dans le coco, ne pouvant se battre qu'ivre-mort.

Ah! ces tristes nerfs que le danger enchevêtre, affole chez les uns, qu'il assagit et débrouille chez d'autres. La nuit où mon pauvre Bleu-Blanc-Rouge a sombré, j'avais à bord le docteur Engel, très fort entomologiste, compagnon d'Émin-Pacha, que je devais laisser à Port-Mahon dont il allait étudier la flore. Cet homme, boucanier, aventurier de la science, qui avait rencontré la mort cent fois, et sous les aspects les plus sinistres, est devenu fou de peur devant l'eau qui gagnait le pont. Il sanglotait, hurlait qu'il ne voulait pas mourir, sautait à la gorge du papa Nuitt qui a fini par le faire attacher dans le rouf; si bien que le pauvre diable a dû couler à fond tout ficelé comme sur la planche à pain. Et pendant qu'un homme de la force intellectuelle d'Engel montrait cette décomposition morale, mon stewart, accroupi dans un coin du pont avec sa théière et sa lampe à esprit-de-vin, n'avait qu'une idée, en entendant le glouglou de l'eau montante et les cloisons-étanches qui éclataient, me faire une tasse de thé bien chaud, avant le plongeon final. C'est du reste le seul qui ait été sauvé, avec moi ; mais jusqu'au bout je l'ai vu garder un calme, un sang-froid, et le plus naturellement du monde, tandis que moi, je m'appliquais.

Un des rares garçons que je fréquente ici, est un lieutenant de réserve, qui a obtenu la faveur de rester au régiment après les manœuvres et d'y faire une période supplémentaire d'instruction. Y a-t-il de singuliers goûts tout de même ! Celui-là est passionné pour le métier de soldat ; il aime servir, obéir, le rang, la discipline. Il est du reste le fils d'un de nos gardes forestiers que les braconniers de Sénart ont surnommé « l'Indien ». Je signale à votre philosophie cette hérédité de servitude militaire, à laquelle ce grand, gros garçon, chef de rayon à la soierie dans un des caravansérails du commerce parisien, n'a pas pu se dérober. Vous connaissez ces robustes appétits de goujats, qui vous donnent faim par leur façon de se tailler un chiffon de pain, d'enfourner de côté, à la pointe du couteau, une bouchée de viande ou de fromage coupée en carré; le lieutenant Sautecœur me procure cette sensation. Il me ferait aimer la vie militaire par le goût qu'il y prend, la joie qu'il trouve aux plus ineptes besognes. Une âme de brosseur et de porte-drapeau. Il pleure en lisant des vers de Déroulède et s'exalte devant des boutons de tunique bien astiqués. Sans le vieil Indien dont il est la fierté, sans sa jeune femme qu'il adore, comme il lâcherait la soierie et filerait au Tonkin, au Sénégal, se faire la main sur les peaux jaunes ou noires, en attendant le grand jour! Mais quand il marche au bras de son fils en costume d'officier de dragons, le père est ivre de joie; et lorsque la petite femme, Parisienne mincette, laide et tentante comme le péché, vient déjeuner à Melun avec son mari, mon lieutenant vous a des yeux à ne pas le laisser approcher d'une poudrière. On comprend qu'il hésite à partir pour Dakar. Moi-même, depuis un déjeuner que j'ai offert au bord de la Marne au jeune ménage et le dialogue de ma botte avec une petite bottine fine et nerveuse, pas sauvage du tout, j'ai le projet d'aller plus souvent rôder du côté de l'Ermitage, où la femme de mon lieutenant passe une partie de l'année à soigner ses bronches délicates au voisinage des sapinières. En attendant, je chauffe le mari qui avait déjà pour mon nom un respect, une idolâtrie à mourir de rire. Si jamais il me trouve dans le lit de sa femme, son chagrin sera mélangé de quelque fierté.

A part ce type-là, je ne suis lié avec personne au régiment. J'ai remarqué, ô mon philosophe, qu'un tailleur trop gras vous fait des gilets qui bedonnent, qu'un peintre de portraits favorisé d'un grand nez tente de le passer à tous ses modèles. C'est probablement, par un identique phénomène de subjectivité, que je trouve à tous mes camarades, conscrits ou conditionnels, la même physionomie endormie et morose, le verbe « Je m'embête à mort » conjugué à tous les temps, à tous les modes, présent, futur, actif et passif. Est-ce le service obligatoire qui veut cela? La jeunesse française a-t-elle laissé sous l'uniformité du carcan militaire le peu qui lui restait d'élan et d'initiative? Toujours, ils n'ont pas l'air de s'amuser, au 50ᵉ dragons, ni de penser à n'importe quoi. Sautecœur est un idiot; mais au moins il croit à la vie, s'agite et grouille, surtout par ce temps de grandes manœuvres.

Chargé d'un service d'information, il ne dort

plus, ne mange plus, met sur les dents hommes et bêtes. Je crois même qu'à trop bien surveiller et dépister l'ennemi, il a dérangé les plans de nos généraux, deux pères tranquilles qui n'aiment pas se lever matin. Il circule à l'état-major un dessin assez drôle les montrant tous deux en vieux invalos qui jouent paisiblement aux quilles et chassent à coups de canne un grand chien portant sur son collier : « Service d'information », et dont les gambades folles ont renversé tout le jeu. On attribue cette caricature à un soldat de mon escadron, un Parisien d'origine polonaise nommé Borski, long, blond, la lèvre mince et le regard couvert. Volontaire d'un an, il a fait pour s'affranchir de la corvée un portrait du colonel, à deux crayons, très réussi, et commençait le mien dans une chambre haute du moulin, à toutes petites lucarnes, pleine de sacs de grain, quand un camarade est venu nous interrompre : « Borski, vite, on t'appelle chez le colo, il y a deux messieurs de Paris avec lui.

— Je suis foutu... » a dit tout haut le malheureux en blêmissant, et j'ai surpris son regard aux lucarnes trop étroites pour qu'il pût s'échapper par là. Nous pensions qu'il s'agissait de sa charge du jeu de quilles, mais, dans la soirée, mon cousin m'a certifié que le cas était plus grave. Associé d'une bande, Borski depuis longtemps dessinait de faux billets, d'une adresse sans pareille. C'était entre la Banque et lui un de ces duels acharnés et mystérieux dont on se garde d'entretenir le public ; toujours des planches nouvelles, des complications de gravure, de tirage, aussitôt dépistées et imitées. Borski se procurait ainsi beaucoup d'argent, de quoi payer les caprices d'une très belle créature. Le régiment ne parle que de ça...

Moi, j'ai toujours à l'esprit la brusque détente qui mit ce grand garçon debout et son regard vers les lucarnes ! Il y en avait de la vie, dans ce geste et dans ces yeux ; il en a brûlé du combustible, en une seconde. Ah ! Vallongue, ce que doit être l'existence pour un gaillard pareil, quelle valeur y prennent les choses les plus plates. Une lettre qu'il reçoit, un coup frappé à sa porte, un passant qui le frôle dans la rue, l'aspect de cette rue même, la maison d'où peut-être on le guette, l'escalier par lequel il faudra s'évader, tout pour lui est intéressant, passionnant. Pas un instant d'ennui. Tous les sens aiguisés, toutes les facultés en éveil. Ce qu'un verre de bon vin devait lui sem=

bler bon, et bonne la nuit d'amour qui pourrait toujours être sa nuit dernière! Sans compter que ces hors la loi inspirent à la femme des besoins frénétiques d'abandon, de dévouement. Voyons, mon cher, quelques années dans la peau de Borski, cela ne vous tenterait-il pas? Criminel, oui, je sais bien. Mais un crime presque idéal, sans armes, sans violence, pas salissant ni féroce, un joli travail à la pointe sèche, le soir, sous la lampe, en face d'une belle fille très soignée, qui allège et poétise la besogne. Quelle différence entre cette existence et celle que nous menons, vous et moi! J'attends votre réponse à ce sujet, mon philosophe.

Il est de Mme de Longueville, me disiez-vous l'autre jour, ce terrible aveu d'une femme sur les femmes, que pour aimer complètement il faut qu'elles méprisent un peu. Ainsi s'expliquerait le goût de certaines d'entre elles pour des hommes tels que Borski, du haut en bas de l'échelle sociale. A ce propos, voici ce qu'un très illustre musicien, membre de l'Institut, racontait entre hommes, cet été, sur la terrasse de Grosbourg : « J'avais vingt ans, disait-il. Une pauvre bête sauvage, ramenée d'un bal de Montmartre, me

demandait au matin en s'éveillant : « Qu'est-ce
« que t'es, toi? » Je lui fis croire que j'étais garçon
coiffeur, rue du Bac. Rien qu'à me regarder, moi
et ma crinière, dans cette chambrette du Quartier,
meublée d'un lit de fer et d'un piano, la chose criait
d'invraisemblance ; mais j'avais affaire à la créature la plus vicieuse et la plus crédule, la plus
crapuleusement ingénue qui fût sortie jamais d'un
bal des boulevards extérieurs. L'hommage de quelques flacons d'odeur, pots de pommade et savons
verts, que je disais chipés à mon patron, acheva
de la convaincre. Mise à l'aise par la bassesse de
ma profession, elle venait me voir souvent, et je
m'amusais à lui farder mon personnage des confidences les plus bizarres, les plus effroyables. Je
vivais de métiers infâmes, voleur, souteneur, et
pis encore, connu dans le Quartier sous le nom de
« la belle Césarine ». Le jeu pouvait mal tourner ;
mais ma gaminerie n'y voyait que l'effarement de
cette jolie grue, l'ivresse gloutonne dont elle se jetait sur mes lèvres, après ces horribles confes-
sions comme arrachées par l'amour et qui m'en
valaient d'autres, un peu moins abominables, dian-
trement épicées tout de même, aussi des conseils
tendres, maternels : « *Prends bien garde, mon*

« petit chat, n'te laisse pas piger... » Son amour était fait de pitié protégeante, indulgente. Elle me consolait, apaisait mes remords, car il m'en revenait parfois, j'étais si jeune. Alors la pauvre fille berçait ma tête à deux mains, essuyait mes yeux de baisers, de la soie chaude de ses cheveux répandus, ou tourmentée de sentiment et d'idéal, essayait de me tirer de la fange matérialiste dans laquelle je me vautrais avec rage en ces épanchements nocturnes : « Pourtant, ma petite bouffie, « des fois qu'il y a, tu sens bien que t'as une âme, « dis ? » Et l'on n'imagine pas les moments, la tenue qu'elle choisissait pour me prêcher sa doctrine idéaliste. » Cette singulière liaison de notre académicien dura bien trois ou quatre mois; et cet homme, qui a inspiré de ces folles passions comme on n'en connaît que dans la musique, affirmait ne s'être jamais senti aussi ardemment aimé, n'avoir jamais pénétré aussi à fond tout l'être féminin que pendant ces quelques mois. La malheureuse lui livrait l'intime de ses pensées, tous les dessous de son métier immonde, ses détresses, ses veines, des trafics à donner la nausée; par-dessus tout, sa peur de la rousse et de la mise en carte. Lui, continuait son rôle de criminel infâme, gêné *parfois quand elle voulait lui faire accepter de l'argent pour l'empêcher de risquer un « trop sale coup ». Puis, subitement, elle disparut, ne répondit à aucune lettre, enfuie de son garni de Montmartre. Avait-elle compris qu'il se moquait d'elle, a-t-elle eu peur qu'il la compromît, la fît arrêter avec lui ? Peu importe, d'ailleurs... C'est Borski, surtout, qui m'intéresse, son existence qui me fait envie, en face de la mienne, plate et torpide... Vivre, oh ! vivre...*

En vagon l'autre jour, les portières fermées, je regardais un insecte, un moucheron qui voulait s'évader et, sentant l'obstacle invisible, battait le carreau furieusement, sans relâche ; il s'y ruait de tout son petit être érigé, volontaire, frémissant, à coups de tête, le dard tendu, et cela pendant deux heures de route, jusqu'à Melun. Et j'admirais cet éphémère frénétique, qui ayant si peu d'instants à vivre, les passait à se révolter contre sa geôle, contre ce banal étouffement dans un vagon de première... Comment nous tirer de là, nous autres, Vallongue ? comment nous échapper de notre train bourgeois ? Est-ce par un crime, comme Borski, ou par un coup de démence, comme Mme *F..., à Quiberon ? Bien* sûr, j'en sortirai; mais quand, de quelle façon ? Ah ! si les rêves étaient vrais... Écoute: celui qui m'a tourmenté, la nuit dernière. En face du moulin, dans un champ de betteraves, des soldats du génie creusant un fossé de circonvallation, désenfouissaient un livre énorme, la tranche rouge mangée de moisissure, tout grouillant de vers blancs, de fourmis, et nous l'apportaient à deux hommes sur la table où l'état-major achevait de déjeuner. Cela s'appelait le « Bottin du monde » et contenait en petits caractères elzéviriens très serrés la biographie de tous les habitants présents sur le globe, avec leurs noms, prénoms, les principaux traits de leur vie depuis le premier jour jusqu'au dernier.

« Pardon, messieurs... moi d'abord... » disait le colonel, nous repoussant du geste de son cigare allumé. Et pendant que nous étions là une vingtaine trépidant autour de lui, il feuilletait le gros livre, très calme, en clignant son petit œil; mais au lieu de courir à sa lettre, à son nom, il cherchait les nôtres, comme s'il avait peur de savoir sa propre destinée. Tous après lui montraient la même faiblesse, n'osaient affronter leur page biographique. Venant le dernier comme simple dragon, je finissais par leur dire, impatienté : « Voyons, messieurs, regardez à d'Olmütz... A quel âge et de quelle façon mourrai-je ? » Ce que mon cœur battait au tournant des feuilles ! A la fin, le colo commençait à lire de sa voix de commandement : « Charles-Alexis Dauvergne, prince d'Olmütz... » puis il restait court, pendant que tous devenaient très pâles et sortaient de la salle un par un sans me regarder, me laissant seul avec le gros livre fermé sur la table. Enragé de curiosité, je l'ouvrais à mon nom et j'essayais de lire. Mais les mots se brouillaient, s'enchevêtraient, indéchiffrables ; c'était atroce, cette confusion des lignes et des caractères de ma destinée, où tout était écrit, où rien n'était lisible...

On sonne à cheval, Vallongue ; l'ennemi approche, on ne l'attendait qu'après-demain. Il doit y avoir là-dessous une gaffe du lieutenant Sautecœur. A bientôt, philosophe.

Charlexis.

XI

Cinq semaines après le départ de M#me# Fénigan avec la cousine Élise, un petit omnibus du chemin de fer, venu de Soisy par la corniche toute blanche et nappée d'une brume matinale de novembre, s'arrêtait devant le domaine des Uzelles. La cloche de la grille sonna deux fois, comme étoupée par le brouillard ; au second coup seulement Rosine Chuchin, son vieux père et le cocher, en train de déguster dans la loge de la jardinière un onctueux café au lait de vraie crème et de beurre du jour, arrivèrent tous trois à la grand'porte, juste pour voir M#me# Fénigan descendre seule, emmitouflée et somnolente, comme après une nuit de long voyage.

« Rosine, mon lit, je suis morte... » dit la maîtresse traversant la cour, sans remarquer l'effarement de tous, non plus que les bols alignés et fumants sur la table de la loge restée ouverte. Il fallait qu'elle fût bien lasse. Peu à peu, cependant, la tiédeur de sa chambre et des habitudes retrouvées rendait à la bonne dame assez de force et de vie pour pouvoir poser plusieurs questions à Rosine, en train d'aider la vieille chambrière habituelle :

« Alors, M. Richard ?

— M. Richard est encore couché... Madame veut-elle que j'aille le prévenir ?

— Non ! Je voulais seulement savoir s'il n'a rien changé à sa façon de vivre.

— Rien du tout, madame... Il ne sort pas, se fait servir dans l'atelier où il passe ses journées à écrire des lettres et à tirer au pistolet, toujours en chantonnant, comme il fait... Quelquefois une promenade avec M. Mérivet, sous la charmille, et c'est tout.

— Vous avez dû voir souvent l'abbé Cérès, ici ?

— Mais non. C'est presque tout de suite après le départ de ces dames qu'il a eu sa dispute avec M. le curé au sujet des Lucriot, et qu'on l'a appelé à l'évêché de Versailles... Il n'est pas revenu depuis.

— Pauvre M. Cérès... » soupira Mme Fénigan avec un accent doucement navré, où se mêlait la sensation délicieuse d'étaler ses membres entre des draps parfumés, bassinés, dans un lit dont elle avait l'habitude. Rosine n'en revenait pas, de trouver sa maîtresse si indulgente au vicaire des mendiants et des chemineaux.

« Ainsi, Richard n'est pas même sorti le dimanche, pas même jusqu'à la Petite Paroisse, pour faire plaisir à son vieil ami?

— Mais, madame, la Petite Paroisse est fermée... M. Mérivet, après le départ de l'abbé Cérès, n'a pas permis qu'un autre prêtre dît la messe à son église.

— Voilà une chose bien extraordinaire, » murmurait la vieille dame, dont le béat visage contrastait avec la prétendue stupeur que lui causaient toutes ces nouvelles. La vérité est que, tenue au courant par les lettres du petit Napoléon, elle ne faisait guère en ce moment que constater, contrôler.

« Et dis-moi, Rosine, mon fils ne t'a jamais demandé où j'étais?

— Jamais... M. Richard savait ce que Madame nous a dit à tous, qu'elle allait se reposer au bord de la mer, chez Mme Élise. »

Rosine mentait effrontément, forte de ses deux astuces superposées de paysanne et de domestique. Par M. Alexandre, elle avait appris le suicide manqué de son ancienne dame et la présence là-bas de la belle-mère qu'elle s'étonnait de voir revenir seule, son retour indiquant la guérison de Lydie. Elle connaissait aussi les transes où l'on vivait à Grosbourg, les efforts pour intercepter les provocations continuelles de Richard; elle eût même pu renseigner Mme Fénigan sur le minutieux espionnage dont Alexandre entourait, par ordre, la correspondance de son fils. Mais depuis un moment la bonne dame semblait lasse, distraite, n'écoutant que d'une oreille les histoires qui d'ordinaire la passionnaient le plus, comme les méfaits des loirs et de son jardinier Clément. Après s'être fait apporter un bol de lait chaud, qui ne ressemblait guère à celui que l'on buvait en bas tout à l'heure, elle congédia Rosine Chuchin, préférant à ses tournillements bavards devant le lit, la joie de se sentir seule dans cette chambre pleine de souvenirs, de se bercer à la mélancolie des cris d'automne qui passaient sur la route embrumée : « Peaux de lapins... chiffons, ferraille à vendre !... » Depuis plus de trente ans, elle entendait la même voix de femme, voilée et douce, promener cette mélopée matinale, seulement dans les mois de froidure, la chiffonnière campagnarde étant prise par les travaux de la terre pendant le printemps et l'été. Et dans le demi-sommeil, cette voix qui s'éloignait, mêlée à des époques diverses et très anciennes de sa vie, lui semblait traîner des fagots de souvenirs et d'heures mortes. « Chiffons... ferraille à vendre ! »

Deux coups rapides et connus, frappés à la porte, lui firent bondir le cœur, rouvrir ses yeux qui clignotaient :

« C'est toi, Richard?... Entre. »

Ils s'étaient quittés froidement, sur un frôlement de joues, sans un mot. En cinq semaines d'absence, pas une lettre échangée. Maintenant encore, en voyant ce visage froid et dur, ces yeux de colère qui se détournaient d'elle, la mère comprenait que leur fâcherie durait toujours; mais au lieu de s'attrister, elle souriait,

et le retenant par la main malgré lui, le faisait
asseoir au bord de son lit, en ayant long, très
long à raconter.

« Plus tard, mère, plus tard... à présent tu
es trop lasse.

— Non... Puisque je te tiens, j'aime mieux
tout de suite. Reste là et écoute... »

Doucement, simplement, elle commençait
l'histoire de son voyage à Quiberon ; comment
cette pensée lui était venue, après leur scène
épouvantable dans la serre, avec la conviction
profonde que les reproches de son fils disaient
vrai, que pour Lydie comme pour d'autres elle
avait manqué d'indulgence, de tendresse, et
qu'elle devait essayer de réparer une partie du
mal causé par elle. Puis son arrivée dans le petit
village, pas loin de Lorient, où se cachait la
jeune femme, quelques jours d'attente et de
surveillance, et enfin quand, touchée de cette
existence solitaire et digne, de cet abandon fièrement porté, elle venait un matin frapper
à la maison jaune, sa stupeur d'y trouver
Lydie agonisante, aux mains inexpertes d'un
médecin de campagne, dont les petits cou-
teaux tailladaient en tremblant cette poitrine

blonde et rose, pour en extraire une balle de revolver.

Immobile, Richard écoutait, la tête basse et détournée, comme pour cacher ses impressions dont la mère ne se rendait compte que par la main qu'elle tenait, cette main d'abord revêche, peu à peu détendue, humanisée, finissant ensuite par s'abandonner, devenir — comme quand il était petit — la main confiante et tendre de l'enfant qui se cramponne à la mère : « Conduis-moi, ne me lâche pas. »

... Livrée à cet obscur vétérinaire, jamais Lydie n'aurait survécu, si par bonheur la flotte ne s'était trouvée là et, avec la flotte, des chirurgiens, de la glace, des ouates phéniquées, tous les antiseptiques sauveurs, libéralement mis au service de la blessée, grâce à Élise pour qui les officiers du corps de santé étaient tous des amis. Eh! oui, Élise, le bon petit Chaperon-Rouge, qu'on n'eût jamais supposée capable de charité continue, de dévouement, de discrétion ; Élise passant les journées et les nuits au chevet de sa rivale, de son ennemie, et disparaissant dès que Lydie commença à renaître et à reconnaître. A peine sortie des fantômatiques apparitions de la fièvre, le premier visage réel et vivant qui se dressait près de son lit, c'était le plus exécré, celui qu'elle chargeait de sa rancune et de ses fautes, sa belle-mère. Il avait fallu ramener de loin cette âme ulcérée, encore sous le coup de sa dernière déception si féroce, et se débattant contre la tendresse et les soins qui venaient à elle. « Non, laissez, je suis indigne... ni vous ni votre fils ne pourrez jamais oublier. D'abord, si vous me pardonniez, moi, je ne me pardonnerais pas... Je veux mourir... De quel droit m'empêchez-vous de mourir, méchante femme? » Exprès, elle cherchait des paroles outrageantes, remuait des souvenirs brûlants, cendres en feu sur ses propres blessures. Heureusement ce n'est pas à une belle-mère qu'elle parlait, mais à une vraie mère, cœur patient et sans orgueil, plus aucun orgueil, et qui tout le temps songeait : « Le mal que j'ai fait, il est bon que je le répare. »

Oh! la main de Richard, comme elle tremblait maintenant, et serrait tendrement la main qui la tenait...

... De jour en jour, à force de douceur, de patience. Lydie reprenait goût à la vie, se laissait soigner, quoiqu'une sombreur restât au fond de ses beaux yeux et qu'elle s'entêtât à dire « madame » à celle qui ne l'appelait jamais autrement que « ma fille ». Surtout elle se révoltait contre cette humiliante idée de pardon ; et il fallut pour faire cesser ses résistances le retour de M. Alexandre, envoyé par les gens de Grosbourg en règlement des « frais de rupture ». De sa chambre, la malade entendait l'accent de hauteur insolente et indignée dont Mme Fénigan congédiait le sinistre émissaire et l'engageait à remporter bien vite son argent à la duchesse. « Car si riche et si avare qu'elle fût, elle n'en aurait jamais assez, de cet ignoble argent, pour racheter les folies et les crimes de son fils. » Tout émue de se sentir ainsi protégée et vengée, Lydie, quand sa belle-mère rentra dans la chambre, lui tendit les bras en pleurant : « Merci, ma mère. » Ce mot de mère qu'elle se décidait à prononcer noua la réconciliation. Ce ne fut plus entre elles qu'une question de temps, de soins, chaque jour Mme Fénigan devenant plus tendre, se convainquant que la faute de Lydie avait été toute de révolte et d'indépendance, l'affolement d'une nature faite pour l'air libre et l'espace et qui se croit emprisonnée. Un cœur aussi droit, aussi affectueux que le sien, ne pouvait conserver d'un garçon cruel et froid comme Charley qu'un odieux souvenir. Pas de rechute à craindre de ce côté, ni regrets, ni reprise possible, mais l'idée d'une rentrée dans la vie normale, d'un retour au foyer, consternait la jeune femme. Se retrouver en face de Richard pour qui elle avait été si dure, si méchante... Pourrait-il oublier jamais? Mme Fénigan essayait de la rassurer : « Mais puisqu'il vous aime et vous plaint, qu'il n'a cessé un jour de vous aimer. » Lydie secouait la tête : « Si vous en étiez tellement sûre, pourquoi lui cacher que vous veniez près de moi? » Rien de contagieux comme la peur. A voir sa belle-fille si craintive, Mme Fénigan doutait aussi, et, la trouvant assez remise pour se passer d'elle, se décidait à revenir seule, dire à Richard : « Voilà ce que j'ai fait. J'ai laissé espérer à ta femme que vous pourriez encore vivre et être heureux ensemble. Qu'en penses-tu? »

... Dans la chambre, un silence de mort. Le visage de Richard toujours invisible, et sa main toujours cramponnée, brûlante et tremblante, à celle de sa mère. Une fois encore, Mme Fénigan répéta tout bas :

« Qu'en penses-tu? Ai-je bien fait? »

Richard, sans répondre, s'agenouilla devant le lit en sanglotant.

Quoiqu'elle s'attendît à cette explosion de reconnaissance, la mère rayonnait. payée de toute sa peine. Mais quelque chose la surprenait, et tout en fourrageant à pleines mains les cheveux courts et drus de son garçon, elle se disait : « Pourquoi ne me demande-t-il pas sa femme tout de suite? » Elle sentait un trouble, une gêne, dont l'explication lui fut donnée par deux mots que murmura Richard, les yeux timidement levés :

« Et l'enfant?

— Il n'y en a pas.

— Il est mort?

— Il n'a pas vécu. »

D'un élan, il fut debout et sur le cœur de sa mère :

« Oh! le bien que tu me fais... Si tu savais, cet enfant... Moi qui en avais tant désiré!... Jamais un rapprochement n'eût été possible avec cela entre nous. Je le sentais si bien, que, malgré mon désir fou de la revoir, je n'ai pas un instant essayé de m'informer où elle était... Oh! cet enfant, j'y pensais encore plus qu'à elle... »

Et tout bas, il lui racontait qu'en son absence, un matin, au petit jour, d'effroyables hurlements, comme d'une bête égorgée, l'avaient réveillé, précipité de son lit vers la fenêtre. Cela venait de la ferme voisine, très calme cependant, s'éveillant à l'habitude parmi les appels de ses coqs, la claironnée des paons sur leurs perchoirs, la sourde bramée des bœufs au fond de l'étable chaude. Bientôt, dans cette plainte lente, douloureuse, qui lui faisait tant de peine à entendre, clameur immense par instants à remplir le ciel, à d'autres gémissement berceur et doux, il démêlait un cri humain, un cri de femme, et comprenait que la fermière, leur voisine, accouchait. C'était grand, l'arrivée de cet être dans la brume rose du jour naissant, cette plainte de femme en gésine, mêlée à des réveils de basse-cour, à des bruits matineux de nature, devenant un cri animal, moins encore, l'effort d'un rouage dans la vaste et mystérieuse machine en fonction. Tout à coup, songeant à sa pauvre Lydie qui, peut-être à la même heure, passait par ces mêmes tortures, il avait été pris d'un grand désespoir. « Ah! si tu m'avais vu pleurer à ma fenêtre... Je devais être bien comique... Mais maintenant, finies les larmes. Et grâce à toi, mère adorée, ma femme va me revenir; je pourrai la revoir. Même je m'étonne que tu ne l'aies pas ramenée. Pourquoi?

— Elle était bien faible encore. »

M⁽ᵐᵉ⁾ Fénigan détournait les yeux avec embarras, elle ne savait pas bien mentir. Son fils continua : « Il doit être si lugubre, ce petit Port-Haliguen, aux approches de l'hiver. Vois-tu que ses idées noires la reprennent.

— Mais enfin, méchant garçon, il fallait bien que je revienne. On m'écrivait que tu t'acharnais à ce duel, qu'à Grosbourg ils passaient leur vie à guetter, à dépister tes lettres. »

Et, le serrant contre elle de toute la tendresse de ses bras, la mère, qui se sentait forte, hâtait ses paroles suppliantes :

« Mon Richard, si loyal, si bon, comment n'as-tu pas pitié de ce père, de ce soldat foudroyé en pleine gloire et qui, sur son fauteuil de paralytique, reçoit tous les outrages, tous les crachats que tu destines à son fils? Imagine-t-on une détresse plus complète? Forcé d'abdiquer son rôle de chef de famille, de défenseur, réduit aux petites lâchetés, aux habiletés de la femme qui surveille les courriers, soudoie les facteurs... Le malheureux! mais il en meurt, de ne pouvoir se battre et mourir pour son fils... Et tu ne t'es pas laissé attendrir. »

Richard, s'arrachant à l'étreinte maternelle, marchait par la chambre : « Oui, je sais, notre vieil ami est venu me dire à satiété toutes ces choses. et je te répondrai comme à lui que ces gens m'ont fait trop de mal pour que je puisse avoir pitié d'eux. Tous, le fils, le père... ah! ce que j'ai souffert...

— Tu as souffert surtout dans ton orgueil. Mais une mère qui craint qu'on lui tue son enfant...

— Des histoires du vieux Mérivet que tu me racontes là, dit Richard doucement... De qui crois-tu donc que je le tiens, cet orgueil que tu me reproches?

— De la mère, n'est-ce pas?... Eh bien! fais comme moi qui me suis débarrassée du mien.

— Comment?

— Oh! c'est bien simple... Je suis entrée à la Petite Paroisse. Ne ris pas, l'effet a été miraculeux... J'étais une autre femme en sortant de là, avec une façon de voir et de sentir toute différente, toute nouvelle. Pourquoi? je ne sais pas. »

Plus ému qu'il ne voulait le paraître, Richard riposta d'un ton léger : « Le malheur, c'est que la Petite Paroisse chôme depuis un mois. » Elle alors, sans le quitter des yeux : « En effet, j'ai appris cette navrante aventure. Comme on a été injuste pour ce digne prêtre! Tu t'es occupé de lui, tu es allé voir monseigneur? J'en ai été très heureuse.

— Vrai? c'est vrai? »

Sa bonne figure resplendissait, stupéfaite. Sachant sa mère amie du curé de Draveil, il craignait de lui avoir déplu par sa démarche auprès de l'évêque. Mais la calomnie était trop infâme. Dire qu'on accusait l'abbé Cérès, pendant qu'il recueillait chez lui la vieille mère et les trois filles de Lucriot, en prison pour braconnage, d'avoir eu la toute petite comme maîtresse!...

« Ça te fait sauter d'indignation? Oui, cette enfant sans âge, presque sans sexe, nouée, scrofuleuse, épileptique, voilà la tentation à laquelle n'aurait pu résister cet homme admirable, ce saint. Aucune preuve naturellement que le séjour, plusieurs semaines, sous le même toit... Et quand je pense que toute cette hideuse campagne est montée par ce curé mondain et freluquet, ce parasite des tables riches où il faisait inviter sa gouvernante... »

Mme Fénigan — peut-être avait-elle quelques invitations de ce genre à se reprocher — interrompit son fils vivement :

« Et que t'a répondu monseigneur?

— Un mandement en plusieurs pages, avec citations de Tertullien... M. le curé est un pasteur vénérable, M. le vicaire un grand vieil enfant très bon... En attendant, on fait faire à notre vieil ami une retraite de trois mois, à la Trappe d'Aiguebelle, tandis que M. le curé promène dans les châteaux une pétition pour débarrasser le pays de ce prêtre qui n'aime et ne fréquente que les mendiants et les vagabonds. Il n'y manque que ta signature, pour laquelle le curé attendait ton retour.

— Qu'il vienne ! il sera reçu.

— Tu ne signeras pas? dit Richard avec transport... Eh bien ! moi, je te promets que si ces canailles d'en face me laissent tranquille, je ne m'occuperai plus d'eux.

— Ils te laisseront, je te le jure. Maintenant, donne ta grosse tête que je la câline encore et va-t'en, il faut que je dorme.

— C'est que j'aurais bien voulu... Lydie ne peut pas rester seule là-bas, tu comprends. »

Et la mère, en souriant :

« Oui, oui... Je comprends, nous causerons de cela à dîner. J'ai besoin d'une journée de repos. Va, mon chéri. »

Rester enfermé dans l'atelier jusqu'au soir parut à Richard insupportable, et pour la première fois depuis longtemps, par la grille ouvrant sur la forêt, cette grille témoin de la fuite de Lydie, il sortit avec la ferme intention de ne rentrer qu'à la nuit. A cette époque pourtant la forêt n'était déjà plus belle, les grands souffles et les pluies de l'équinoxe la dépouillaient de ses dernières feuilles, recouvrant le sol d'un engrais jaunâtre et boueux. Les sous-bois, les fonds d'allées se dévêtaient de tout mystère, les perspectives se rapprochaient, et, visible de partout, l'interminable grillage des réserves de Grosbourg donnait au petit Sénart l'aspect d'une forêt en fils de fer. Le décor disparu avait disséminé l'orchestre. Çà et là, dans l'embroussaillement d'un taillis, un merle, qui semblait énorme, chantait et sautillait comme en cage; des tourbillons de corbeaux passaient aux cimes des arbres, et sur les anciennes carrières comblées d'eau de pluie s'ébattaient deux ou trois canards sauvages dont les nasillardes trompettes sonnaient dans le silence des allées. Mais Richard, ce jour-là, portait dans sa tête une fanfare éclatante qu'il accompagnait en marchant de ses basses habituelles : « Poum... poum... poum... », seulement, des « poum... poum... » joyeux et fous, allègres comme le motif tout en trilles et en roulades, la chanson d'amour et de renouveau qui fredonnait autour de lui, pendant qu'il se promenait dans une forêt imaginaire, pleine de parfums, de lumières, de chants d'oiseaux... Ils pourraient donc s'aimer, s'enlacer encore ; rien ne semblait irréparable à son cœur amoureux, et déjà il ne sentait plus cette horrible brûlure, ce charbon rouge au creux de la poitrine, qui lui contractait tous les muscles. Sa jalousie était guérie, sa plaie lavée dans les larmes et le sang de Lydie...

Chère femme! Qu'elle avait dû souffrir pour arriver au suicide, elle qui aimait tant la vie. Il ne s'agissait plus de pardon, pour qui avait expié si férocement. Elle venait à lui avec une chair nouvelle, purifiée par la souffrance ; et ce serait bon de rouler sa tête là-dessus, de respirer cette odeur de jeunesse mûrissante, l'arome de muguets et de violettes qu'exhalent les sous-bois vers la fin du printemps...

« Sapristi, monsieur Richard, vous allongez le jarret de bonne heure... C'est-il que vous êtes pressé de déjeuner? Alors, entrez un moment à l'Ermitage, vous casserez une croûte avec nous.

— Mais votre belle-fille ne sera peut-être pas contente, mon bon Eugène.

— Oh! que si fait! Ça la changera, pour une fois, de ne pas manger seule en face de ma vieille peau. »

L'Indien, qui rentrait de sa première ronde, le fusil en bandoulière, un lapin dans son carnier, fit passer Richard par la porte Pacôme, une ancienne porte charretière du couvent, aux cintres lourds, aux ais vermoulus et disjoints, s'ouvrant au fond de la cour mangée d'herbes, où dansait et se gobergeait, quelques mois auparavant, la noce du fils Sautecœur. Deux cabarets, déserts en semaine, et la maison du garde-chasse flanquée de son chenil odorant et bruyant, occupaient tout autour de ce préau rustique l'emplacement de l'ancien Ermitage. Dans la salle proprette et claire, aux murs peints en détrempe de naïves histoires de chasse, où ils étaient en train de boire un verre de vieux genièvre en apéritif, la bru vint les rejoindre, bien coiffée, presque élégante malgré l'heure matinale, mais les yeux rouges, un air de somnolence et d'ennui. En apercevant Richard Fénigan, au lieu du gendarme ou du bûcheron qu'elle s'attendait à trouver attablé avec son beau-père, ses yeux flambèrent, sa petite mine effrontée et maladive devint jolie du désir effréné de l'être.

« Quand je vous le disais, chuchotait l'Indien en confidence derrière sa main géante, tandis que la coquette belle-fille se hâtait de mettre le couvert en les frôlant du coup de vent de ses jupes ou des rondeurs de son corsage... Un bourgeois, un monsieur, j'étais sûr de l'émoustiller avec ça... Et figurez-vous bien qu'elle a passé la nuit à pleurer, rapport à des boucles d'oreilles qu'on lui avait données et que j'ai rendues, parce qu'en l'absence de mon garçon...

— Où est-il donc, votre garçon, Eugène?

— Au régiment, monsieur Richard, en service supplémentaire... Il a la folie du métier de soldat, jusqu'à se faire du tort à son magasin et — ce qu'il y a de pis — du tort aussi près de sa femme. Voilà qu'hier, en revenant de Grosbourg où je l'avais envoyée porter des œufs de fourmi pour la faisanderie, la petite s'amène avec une paire de boucles d'or aux oreilles, en place des petites ferlampilles que je lui avais achetées justement à la fête d'Yères. « Qui t'a donné « ça? que je lui demande. — La duchesse, mon « père. » Moi qui sais que notre dame n'est pas donnante (on peut dire ça de ses maîtres, n'est-ce pas, monsieur Richard, il n'y a pas de déshonneur), je vois tout de suite d'où venait le cadeau ; et, dans l'après-midi, sans que la petite se méfie, j'arrive au château et je dis à la duchesse en train de causer sur le grand perron avec M. Alexandre : « Madame a bien voulu « donner à ma fille un beau bijou... » Elle me regarde avec son air qu'elle a. « Moi, des bijoux « à votre fille? » Ce vieux filou d'Alexandre gri-

maçait pour l'avertir. Elle a fini par comprendre :
« Ah ! oui, parfaitement... Je me rappelle...
« Eh bien, quoi, votre fille ne les trouve pas
« assez beaux ? — Cent fois trop beaux pour chez
« nous, que je lui réponds bien en droiture, et
« elle m'a chargé de vous les rendre, parce
« qu'une brave femme pas riche n'a pas le droit
« de se mettre sur elle des affutiaux de cette
« valeur. » La duchesse m'a répondu : « Merci,
« Eugène, vous pouvez vous retirer. » Mais tout de même, j'ai attendu M. Alexandre au coin du pont, pour le prévenir qu'à la première fois qu'il se chargerait d'une commission pareille, foi de Sautecœur ! je lui ferais piquer une tête en Seine avec une balle au milieu du front. »

Les petits yeux ronds du garde-chasse avaient pris une expression féroce.

« Mais enfin, de qui venaient-elles, ces boucles ? demanda Richard qui se sentait pâlir.

— De quelqu'un dont il vaut mieux que nous ne parlions pas, dit le garde comprenant tout à coup sa maladresse... Dame ! la petite n'a pas été contente. Toute la nuit, je l'ai entendue marronner. Puis, ce matin, on s'est expliqué à

fond. Je l'ai prévenue : « T'as quasiment deux
« maris, ma fille. Si l'un est aveugle et trop
« bon enfant, l'autre a de la méfiance et la
« poigne dure. Il faut marcher droit, ou gare. »

En grand tablier blanc, les manches retroussées, la Sautecœur apportait sur la table une omelette aux morilles qui embaumait toute la salle et gagnait jusqu'au chenil où les bêtes affamées soufflaient sous la porte basse. Mais ni la saveur du plat rustique, ni les yeux coquins de l'hôtesse ne parvenaient à distraire Richard Fénigan de la sombre songerie brusquement évoquée par la silhouette du jeune prince, et plus d'une fois pendant le repas Eugène, qui contait aussi lentement qu'il mangeait, avec le lambinage paysan des journées longues et des vastes étendues, s'étonna d'entendre M. Richard, au plus beau moment de ses histoires d'affût de nuit à la bête ou à l'homme, chantonner comme un malhonnête.

Pendant que son fils s'attardait à l'Ermitage et la croyait profondément assoupie, M*me* Fénigan — un de ces êtres d'activité qui ne peuvent dormir dans le jour — commandait la voiture et se faisait conduire à l'orphelinat de Soisy. Annoncé de très loin par les grands arbres de l'entrée et le clocher brodé de sa chapelle, le couvent, dont on recrépissait la façade, avait sa cour encombrée d'échelles, de charretées de plâtre, un va-et-vient de maçons et de manœuvres, que surveillait la cornette aux ailes blanches envolées de sœur Martha l'Irlandaise, suppléant Mlle de Bouron la supérieure, depuis longtemps malade et alitée.

« Nous avons les ouvriers, » dit-elle à Mme Fénigan en venant au-devant d'elle ; et plus bas, pendant qu'elle la guidait à travers les engins de travail :

« Ça se trouve bien... défense aux enfants et à nos sœurs de venir par ici. La chambre de Lydie dans cette aile de retour est donc à l'abri des curiosités et des indiscrétions. Quand votre fille est arrivée ce matin, il n'y avait là que quelques maçons et la sœur tourière, une ancienne connaissance à elle, que j'ai chargée de lui monter ses repas, de faire son petit ménage. J'ai mis aussi au courant le médecin, le plus prudent et le plus réservé des hommes, qui, venant voir la supérieure tous les deux jours, entrera en même temps chez Lydie, dont la chambre est toute voisine; et je crois que notre chère petite n'eût été nulle part mieux abritée et soignée, ni à la faisanderie, ni à l'Ermitage.

— Je le crois aussi, sœur Martha, et c'est vraiment par une inspiration de Dieu que je me suis tournée vers vous, n'osant ramener directement ma pauvre Lydie aux Uzelles. Mais j'espère que nous n'abuserons pas de votre hospitalité. »

Sur ces mots, sœur Martha agitait de longs bras plats et maigres avec sa pétulance irlandaise :

« Vous espérez... Vous espérez... Ah çà ! vous n'allez pas me la prendre tout de suite !... Elle est si faible encore, si pâlotte... Ce grand voyage comme première sortie !... Le docteur lui a bien recommandé de ne pas se lever avant deux ou trois jours. Voulez-vous que nous montions la voir ? »

Ayant ajouté, très haut, pour être entendue de tous : « Allons saluer notre chère mère supérieure, vous la trouverez bien changée... » elle passa la première dans le large escalier, aux murs d'un blanc de maison mauresque, à la rampe fraîche peinte. Les gros grains de son rosaire, le trousseau de clefs qui ne quittait jamais Mme Fénigan, sonnaient dans le grand corridor au fond duquel s'ouvrait la chambre de Lydie.

Celle-ci, couchée, toute blanche et les yeux ouverts, étouffa un cri de joie en voyant entrer Mme Fénigan.

« Comment, mère, vous voilà déjà?

— Que veux-tu, mon enfant, je ne pouvais pas dormir.

— C'est comme moi, reprit Lydie en lui montrant que sa chambre, spacieuse et gaie, faisait l'angle de la maison, une fenêtre sur le pays, l'autre sur le petit jardin intérieur où s'ouvraient les classes, où les orphelines jouaient tout le temps que le ravalement encombrait la cour... Depuis ce matin j'entends les enfants chanter et danser en rond, la voix des bonnes sœurs, les leçons qu'on récite. Il me semble que je suis écolière encore et que mon tour va venir... Et la route, notre chère route. Quand vous êtes entrée, j'écoutais tous ses cris, tout son mouvement. »

Mme Fénigan sourit et se pencha vers elle :

« Tu ne me parles pas de Richard?

— Je n'osais pas, murmura la convalescente, dont le long visage amaigri se ternissait douloureusement. Mais à mesure que la mère lui contait l'accueil fait au récit de son voyage et de leur réconciliation, l'explosion de larmes finales, le désir fiévreux, les mains frémissantes de celui qui n'avait jamais cessé de l'aimer, la vie revenait à cette jolie figure, comme les couleurs sur une toile soumise au lavage.

— Maintenant, je suis sûre que nos terreurs étaient vaines et que j'aurais dû t'amener droit dans ses bras. Tout à l'heure, je lui avouerai que tu es ici et nous viendrons te chercher demain matin.

— Oh! pas demain, pas encore, je vous en prie, dit la jeune femme épouvantée, en ramenant ses couvertures d'un geste enfantin; j'aurais trop peur . Je suis si maigre, si laide... et puis ça, — elle montrait la place étoilée de sa blessure sous le sein gauche. — Le docteur a dit qu'il faudrait me panser plusieurs fois. Et si Richard, en me voyant, allait ne plus m'aimer, ne plus vouloir.

— Mais, mon enfant, quand il va te savoir ici, rien ne pourra le retenir.

— Laissez-lui croire que je suis encore loin, que ma santé l'exige... C'est un peu la vérité, après tout.

— Et s'il veut aller te rejoindre?

— Vous trouverez bien un petit mensonge pour l'en empêcher... et vous me laisserez quelques jours, dans ce coin de ma jeunesse, où il m'a connue, aimée, où je vais reprendre des forces, tâcher de redevenir belle et digne de son amour. »

Dans l'inexprimé de ses paroles et de ses gestes se devinait comme un besoin de se purifier par la retraite et le recueillement. Il lui semblait qu'entre les murs blancs de l'orphelinat elle redeviendrait petite fille. Et Mme Fénigan la comprit si bien que, sans plus insister :

« Ce sera quand tu voudras, comme tu voudras, mon enfant chérie; ne te fais pas de peine. »

En sortant, elle s'arrêta quelques minutes chez la supérieure pour pouvoir dire à Richard qu'elle l'avait vue et lui expliquer ainsi sa visite à l'orphelinat. A la sœur Martha, qui revisait un mémoire d'entrepreneur au chevet de la vieille religieuse assoupie, elle chuchota : « Décidément je vous laisse notre Lydie pour quelques jours encore ; je viendrai la voir souvent. » Puis, remontant en voiture : « A la maison... Cette pauvre Mère de Bouron est bien faible, bien faible. »

Dites à haute voix pour son cocher, ces paroles le firent sourire dédaigneusement du haut de son siège. Il savait à quoi s'en tenir, l'homme du chemin de fer ayant raconté le matin, chez la jardinière, que M*me* Fénigan était descendue de wagon avec une jeune dame très souffrante qu'on avait laissée en passant au couvent de Soisy ; et Richard ignorait encore la présence de sa femme dans le pays, alors que tous ses domestiques la savaient. Pas une maison nombreuse où il n'en soit ainsi.

XII

De retour aux Uzelles, Mme Fénigan, à sa grande surprise, n'eut pas à se défendre contre la hâte amoureuse de son fils. Il restait silencieux, morose; tendre cependant pour sa mère, redevenu son Richard des veillées en commun et des parties d'échecs. En jouant, leurs fronts penchés se touchaient presque, mais quel abîme entre leurs deux pensées. « Que lui est-il arrivé? songeait la mère... Cette barre entre les yeux, ce froncement de narines, et puis son éternel chantonnement... C'est un accès, je suis sûre que c'est un accès .. en aurons-nous pour longtemps? » Richard, lui, se disait : « Elle a bien fait de ne pas l'amener; ma plaie est trop à vif encore, il vaut mieux attendre quelques jours. Rien que pour ce nom de Charley prononcé devant moi, me voilà repris, enragé. Si ma pauvre amie avait été là, je l'aurais torturée, sans pitié pour sa faiblesse. »

Pourtant, après une semaine de bourrasques intimes et d'accalmies, il vint dire à sa mère qui n'avait cessé de lui donner des nouvelles de Lydie, comme si elle était encore à Quiberon :

« Maintenant, je suis sûr de moi... Allons la chercher, veux-tu ? »

Mme Fénigan sourit :

« Nous n'avons pas loin à aller...

— Comment ?

— Avec le landau, à peine une demi-heure.

— Une demi-heure, d'ici à Quiberon ?... Je ne comprends pas.

— Mais Lydie est à l'orphelinat depuis mon retour... Ne t'émotionne donc pas, grand enfant... On attellera après déjeuner, et ce soir enfin tu ramèneras ta femme au Pavillon. Est-ce cela ? Es-tu content ? »

Quels mots, quels cris auraient pu rendre la joie inquiète de Richard Fénigan assis à côté de sa mère dans le landau qui roulait vers Soisy, entre la forêt et la Seine? Un beau jour de froid clair, du vent, du soleil, de la neige ; et sa poitrine se gonflait au souvenir d'après-midi semblables passées dans le parloir aux boiseries claires, l'hiver où il faisait sa cour à Lydie. Comme aujourd'hui, le soleil flambait sur la neige que soulevait la bise en poussières fines ; comme aujourd'hui, les paroles manquaient à son ivresse, et du cantique entonné par toutes les fibres de son être, rien ne sortait, rien ne s'entendait, que les battements de cœur, marquant les temps à sa muette émotion. Dix ans écoulés depuis, sur cette même route, dans ce même paysage tout en blancheurs, sa mère essayait comme alors de le distraire, en parlant seule au fond de la voiture : « J'ai fait préparer le Pavillon Vous dînerez tous deux dans l'atelier ; le premier soir, j'ai pensé que ce serait mieux. Puis demain nous recommencerons la vie ensemble, c'est Lydie qui me l'a demandé. Il y a tant de bonté délicate dans cette enfant! Et fine, et distinguée! Je commence à croire avec sœur Martha qu'il y a chez elle une vraie noblesse d'origine ; elle est née grande dame... Ah! nous voici arrivés. »

Le landau vint se ranger sans bruit sur la neige, au bas du grand escalier où sœur Martha les attendait.

« Voilà qui nous rajeunit de dix ans, monsieur Richard, dit l'Irlandaise avec ses paroles et ses gestes ardents. C'est moi, vous rappelez-vous? qui vous amenais dans le parloir. Cette fois, vous trouverez notre chère fille dans sa chambre. Votre mère et moi vous y rejoindrons tout à l'heure, en sortant de chez Mlle de Bouron. »

Resté seul dans le couloir, Richard hésita une minute. L'émotion garrottait ses moindres gestes. De la chambre où on l'attendait sans doute, une voix dit avant qu'il eût frappé: « Entrez, » une douce, chère voix, depuis longtemps inentendue.

« J'irai à elle les bras ouverts, je l'aurai contre ma poitrine avant de prononcer une parole. » Voilà ce qu'il s'était promis. Elle pareillement voulait se jeter à son cou, lui fermer la bouche d'une longue étreinte. Rien n'arriva de ce qu'ils projetaient, parce qu'ils avaient, comme on dit, compté sans leur hôte, et l'hôte ici c'était la chair, la belle, savoureuse et détestable chair. Lydie, quand il entra, se tenait debout devant la croisée du fond tout éblouie de neige. Sur ce blanc vitrail, sa taille se découpait svelte et pleine, moulée dans une robe de lainage rosé ; sa jolie tête à contre-jour s'ébouriffait de cheveux annelés et fins, et ses yeux assombrissaient leur gris nacré. Il s'arrêta, saisi de la retrouver jeune et belle comme en ses rêves les plus passionnés, mais avec un enveloppement de grâce voluptueuse qu'il ne lui connaissait pas, gagnée ailleurs, peut-être aux bras de l'autre ; une saveur mauvaise qui à la fois l'attirait et le repoussait, l'enivrait d'amour et de rage folle.

Immobile à deux pas, il lui semblait que s'il s'approchait, s'il la frôlait, ses doigts invinciblement se noueraient en garrot autour de ce cou de tourterelle, pour le punir des caresses de l'autre. En même temps, une affreuse brûlure au-dessous du cœur l'avertissait que le mal l'avait repris, et il en concevait un désespoir profond devant l'impossibilité de recommencer la vie à deux, puisque dans la beauté même de sa femme était le foyer de ce mal, qu'en la regardant, chaque fois, il s'affolerait de jalousie. Et toutes ces sensations qui le traversaient, promptes et violentes, se résumant dans une grande envie de pleurer, il baissa la tête et dit d'une voix sourde, avec un tremblement de la lèvre inférieure : « Bonjour, Lydie. »

C'est tout ce qu'il trouva pour cette minute tant espérée.

« Bonjour, Richard, » répondit-elle en écho. Puis un silence, où s'entendait le grésillement du coke dans la cheminée, la mélopée d'une dictée qui montait de la classe des grandes. Soudain, sur la route assourdie, ouatée de neige, un piston et un violon en marche enlevèrent les premières mesures guillerettes d'un quadrille, déchirant l'atmosphère de gêne et d'angoisse qui les opprimait.

« Une noce, » murmura Lydie machinalement ; et Richard, s'approchant avec elle de la croisée, ajouta : « C'est donc samedi ? » Comme autrefois, pendant les fiançailles, la route, la vieille route leur venait en aide.

« C'est un samedi que nous sommes arrivées de Bretagne avec mère... » Ce mot de mère, dit par elle tendrement, fut pour Richard bien doux à entendre... « Je me suis réveillée au bruit d'un crincrin de noce comme celui-là... Le plaisir que ça m'a fait ! »

Richard, qui regardait le défilé, dit tout bas sans tourner la tête : « Tu ne l'as donc pas oubliée, notre route de Corbeil ?

— Oh ! non, » répondit-elle. Et regardant dehors elle aussi, elle lui montrait le père Sautecœur revenant de la gare avec son garçon. Encore une de leurs figures habituelles, le vieux garde-chasse allant au-devant de son fils tous les samedis et rentrant en forêt avec lui, tantôt par les Uzelles, tantôt par Soisy, selon les peuplements qu'il avait à surveiller. Le garçon passait son dimanche à l'Ermitage, et le lundi matin, sa femme le reconduisait, le père allant au rapport. Ces deux géants, marchant serrés l'un près de l'autre au pas militaire, épaule contre épaule, sans se parler, rien n'était plus attendrissant.

« Il est donc de retour du régiment, le fils Sautecœur ? »

A peine cette remarque faite, Richard en fut désespéré ; car il venait d'évoquer dans leurs pensées inquiètes l'image du jeune prince, servant au même escadron que le garçon d'Eugène.

Il s'était dressé, en apparition, sa taille élégante, sa tête frisée de jolie coquine ; et, de nouveau, un silence lourd les étouffa. Heureusement une autre silhouette venait les distraire, le père Georges, avec sa besace et sa trique, assis au soleil en face de l'orphelinat, sur une borne dont il avait secoué la neige. Richard s'étonnait que, si vieux, il eût pu se traîner jusque-là par un temps pareil.

« Il semble qu'il ait deviné ma présence dans la maison, ajouta Lydie... Toutes les fois que je soulève mon rideau vers ces heures-ci, je suis sûre de le trouver à la même place.

— Curieux, en effet, l'attachement de bon vieux chien que ce mendiant semble avoir pour toi. Après ton départ, on le ramassait tous les matins ivre-mort devant notre porte. Je me suis figuré que c'était par chagrin ; et tout attendri de cette idée, je l'ai recueilli dans ma petite baraque du bord de l'eau.

— Pendant que tu avais tant de raisons de me détester, tu faisais cela ?... Oh ! mon Richard, que tu es bon ! »

Et tout émue, elle lui prenait la main, l'approchait de ses lèvres ; mais Richard se dégagea d'un geste brutal, dont il eut honte tout de suite et lui demanda pardon dans un sanglot : « Oh ! ma femme... ma femme... » Elle eut une plainte déchirante « Je savais bien que ce n'était pas possible.

— Si, si... Je te promets... mais plus tard. »

Mᵐᵉ Fénigan et sœur Martha venaient d'entrer. Un regard suffit à la mère pour comprendre. Mais l'Irlandaise, moins clairvoyante, s'écria gaiement : « Le voilà donc, ce méchant homme qui vient me prendre mon enfant pour la seconde fois ! » Lydie l'interrompit très vite : « Eh bien ! non, ma sœur, je ne m'en irai pas de sitôt... Richard vous demande, moi-même je vous supplie de me garder encore quelque temps.

— Aussi longtemps que tu voudras, chère fille, répondit sœur Martha, ses grands yeux limpides élargis de surprise. Seulement nous aurons du mal à te cacher; nos orphelines circulent dans la maison maintenant. Déjà j'ai dû mettre plusieurs de nos dames dans la confidence.

— Rassurez-vous, ma sœur, lui dit Richard en laissant voir l'effort douloureux que lui coûtait chaque mot. Nous ne vous demandons que quelques jours, le moins possible... n'est-ce pas, Lydie?

— Oui, mon ami, » répondit la jeune femme sans assurance. En bas, une cloche sonnait la fin de la classe. Des cris aigus, des rires clairs montaient du petit jardin et venaient battre la vitre avec les branches d'un mélèze lourdes de neige.

« Nos fillettes vont aller à la prière... — sœur Martha s'adressait à Mme Fénigan et à son fils ; — si vous voulez échapper aux regards, aux indiscrétions...

— Allons, » dit Richard péniblement. Il eut un élan vers sa femme, le désir fou de prendre sa petite tête à deux mains ; et déjà elle approchait son front, fermait ses paupières frissonnantes, quand il lui tendit simplement en adieu l'étreinte de ses deux mains brûlantes.

Les fenêtres du Pavillon flambaient au bout de la charmille obscure, avec le blêmissant reflet de la neige par terre et sur les arbres, quand la mère et le fils rentrèrent aux Uzelles. C'était le petit festival préparé pour la réconciliation des époux.

« N'y va pas, ça te ferait trop de peine, dit Mme Fénigan, décidant Richard à la suivre dans le salon, où l'attendait Napoléon Mérivet qu'elle avait invité, ce soir-là, pour ne pas dîner seule.

— Eh bien ! quoi ? et votre femme ? demanda au pauvre garçon le bonhomme, debout devant la cheminée où fumaient ses bottes ruisselantes.

— Je n'ai pas pu... Je n'ai pas pu, » dit Richard bas et violemment, pendant qu'un geste de la mère demandait de la discrétion à leur voisin. Lui-même avait de grosses affaires en tête, dont il entretint ses amis tout le temps du dîner. Le curé de Draveil et le conseil municipal ne s'étaient-ils pas imaginé de lui faire ouvrir de force la Petite Paroisse, qui ne lui appartenait plus, puisqu'il en avait doté la commune. A quoi le vieux Napoléon répondait que, payant le desservant et le sacristain, le droit de les choisir lui revenait naturellement. Tant que l'abbé Cérès serait vicaire de Draveil, nul autre prêtre que lui ne dirait la messe à la chapelle au bord du chemin ; de là, démarches hypocrites du curé auprès du conseil. « On va donc laisser les Uzelles sans Dieu, autant que durera la pénitence de mon vicaire ? » Et toutes ces bonnes têtes de la municipalité tombaient dans le panneau, sans se douter qu'il s'agissait de quelques sous à faire entrer en surcroît dans l'aumônière déjà très bien garnie de ce mauvais prêtre.

« Mais par le nom glorieux que je porte, disait Napoléon Mérivet, brandissant son couteau à dessert au-dessus des convives, j'en débarrasserai la commune... Quand je devrais m'adresser au Souverain Pontife, qui voulut bien me décorer de l'ordre de Saint-Grégoire.

— En attendant, vous voilà forcé d'ouvrir votre église, interrompit Mme Fénigan que sa colère amusait.

— C'est ce qui vous trompe, madame. Dès demain Moulin, le maçon, enverra ses ouvriers déblayer la neige du clocher et faire quelques rejointoiements... Ça sera long, la saison est mauvaise, ces ouvriers de campagne si lambins... Ils auront à peine fini, le jour où mon cher abbé sortira de la Trappe d'Aiguebelle. » Et l'indignation du vieillard s'éteignit dans un rire franc et sonore.

Restés seuls au salon, la mère retirée dans sa chambre, les deux hommes eurent un de ces longs et intimes épanchements, dont l'habitude leur était venue depuis la causerie du champ de pavots. Le plus jeune mit son cœur à nu, étala ses faiblesses, ses tortures ravivées à la première entrevue.

« J'ai compris que si je l'emmenais, nous allions recommencer une existence affreuse... pourtant j'ai pardonné, et de tout mon cœur. Qu'y a-t-il donc en moi qui se révolte, qui ne consent pas? Ah! mon ami, vous ne m'aviez pas dit que ce serait si difficile. »

Il parlait en marchant, jetait ses phrases violemment avec des gestes de semeur d'ivraie. Le vieux, nerveux aussi mais se maîtrisant, fourrageait le feu : « Je connais ça, j'y ai passé... Quand mon Irène est revenue, et que, la nuit, je découvrais sur son visage endormi, là, sous les yeux, au coin des lèvres, de petites rides tracées, loin de moi, comme des morsures de baisers... Si tu crois que toute ma chair ne se hérissait pas ! Mais j'avais la bonne parole, l'appui, le guide que je t'aurais tant désiré pour ces rudes instants. Cérès me parlait fortement, durement, comme il t'aurait parlé : « Eh oui, elle « a été à un autre, elle n'est plus la femme d'un « seul homme. Mais à qui la faute? Toi qui

« te plains, es-tu sûr de lui avoir été toujours
« fidèle, es-tu l'homme d'une seule femme? »

Une musique criarde, suivie d'un tumulte de voix en débandade, passait dans la nuit ouatée et sourde.

« La noce qui va se coucher, fit le vieux joyeusement. Quand je pense qu'à cette heure-ci, ta femme et toi, si vous aviez voulu... Allons, Richard, laisse-toi être heureux, achète votre bonheur au prix d'un peu d'orgueil. Essaie de te calmer, pour reprendre ta femme, la refaire tienne. C'est l'affaire d'une étreinte. »

Il essaya en effet, mais vainement. Dans ses précédentes crises, quand la cause extérieure et déterminante disparaissait, le mal s'éloignait avec elle. Maintenant la beauté de Lydie était comme un réservoir qui sans cesse alimentait sa colère jalouse, s'aggravant à chaque rendez-vous de la continuelle tentation, et de l'idée qu'un autre que lui, que d'autres lèvres que les siennes... « Ah! pourquoi m'avoir empêché de le tuer?... Tant qu'il vivra, je le sentirai entre nous... » C'était la fin de toutes leurs causeries, en ces heures brisantes qu'il passait aux genoux de sa femme, à la torturer de plaintes, de reproches suivis de longs silences, où résonnaient les voix des fillettes en classe et les rumeurs familières de la route d'hiver, la cloche du bouilleur de cru, le bossu avec son cri : *Des bas, des bas, des bas, des chaussures,* le lent grincement des roues d'une caravane aux petits rideaux rouges, au mince filet de fumée sur le toit reluisant de pluie.

Il fallait se décider, pourtant. Lydie ne pouvait rester plus longtemps hors de chez elle et si près de sa porte.

« Voici ce que je vous conseille, proposa le vieux Mérivet. Je suis obligé d'aller passer deux ou trois mois en Algérie pour la liquidation de mes alfas... Lydie viendra vivre près de Mme Fénigan, reprendra sa place dans la maison, pendant que j'emmènerai Richard avec moi... Le voyage lui sera un dérivatif excellent. C'est ce qui lui a toujours manqué, il a trop vécu sur lui-même. Je crois qu'au retour il sera guéri ; en tout cas nous retrouverons ici l'abbé Cérès, la Petite Paroisse ouverte, et si Richard veut y entrer, le miracle que j'ai vu si souvent, s'opérera une fois de plus.

— Quand partez-vous ?

— Le plus tôt possible, cher enfant.

— Eh bien, dès demain j'installe ma femme au Pavillon, nous y passons une journée ensemble, ce sera l'effort suprême. Si je ne suis pas content de moi, si je la rends trop malheureuse, le lendemain au petit jour, vous me verrez chez vous, prêt à partir. »

XIII

Cette première soirée dans le grand salon des Uzelles, entre son mari et celle qu'elle n'appelait jamais plus que sa mère, fut pour Lydie Fénigan d'une douceur infinie. Quand elle ouvrit le piano et que ses longues mains blanches, se poursuivant sur le clavier, donnèrent la volée aux premières mesures de ce chant divin de Pergolèse, dont Richard, en son absence, avait si souvent fait les basses avec désespoir, la même émotion les prit tous à la gorge ; ils se sentaient pour toujours unis et tendres, des âmes de pitié et de pardon. Dehors la bise gémissait dans la nuit, des paquets de grésil cliquetaient contre les vitres. Jamais comme ce soir la petite tête aventureuse et bohème de Lydie n'avait goûté le charme du foyer ; il lui semblait qu'éveillée d'un cauchemar, elle recommençait la vie, une vie heureuse et simple, blottie aux bras du compagnon brave, fidèle et bon. Subitement des chants, des rires passèrent en bas, Richard demanda : « Qu'y a-t-il donc, ce soir?

— Mais ce sont des masques... le mardi gras, » dit la mère ; et le même souvenir les traversant tous trois, une longue minute ils évitèrent de se regarder. L'an dernier, à pareille date, à pareille heure, la cloche de la grille s'ébranlait violemment, et plusieurs voitures arrêtées devant le perron jetaient dans le salon, réveillé en sursaut, toute une jeunesse travestie et masquée, qui longtemps dansa, tourbillonna, avant que Charlexis se fût présenté, lui et le délicieux ghetto, réuni cette nuit-là au château de Mérogis. Ah ! le malencontreux écho de carnaval! Avec lui, le froid, le noir du dehors venaient d'entrer, dissipant la bonne chaleur affectueuse du salon. Richard se leva : « Allons, Lydie, il faut laisser maman se coucher. » Mme Fénigan voulait sonner pour les faire conduire. « Inutile, maman, Lydie connaît bien la charmille. »

Oui, elle la connaissait. Mais quel sens prêtait-il à ces paroles? Était-ce une ironie mauvaise, l'intention de l'outrager en évoquant des heures de honte et de folie? En ce cas son martyre ne faisait que commencer. Les mains de Lydie, ses joues étaient de glace, quand elle s'approcha de Mme Fénigan pour le bonsoir.

Il lui avait dit : « Essayons toujours... Si ça ne va pas, je partirai. » Et vraiment, depuis qu'elle était là, pendant leur longue promenade de l'après-midi dans le parc et le potager, pendant le dîner, la soirée, rien, pas un mot, pas un regard, une pression de main qui fît une allusion au passé. Pourtant les occasions ne manquaient pas ; mais il semblait mettre à les éviter infiniment de bonté et de délicatesse, si bien que, venue sans grand espoir, elle commençait à croire à cette reprise de vie et de bonheur à deux. Elle y croyait davantage, à mesure que l'heure nuptiale et l'intimité de l'alcôve approchaient. Forte de sa beauté, de la sincérité de ses résolutions, elle pensait : « Que je l'aie, que je le tienne, je suis sûre qu'il me restera. » Seulement, depuis ce maudit rappel du carnaval, le pressentiment lui venait que son bonheur, si proche, pouvait encore lui échapper. Aussi comme elle se serrait contre Richard, dans l'allée obscure ! A chaque instant son pied, glissant sur le verglas, lui donnait un prétexte pour s'appuyer ; le souffle des grands molosses lâchés à travers le parc et rôdant autour d'eux, le cliquetis des branches cristallisées, la porte de l'isba que le vent faisait battre au lointain, autant de brusques sursauts qui la jetaient frissonnante contre le cœur de son mari.

« Je t'ai connue plus brave, lui disait-il doucement, mais sans répondre à son étreinte.

— Moins nerveuse peut-être, mon ami. » Et bien bas : « J'ai beaucoup souffert, vois-tu. » Elle espérait un apitoiement qui ne vint pas.

Arrivés chez eux, ils entrèrent d'abord dans l'atelier, où les attendaient, comme en haut, du feu et de la lumière. Elle eût mieux aimé leur chambre tout de suite ; mais Richard tenait à la voir près de lui, réelle et bien vivante, dans cette pièce où il l'avait si désespérément rêvée.

« C'est ici que j'ai été le plus malheureux... Je me mettais là, dans ce fauteuil ; je pensais à toi, en regardant la route et le tournant de la rivière, après le pont... Quelles heures épouvantables ! »

Elle se dégagea de sa fourrure toute givrée, et droite devant lui, une main sur chaque épaule : « Je t'ai fait du mal, mon cher mari ; mais je le réparerai, ce mal, à force de dévouement et de tendresse. Lis mes yeux, aie confiance ; je te dois beaucoup, je m'acquitterai, tu verras. » Nerveuse, elle essayait de l'attirer vers son front tendu : « Viens chez nous, viens... »

Il l'écarta, sans colère, mais très ferme :

« Monte seule, je reste ici.

— Vraiment, tu veux ? murmura-t-elle si tremblante qu'il chercha des excuses à sa cruauté.

— C'est plus fort que tous les raisonnements. Je ne peux pas, j'aurais peur de te rendre trop malheureuse... »

Elle lui tendit la main, résignée à tout ce qu'il voudrait : « Bonne nuit, alors. »

L'escalier de bois craqua sous sa bottine, des voix de femmes s'entendirent au-dessus. Puis Rosine descendit, s'en alla fêter le carnaval chez les jardiniers. Il savait Lydie seule dans sa chambre ; et secoué d'une tempête intérieure, tiraillé de sentiments en lutte, il finit par se jeter sur le divan, pour y passer la nuit, comme tant de fois en l'absence de la bien-aimée. Mais elle était trop près. Comment dormir, dans l'inquiétude de sa présence et de leur volontaire séparation? Il s'accusait de bêtise et de folie, se rappelait les paroles du voisin : « l'affaire d'une étreinte... » Deux fois il se leva : « J'y vais... » et s'arrêta avec des larmes de rage. Enfin il n'y tint plus et monta.

Elle était dans leur grand lit bas, la lampe à côté d'elle rabattant sa lumière sur ses bras, ses épaules, son cou, restés nus dans le chiffonnage d'un coquet vêtement de nuit. En le voyant, les beaux yeux de perle triomphèrent, bien vite entre-clos par la prudence féminine.

« Pas encore couché? dit-elle avec un appel gentil du bout des doigts. Il s'approcha lentement, cachant l'éblouissement causé par l'abandon de ce beau corps qui s'offrait.

— Tu ne crains pas d'avoir froid? » Il parlait bas, la bouche sèche de désir; puis ajouta, soupçonneux : « Avant, tu avais pour dormir des chemises montantes, tu sais, ce que j'appelais tes scaphandres.

— Oui, la tenue du dortoir à l'orphelinat, dit-elle en souriant... Mais j'ai voulu te rappeler notre nuit de l'hôtel Favart. » Et les bras autour du cou de Richard, elle chuchota à son oreille : « Méchant, tu ne vois donc pas que je t'attendais ! »

Il ferma les yeux pour mieux résister ; et comme dans un rêve : « Ah ! l'hôtel Favart, quelle nuit !... Mais tu ne peux plus me donner cette ivresse maintenant.

— Pourquoi ?

— Parce que tout ça... » Il montrait ses bras, ses épaules... « Tout ça n'est plus à moi seul. Tu l'as donné à un autre. »

D'un mouvement furieux, il secouait son étreinte, mais elle le ramena par l'accent navré dont elle lui dit : « Alors, tu trouves que je ne me suis pas assez punie, que tout ça n'a pas assez expié ? Tiens, vois... » Sous la gorge restée ferme et pure, la blessure en se fermant avait froncé les chairs meurtries en deux ou trois profondes cicatrices... « Il a fallu aller chercher la balle très loin... Regarde la marque qu'ils m'ont faite... et si tu savais comme j'ai souffert malgré leur chloroforme.

— Pauvre chérie! » dit Richard saisi de pitié. Et penché sur les belles chairs froissées, ses lèvres effleuraient les cicatrices. Mais brusquement il s'écarta en songeant qu'elle s'était martyrisée ainsi pour un autre : « Oui, pour ton amant, et par rage, par désespoir de n'être plus aimée.

— Tu te trompes, Richard ; je n'avais plus que haine et mépris pour celui dont tu parles. Demande à ta mère qui me veillait, m'entendait t'appeler dans un délire qui ne mentait pas. Je ne pensais qu'à toi, si bon, à la douce existence que tu m'avais faite, et que je regrettais avec désespoir.

— Oui, je sais, tu es une bonne fille. Tu ne demanderais qu'à m'aimer, à me donner cette joie ; malgré tout, s'il était là, lui, l'autre, s'il t'appelait, rien que d'un signe, tu ne pourrais te retenir d'aller à lui.

— Tais-toi... tais-toi... »

Mais il continuait, se montait à une ironie furieuse : « Pourquoi me taire? c'est tout simple. Moi, je suis un timide, un bègue ; je n'ose pas, je ne sais pas. Et lui, il sait si bien, il est si beau... Il te l'a chantée, dis, la chanson malagaise? le péché des yeux, il te l'a fait connaître? et celui-là, et tous les autres...

— Richard, je t'en prie. »

Elle essayait de lui fermer la bouche, l'enlaçait de ses bras noués, quand la sonnerie d'un cor de chasse dehors, dans la nuit, le redressa tout pâle.

C'est ainsi qu'autrefois Grosbourg correspondait avec les Uzelles. Charlexis annonçait qu'il viendrait dîner, Richard lui répondait de la même façon ; et d'une rive à l'autre, les joyeuses fanfares, sur le tremplin de l'eau vibrante, faisaient fraterniser et se rejoindre les deux maisons.

« Écoute, Lydie... »

Hagard, il lui broyait les doigts dans un étau de fièvre.

« Mais, mon ami, c'est chez Clément... les garçons jardiniers...

— Non pas, non pas... ça vient de la terrasse de Grosbourg. Comme ça résonne bien sur l'eau!... il sait que tu es rentrée et te fait le signal d'autrefois... Tu entends? » Et plus la trompe déroulait dans la nuit toutes ses sonneries éclatantes, plus sa frénésie s'exaltait.

« Comme il s'acharne!... comme il te veut!... Coucher ce soir avec ma femme? Comment donc!...mais parfaitement, monsieur le prince... Attends, attends, que je lui réponde. »

Il s'élança dans l'escalier, pour revenir quelques instants après, honteux, comme dégrisé. Lydie s'habillait sur une chaise en sanglotant. Il s'agenouilla devant elle : « Où vas-tu? Que veux-tu faire?

— Non, laisse, je ne peux pas rester... Pour toi, pour moi, c'est trop affreux... Je passerai la nuit près de ta mère, et puis demain, je m'en irai, puisque c'est une chose au-dessus de tes forces, mon pauvre ami. »

A son tour, elle le repoussait, essayait de se défendre contre l'étreinte dont il enveloppait ses jambes nues, les baisers fous sur ses bas trempés de neige. A la fin il la prit, l'emporta dans le lit, se mit à la bercer, à la câliner de phrases tendres, qui par moments s'enflammaient, redevenaient des cris de colère.

« Il faut me pardonner, vois-tu... Je deviens fou... c'est ce misérable...

— Pourquoi toujours en parler, puisque c'est fini, puisqu'il est mort pour moi?

— Ah! nous serions trop heureux, s'il était mort... Mais il vit, le monstre, je le sens qui rôde autour de toi... Seulement, malheur si je le rencontre! Cette fois, rien, personne ne pourra m'empêcher de le tuer...

— T'empêcher? mais je t'y aiderais, au contraire, pour tout le mal qu'il m'a fait... qu'il me fait encore, en me privant de ton amour. »

Elle se cramponnait à son cou, lui parlait dans ses lèvres, puis, la phrase finie, elle retomba exténuée sur l'oreiller. Il lui en voulut presque de ne plus lutter, persuadé que tout dépendait d'elle, de l'ardeur de son désir, et que si ses bras l'étreignaient avec plus de force, il ne pourrait se dégager. Ce sentiment se trahissait dans un débord de phrases navrées et haineuses sur les perfections de Charlexis et ses propres infériorités, un monologue incohérent, interminable, dont la redite et la fatigue finissaient par le gagner lui-même...

Le cor de chasse s'était tu. Dans le crépitement du grésil sur les vitres, l'horloge de la Petite Paroisse sonna trois heures. Richard s'arrêta vivement devant le lit dont un double courant l'approchait, l'éloignait avec une puissance égale ; et d'une voix tombée à la douceur d'une prière :

« Ma femme, mon enfant, je t'en supplie, finissons... Dis-moi que je me trompe, que tu ne l'aimes plus. Jure-le-moi, pour que je puisse te prendre sans peur entre mes bras... Tu vois, tu ne réponds pas... tu ne veux rien promettre. C'est donc que tu es encore à lui, qu'un mensonge te coûterait trop ?... Lydie, réponds, par pitié, dis quelque chose. »

Il se pencha vers elle, étreignit ses poignets, mais les sentit inertes et détendus sous ses mains... Elle dormait... Et d'un lourd somme d'enfant, rythmé d'un petit souffle rose, entre ses lèvres retroussées.

Lui qui s'en voulait de la torturer de phrases méchantes... il aurait pu continuer jusqu'au matin et même plus longtemps... Elle dormait... Un rire amer le secoua d'abord, qui fit place à un sentiment très doux, très tendre, devant cette faiblesse avouée, cette détente après la scène. Il ramena les draps doucement sur les épaules, les beaux bras de la jeune femme, emporta la lampe dans l'atelier, où il marcha, marcha sans relâche, en écoutant sonner les heures à l'église du grand chemin, l'église de la pitié et du pardon, dont il n'aurait jamais cru l'abord si difficile.

Le jour levé derrière le givre étoilé des fenêtres, il alla se mettre à la disposition de son voisin.

XIV

Un matin de mai, vaporeux et doux, dans son rafiot de garde-pêche, à la plaque de cuivre administrative, Chuchin remontait la Seine, d'Athis à Évry, cherchant au long de la berge des places nouvelles pour ses verveux de la future saison. Rien qu'à le voir nager, à sa molle façon de tenir les rames, à des habitudes prises de musarderie et de bavardage, on sentait l'absence du maître, et une absence qui durait depuis longtemps. Toute la rivière appartenait au garde-pêche. Des chalands, qui descendaient au fil de l'eau, lui passaient la goutte à boire; il criait de loin des gaudrioles aux femmes des mariniers, des flotteurs, aux laveuses du grand bateau amarré près du pont, plus ramageur à lui tout seul que les traquets et les bergeronnettes des deux rives. Il venait de finir avec les blanchisseuses qui le menaçaient de leurs battoirs, lorsqu'en levant la tête, dans le mouvement des avirons, il aperçut appuyé à la rampe du pont l'élégant et macabre M. Alexandre.

Caché dans l'ombre de la pile, le père de Rosine resta un moment à nageoter sur place et à ruminer dans son brûle-gueule, en guettant l'ancien maître d'hôtel : « Qu'est-ce qu'il fiche là, ce vieux flibustier ? C'est vrai qu'il ne perd pas un mot de ce qui se potine dans le lavoir, le lessivage en grand de la commune ; mais M. Alexandre en connaît bien d'autres, il pourrait leur en apprendre à toutes ces commères... Non, en guignant le fond de l'eau, son petit œil file du côté de la gare. Pour sûr qu'il attend quelqu'un... »

En deux coups de rames il émergea de l'ombre, et de sa vieille voix éraillée et blagueuse :

« C'est-il que vous amorcez déjà, mon père Alexandre ? Nous avons du large, pourtant, d'ici l'ouverture. »

L'autre parut gêné, ajusta son binocle, le temps de trouver quoi répondre :

« Tu ne savais pas si bien dire, vieux Chuchin ; je guette par ici un fond de goujons qui ne seront pas pour tes nasses... » Il s'interrompit, l'oreille à la gare ; mais ce qu'il prenait pour le train montant sur Paris était le grondement lointain de l'écluse. Il reprit, penché vers le rafiot : « Et chez vous, quelles nouvelles ? Le patron ne revient toujours pas de son Algérie ?

— Blagueur ! avec ça que Rosine ne te raconte pas tout ce qui se passe à la maison. »

M. Alexandre fit la grimace. Il évitait de parler de Rosine avec son père, par un sentiment de convenance que ce manant ne comprenait pas, peut-être aussi dans la crainte d'explications fâcheuses. « Eh ! Chuchin, cria-t-il pour détourner la conversation, regarde donc ton locataire qui va à la cave. » Le père Georges sortait en effet de sa baraque, clignotant à la vive lumière de l'eau, les jambes flageolantes, et tenant à deux mains une interminable canne à pêche.

« Propre-à-rien !... gronda le garde avec le mépris haineux du paysan pour l'homme qui ne peut plus travailler, en voilà une idée de remiser ce sac à vermine... Ah çà, qu'est-ce qu'il veut faire, avec sa gaule? la pêche n'est pourtant pas ouverte...

— T'as donc pas vu qu'il a une bouteille attachée au bout? Il fait sa provision d'eau de Seine... pige-le, s'il est rigolo. »

La berge se trouvant très élevée, le vieillard avait imaginé ce moyen d'atteindre jusqu'à la rivière. Mais les eaux étaient basses; il fut obligé de s'étendre, de s'aplatir, dans l'effort impuissant de sa vieille carcasse. Alexandre et Chuchin s'amusaient beaucoup de cette pantomime.

« Il va se faire craquer la peau.

— C'est vrai qu'il est ras du bord, sa tête l'entraînera, bien sûr... Prenez garde, eh! père Georges... vlan, ça y est! »

Un appel de détresse, éperdu et sauvage, une de ces rauques clameurs dans lesquelles l'être met toute sa vitalité, fit retentir les deux rives. L'agitation des roseaux du bord montra la place où le vieux venait de tomber, la tête en avant; et des paysans qui travaillaient dans un champ voisin parvinrent non sans peine à le tirer de l'eau. Lorsqu'on l'eut remis sur la berge, grelottant, ruisselant, toujours sa gaule entre ses doigts crispés, seulement alors le garde-pêche, qui un moment s'était cru débarrassé de son locataire, se rapprocha en quelques coups de rames et vint hypocritement lui porter secours.

En même temps le train sur Paris sortait de la gare, et la bru à Sautecœur apparaissait à l'entrée du pont, dans sa robe d'été légère, à raies roses, que le vent de la Seine lui plaquait aux jambes. Elle venait d'accompagner son mari, escortée d'une forte dame essoufflée et courte, poussant devant elle une voiture de bébé, — Mme Noël, la femme d'un professeur de lycée parisien, qui avait loué une chambre à l'Ermitage, pour faire respirer à sa toute petite fille la saine odeur des bois. Dès qu'elle aperçut le complet bleu de l'ancien domestique, la Sautecœur changea de figure et, priant Mme Noël de l'attendre au bas de la côte, s'approcha toute frissonnante de M. Alexandre qui la guettait venir, immobile, appuyé au parapet du pont. Quelques mots furent échangés à voix rapide et basse.

« ... Le prince à Grosbourg... Rendez-vous dans la forêt... Chêne-Prieur.

— Impossible... trop surveillée.

— L'Indien?

— Oui... Ce qu'il m'assomme! »

Du monde passait, des gens du pays, des fournisseurs. La boulangère les saluait sous l'auvent de sa voiture. Le garçon boucher à cheval, un grand panier de viande en travers de son tablier blanc, se retournait pour leur sourire; et M. Alexandre affectait de détailler très haut l'accident du père Georges, désignant d'un geste emphatique les roseaux écrasés et brisés, la cabane où l'on avait porté le pauvre vieux. « Ah! j'ai bien cru qu'il faudrait appeler la charrette à Foucart. » Puis, tout bas : « Demain jeudi, marché de Corbeil... à onze heures, chez le bijoutier de la rue Saint-Spire... vous choisirez les bijoux ensemble.

— Je ne sais pas... Je ne peux pas promettre... » murmurait la grande fille, incertaine, les yeux sur l'horizon où l'écluse d'Évry roulait son torrent. Elle ajouta, pour ceux qui auraient pu entendre : « Pauvre père Georges! une fluxion de poitrine à son âge... Bien l'honneur, monsieur Alexandre.

— Médème... »

Les laveuses d'à côté, que l'activité de leurs battoirs dans l'écho du pont n'avait pas empêchées de suivre attentivement tout le mystère de ce court dialogue, quand elles virent M. Alexandre le terminer d'un baiser du bout des doigts, étourdirent le vieux beau de leurs invectives... Ce passionné d'Alexandre! Il n'avait donc pas assez de la Chuchin; la Sautecœur, maintenant... C'était de famille, du reste: l'Indien passait pour le plus fameux cornard du pays, son fils allait prendre la suite... Et des claquements de battoirs, et des rires à craquer les corsages.

Sans se douter que cette musique fût pour elle, la fille à Sautecœur rejoignait sa compagne au bas de la montée et, tout en l'aidant à pousser sa petite voiture, lui proposait d'aller ensemble, le lendemain, au marché de Corbeil. On attellerait Blanchette à la carriole d'un voisin... C'est elle-même qui conduirait... un chemin ravissant, par le bois... la petite fille s'en trouverait très bien. « Seulement, pour mon beau-père, il faut que l'idée vienne de vous. Il se méfie trop de sa bru, comme de toutes les femmes, d'ailleurs. Vous êtes la seule exceptée, je ne sais pas pourquoi. Avant votre arrivée chez nous, une promenade en forêt, sans mon mari, il ne me la permettait pas... Vous lui direz que vous avez des emplettes à faire. On s'amusera, vous verrez. »

Si le père Sautecœur montrait trop de méfiance, Mme Noël n'en avait vraiment pas assez. Depuis un mois, la bonne dame se prêtait le plus innocemment du monde aux scélérates entreprises de Charlexis sur la femme de son lieutenant. Cette honnête et large figure de nourrice, le titre de professeur dans un lycée porté par le mari, rassuraient le garde au point de lui faire perdre ses habitudes de soupçon et d'espionnage. Les deux amies sortaient seules tous les jours, emportaient la petite fille, des pliants, un goûter, et s'installaient au rond-point du Chêne-Prieur, dans un peuplement qui n'était pas de la surveillance de l'Indien. Ces dames causaient, cousaient, lisaient tout haut le *Petit Journal,* mêlant les faits divers aux crépitements d'insectes dans les taillis, aux bourdonnements des cimes d'arbres. Après une heure d'immobilité, Mme Sautecœur proposait de marcher un peu et finissait par faire seule un tour de forêt, son opulente amie aimant surtout à ne pas changer de place.

Vers les vieux murs de parcs, embroussaillés, percés de hautes grilles, qui longent cette partie du petit Sénart, s'étendent à perte de vue les sous-bois d'une herbe veloutée, que caressent les basses branches, balancées au moindre souffle comme des punkas bengalais. Au lointain d'une de ces immenses et mystérieuses pelouses, toujours à la même place et comme oublié là, un grand parasol de soie écrue attendait la jeune femme, et sous ce parasol qui l'abritait entièrement, le beau Charlexis moelleusement étendu dans l'herbe grasse. L'entrée de l'Ermitage lui étant interdite, depuis que le garde l'avait pris à embrasser sa belle-fille, il s'était improvisé ce campement à rendez-vous, vraiment dangereux et précaire, où ne pouvaient s'échanger que des baisers furtifs, des caresses maladroites, dans la hâte et le tremblement. De leur rencontre au marché naîtrait sans doute une occasion meilleure.

Quand la carriole de l'Ermitage traversa le large pont de Corbeil, le lendemain matin, la petite ville, silencieuse et déserte à l'ordinaire, grouillait de mouvement et de bruit. Serrée autour de son vieux cloître, sur la rive gauche de la Seine, les jardins étalés en terrasses en face d'elle, le nivellement graduel des perspectives, lui donnent un vague aspect de Bâle à la hauteur du Münster, mais Bâle un jour de concours régional, envahi par tous les villages, toutes les fermes de sa banlieue. Sur la place du marché et dans les rues avoisinantes, s'enchevêtraient des véhicules campagnards de toutes formes, rendant la circulation très difficile. La Sautecœur conduisit le sien dans le cloître de Saint-Spire, calme et désert au cœur même de la ville, toujours frais du vent qui tourne en courant d'air autour de l'ancienne église, et dit à Mme Noël de l'attendre, le temps de faire ses achats. « Si la petite s'ennuie, vous pouvez entrer dans l'église. Il y a un chevalier en pierre de toute beauté. » Puis, radieuse, elle courut à son rendez-vous.

Le prince, arrivé avant elle, dans un coin du magasin rempli d'acheteurs choisissait des boucles d'oreilles au bord du comptoir, une chaise vide préparée à côté de la sienne. Elle s'y assit, et serrés l'un contre l'autre, ils se parlaient tout bas, en faisant briller les boucles sur un petit carré de velours noir, tandis qu'autour d'eux des fermiers de Morsang qui mariaient leur fils, venus en bandes de parents, de connaissances, marchandaient les bijoux de la corbeille avec des mots, des rires, des parapluies, de grandes coiffes, à se croire au Palais-Royal, un soir où se donne quelque désopilante Labicherie. Mais les deux amants avaient mieux à faire que s'en égayer. L'Indien, ce soir-là, était commandé de service de nuit avec tout le personnel de la forêt.

« A dix heures, je serai à l'Ermitage. Garde la fenêtre de ta chambre ouverte.

— Oh! je vous en prie. Non, j'ai peur.

— Peur de quoi? Ton mari est à Paris, le vieux ne rentrera qu'à six heures du matin. Il s'agit de ne pas s'endormir, mais nous n'en aurons guère envie. Pense, une nuit, toute une nuit à nous, pour la première fois. »

Il lui parlait dans le cou, dans les cheveux, tandis qu'elle essayait ses bijoux neufs. La noce venait de partir. La boutiquière et sa sœur, figures moyen-âgeuses, frustes et verdâtres produits d'une vieille race épuisée, type fréquent en Seine-et-Oise, s'approchèrent du prince en le saluant jusqu'à terre et s'informant si monseigneur avait choisi ce qu'il lui fallait.

« Oui, madame Souchotte... Cette parure complète que je viendrai chercher moi-même ce soir. »

La fille à Sautecœur se levait, rougissante, prête à sortir, quand un grand landau s'arrêta devant le magasin qui, très sombre déjà, fut obscurci comme par le déroulement d'une large marquise au-dessus de sa vitrine. « La voiture de Mme Fénigan, » dit la boutiquière avec une intonation respectueuse, moins humble cependant que pour Charlexis. O clavier du commerçant, cent fois plus subtil et nuancé que la gamme chinoise!... Le prince ne bougea pas, ne détourna pas la tête, mais l'expression de son sourire modula, devint méchante, à mesure qu'il voyait s'avancer dans le magasin une élégante et longue silhouette de femme.

« Ma montre est-elle prête?... » Lydie n'eut pas la force d'achever. Voulue ou non, une toux nerveuse étranglait sa voix. Elle ne l'avait pas revu depuis la comédie de Monte-Carlo, la rupture et la fuite; et voilà qu'en face d'elle, à l'improviste, la glace ternie d'un magasin lui présentait cette jolie figure d'impudence et de fourberie. Ce fut une impression rapide et très multiple, dégoût, épouvante, colère ; en même temps la joie de ne trouver dans ces sentiments divers aucun regret, et de fixer une incertitude qui l'agitait quelquefois, lorsqu'elle se demandait : « Qu'éprouverais-je, en le revoyant ? »

Si jamais elle l'avait aimé, c'était bien fini, grand Dieu ! Et cette Sautecœur, avec ses yeux de charbon et sa faubourienne insolence, avait bien tort de la regarder furieusement. Sa montre était prête, elle la prit et sortit sans un mot. Mais devant ses traits bouleversés, sa belle-mère s'écria en l'apercevant : « Que vous est-il donc arrivé ?

— La mauvaise rencontre ! » murmura Lydie en s'asseyant à côté d'elle. Et à voix basse, à cause du cocher dont le dos s'arrondissait pour écouter, elle nomma Charlexis... « Ah ! je n'aurais jamais dû venir à ce marché.

— C'est ma faute, chère enfant. Mais vous ne sortez jamais, j'ai voulu vous faire prendre l'air une fois.

— J'avais le pressentiment de quelque malheur. »

Le regard de la mère s'alarma : « Un malheur?

— Oh! rien de ce que vous pourriez craindre d'une folle comme moi... Non, j'aime mon mari, je n'aimerai jamais que mon mari... mais comment lui dire que j'ai rencontré?...

— Gardons cela entre nous deux. Quand tout va si bien, quand Mérivet nous envoie de si bonnes nouvelles... Nous retarderions peut-être sa guérison et son retour.

— Alors il faudra mentir, ne pas lui dire tout, comme j'en ai pris l'engagement, sans y manquer une fois, depuis qu'il est en Algérie. »

Pendant qu'elles causaient, la voiture allait au pas dans l'encombrement des rues étroites et bruyantes, s'arrêtait chez le pharmacien, le papetier, le bourrelier, le treillageur qui venaient prendre la commande au marchepied, emplir de paquets, de bouteilles le siège et le caisson de Libert agitant sa longue lévite ; et c'était bien une vraie causerie de femmes, ces profondes et sentimentales confidences, coupées de détails ménagers, de haltes et de marchandages chez les fournisseurs. Devant le pâtissier, où s'était arrêté le landau pour la commande du dimanche, le juge Delcrous, en tenue, ganté, la barbe et la dent luisantes, apparut à la portière. On ne le voyait plus aux Uzelles depuis des mois; et justement il entrait là, déjeuner en hâte, pour ensuite prendre le train et se rendre chez ces dames, ayant quelque chose de très sérieux, de très pressant à leur demander.

« Eh bien, montez en voiture, et venez déjeuner avec nous, » dit la mère; et pendant qu'il s'installait tout joyeux en face d'elles, au milieu des paquets, Lydie, un peu gênée de retrouver un de leurs amis d'autrefois, regardait les petites tables dressées derrière le vitrage, au fond de la pâtisserie noire et poisseuse, s'informant d'un air de faux intérêt : « Alors, c'est ici que vous mangez?

— Oui, madame, à deux pas de mon cabinet. Le tribunal est au bout de la rue, sur cette petite place à côté du moulin. »

Elle continuait à regarder tout autour distraitement, sans se douter de l'importance que ces endroits allaient prendre pour elle.

« Vous trouvez tout ce coin bien triste, mesdames? Et moi donc... Voilà pourquoi, comptant sur la bonne sympathie... Au fait, quelles nouvelles d'Algérie? Quand revient notre ami Richard?

— Mon fils rentrera bientôt, cher monsieur Delcrous; mais vous savez qu'en son absence, si nous pouvons vous servir, ma fille et moi...»

Le juge s'inclina en souriant. Il s'expliquerait quand on serait loin du marché et de la cohue.

Au trot régulier de son robuste attelage, le landau sortit de Corbeil, laissant derrière lui les cheminées géantes des minoteries, dont la fumée assombrissait tout un côté du ciel splendide. Charrettes, piétons, bestiaux, la joyeuse débandade d'un retour de marché, se hâtaient sur la haute corniche, entre la rivière étincelant au bas et des champs d'orge et de blé en vertes houles jusqu'au bout de l'horizon. Un charreton conduit par des femmes, rapide et dansant, frôla les roues. Lydie reconnut la bru de Sautecœur, et longtemps suivit avec pitié les tressauts de l'humble carriole par les chemins raboteux. Ah! qu'elle eût voulu lui crier casse-cou, l'avertir des fondrières, des chutes irréparables qui l'attendaient. Mais la petite charrette allait si vite, elle était déjà si loin, presque sur la lisière des bois immobile et sombre à l'horizon.

En sens inverse arrivaient en galopant un tintement de grelots, un grand remous de poussière dans lequel apparaissaient une calèche attelée en daumont, des postillons à la livrée bleue des d'Alcantara, et les jolies juives du château de Mérogis, en compagnie du prince d'Olmütz, avec ses yeux de diamant, son sourire implacable de jeune rajah regardant combler les puits de belle chair de femme rose et blonde. L'équipage disparu, le landau des Fénigan resta quelques minutes silencieux et angoissé. « Quel bonheur que Richard ne soit pas là ! » songeaient ces dames. Delcrous se demandait s'il serait prudent, après cette rencontre, de risquer la démarche pour laquelle il était venu. Un incident de route fit une heureuse diversion.

A la montée de Soisy, deux fillettes, les cheveux couleur de son, détachées d'une roulotte dételée dans un pré voisin, s'approchèrent pour offrir de la vannerie fabriquée avec des joncs et des herbes d'étang. Bien que la côte fût dure, le cocher, par haine professionnelle des mendiants, fouetta ses chevaux, au moment où Lydie tendait la main vers une des petites corbeilles. Mme Fénigan, qui avait vu le geste de sa belle-fille, cria d'arrêter, mais en vain; et pendant quelques minutes on entendit le souffle haletant des fillettes derrière la voiture avec le frottement de leurs petits pieds nus dans la poussière du chemin. A la fin, sur un ordre réitéré de sa maîtresse, le cocher fut obligé de stopper. Lydie, remerciant sa belle-mère, cherchait son porte-monnaie pour solder l'humble achat; mais déjà Mme Fénigan avait rempli de pièces blanches les petites mains tendues.

« Cela vous étonne, monsieur Delcrous? dit-elle au magistrat.

— En effet, madame, vous aviez naguère pour les ambulants une antipathie, que je partage du reste... Je me souviens avoir eu, sur cette même route de Corbeil, une discussion avec votre fils...

— C'est vrai... Élise était de la partie, ce jour-là.

— Précisément, » fit Delcrous épanoui par le souvenir du petit Chaperon-Rouge. Et montrant ses dents de loup espacées et pointues : « Puisque vous avez prononcé le nom de cette charmante personne... »

La voiture roulait entre le bois et des pentes de vigne. Des senteurs d'églantine fleurie embaumaient le chemin. Le juge trouva l'heure et l'endroit favorables à sa confidence. Il en avait assez de vivre seul, ces dames venaient de voir en quel coin sombre et mélancolique. Encore ne connaissaient-elles que le Corbeil des jours de marché ; on ne se figure pas l'ordinaire torpeur de cette petite ville où, dès huit heures du soir, tout est clos, éteint, où le bruit d'une voiture traversant la rue Notre-Dame fait dire à tous les étages : « M. le président revient du tribunal... L'omnibus de la Belle-Image va à la gare. » Ni cercles ni salons, aucune distraction possible en dehors du travail. Le seul avantage, Paris à moins d'une heure de chemin de fer, et la facilité d'aller plusieurs fois par semaine place Vendôme faire un tour dans les bureaux, soigner l'avancement qui lui faciliterait un beau mariage. Enfin il était las d'entendre annoncer à la pâtisserie Couverchel : « Le dîner de monsieur le Juge... » Et depuis sa rencontre avec la cousine de Lorient, cette jolie figure rieuse, sur laquelle les chagrins avaient passé sans marquer une ride, ne lui était plus sortie de l'esprit. Élise, questionnée sérieusement un soir, avait remis sa réponse au lendemain, et le lendemain était partie. Après des mois d'attente, d'hésitation, il venait de lui écrire une lettre très détaillée, très sincère, disant sa position, ses chances d'avenir; et maintenant, il suppliait Mme Fénigan d'intervenir en sa faveur.

« Voilà qui est convenu, lui répondit-elle... L'existence à Corbeil n'est pas bien gaie pour une jeune femme, mais la cousine ne s'amuse guère à Lorient, et puis nous serons là pour vous aider à la distraire. Je vous promets de lui écrire...

— Et vous me permettrez d'ajouter quelques lignes à votre lettre, ajouta Lydie, car j'ai appris à connaître et à aimer cette charmante Élise.

— Ah! mesdames, mesdames, comment vous remercier? » murmurait le magistrat tout rougissant entre ses épais et noirs favoris taillés en boulingrin. Et tout le temps de la route, on ne cessa d'embellir le projet de mariage des bonnes parties qu'on ferait ensemble au Vieux-Garçon, à Sainte-Geneviève-des-Bois, parties de pêche, de chasse.

« Il faudra vous marier à Sainte-Irène, jeta Lydie étourdiment. Elle s'arrêta un peu gênée : mais Delcrous n'était pas susceptible.

— Mme Élise étant divorcée, murmura-t-il tranquillement, il n'y aura pas de mariage à l'église, et je le regrette. C'eût été charmant, dans cette petite chapelle de campagne. » Puis, tourné vers Mme Fénigan : « A propos, j'ai appris que votre ami le curé de Draveil venait d'être remplacé...

— Oh! mon ami... il y a longtemps qu'il ne l'est plus. Je ne lui pardonnais pas son acharnement contre l'abbé Cérès, un digne prêtre... »

Elle ne put s'empêcher de rire, devant la figure ahurie de Delcrous, à qui elle n'avait jamais parlé du desservant de la Petite Paroisse qu'avec un profond mépris : « Que voulez-vous ? toutes mes idées ont changé, je ne suis plus la même femme... Comment cela s'est fait ? Je vous le dirai peut-être un jour. Cela pourra vous servir à l'occasion. »

On venait de passer au salon après déjeuner;

Lydie jouait un prélude de Chopin, dont les roulades envolées faisaient ramager une fauvette dans le grand paulownia qui ombrageait toute l'entrée, quand on sonna à la grille. De la table où elle écrivait à Élise, Mme Fénigan voyait les visiteurs s'avancer dans la cour, et se leva vivement.

« Lydie, ma fille, fermez votre piano. Voici l'abbé Cérès avec un autre prêtre, sans doute le nouveau curé qui vient nous faire sa visite.

— C'est ce M. Cérès dont on raconte tant de merveilles ? » dit le magistrat s'approchant de la fenêtre, où les deux femmes le rejoignaient, discrètement retirées derrière le rideau.

Les prêtres marchaient avec lenteur, en causant d'un air dégagé, un peu voulu; M. le curé surtout, petit, grassouillet, à qui ses joues roses, son double menton ras, sa pèlerine noire donnaient l'aspect d'une de ces grosses veuves rassérénées, prospères, comme on en rencontre souvent. Il s'arrêta devant une des deux grandes corbeilles arrondies de chaque côté du perron pour faire admirer un massif de roses à son vicaire, qui, le chapeau à la main depuis la grille, penchant sa tête blanche et sa taille robuste, écoutait avec une déférence enfantine les paroles de son supérieur, plus jeune que lui d'au moins vingt ans. Et c'était là le prêtre révolté, l'indomptable Lucifer dont on prétendait briser l'orgueil par cinq mois de retraite à la Trappe.

« Mâtin ! il n'a pas l'air cossu, le desservant de la Petite Paroisse... »

Cette observation à mi-voix de Delcrous fut presque involontaire, tant l'avait saisi le contraste des deux soutanes traversant la cour en plein soleil, l'une aussi brillante et d'un noir aussi solide que l'autre, rousse, élimée, montrait la corde. Mais le sourcil rebroussé de Mme Fénigan, l'intonation dont elle affirma : « C'est un saint, » coupèrent court aux faciles plaisanteries du magistrat ; même il retint une forte envie de rire, quand le vicaire, sitôt la porte du salon ouverte et l'annonce faite par le domestique, se précipita en avant, bousculant, renversant tout pour entrer le premier. Personne, sur le moment, ne comprit rien à cette arrivée tumultueuse ; et le regard courroucé que lui jetait son chef hiérarchique acheva de décontenancer l'abbé Cérès, si humble, si timide, ignorant des lois sociales au point de croire que dans le monde comme à la procession l'inférieur devait toujours passer devant, l'enfant de chœur avant le diacre, le diacre avant le prêtre, le prêtre avant l'évêque. Ici, malheureusement, malgré toute sa hâte, il n'avait pu arriver le premier. « Voilà M. le curé fâché, pensait le pauvre homme en saluant... Attention, maintenant, à la sortie, de ne pas commettre la même impolitesse. »

Cette préoccupation donnait un air d'égarement à ses yeux clairs, deux taches bleues dans sa face boucanée, pendant qu'il admirait les belles manières de son curé, sa façon de saluer, de s'asseoir, de féliciter Mme Fénigan sur les splendeurs de son rosarium, ses Maréchal-Niel, ses Gloire-de-Dijon, et aussi de causer musique avec Mme Richard, d'analyser Wagner et Schumann en dilettante consommé. De même quand Lydie, devenue, par sa fréquentation des hôtels cosmopolites, grande liseuse de romans étrangers, jeta dans la conversation les noms de Tolstoï, d'Ibsen, de Mérédith, de Dostoïewski, le nouveau curé témoigna que ces auteurs, sans lui être aussi familiers que son bréviaire, n'étaient certes pas des inconnus pour lui.

« Quel homme ! » répétaient les bons yeux

naïfs de l'abbé Cérès, posés en extase sur la face poupine et rose de son supérieur. Mais celui-ci, peu touché par cette admiration muette, crut pouvoir s'en amuser et demanda brusquement au pauvre vicaire son opinion sur Dostoïewski. De brunes qu'elles étaient, les joues du vieux prêtre devinrent couleur de brique; tout son visage révélait un tel effarement que Delcrous en eut pitié. « M. l'abbé Cérès n'a sans doute pas le temps de lire, dit-il de son ton estradier et autoritaire, il a trop de misères à visiter et à soulager. »

L'humble prêtre, au supplice sous ces éloges qui lui semblaient diminuer son supérieur, se secouait sur sa chaise, balbutiait dans son rauque accent de montagne qu'il n'était pas plus méritant que les autres, qu'à lui aussi la lecture mangeait du temps.

« Allons, Cérès, vous ne nous ferez pas croire que vous avez lu Dostoïewski, insista M. le curé, dont le gros rire soulevait la pèlerine de visite.

— Eh bien, si, je l'ai lu .. M. Mérivet me l'a prêté... et même je lui en veux beaucoup, à ce Dostoïewski.

— Vous lui en voulez? et de quoi? demanda

le curé, abasourdi comme tout le monde. C'est vrai que le rustique desservant ne semblait guère apte à comprendre l'auteur des Karamazoff, ni à lui garder rancune d'une théorie quelconque.

— Je lui en veux d'avoir mis la pitié russe à la mode.

— La pitié russe?... Qu'entendez-vous par là, mon cher abbé?

— J'entends cette pitié injuste, qui ne va qu'aux coquins et aux gourgandines, qui nous attendrit exclusivement sur les détresses du bagne et autres mauvais lieux, comme si le malheur n'était touchant que dans le crime et dans l'abjection. C'est ce que j'appelle la pitié russe. Nous avons tous connu de braves femmes d'ouvriers s'éreintant à soigner le ménage et les enfants, supportant sans se plaindre les privations et les coups; et quand Dostoïewski jette son Rodion aux pieds d'une fille perdue, qui symbolise à ses yeux toute la misère humaine, je trouve qu'il déshonore la misère et calomnie l'humanité. »

La voix du prêtre, dépouillée de ses hésitations, montait, harmonieuse et forte. A mesure, son regard comme son geste prenait de l'assurance, une large envergure de prêche ; et Lydie, qui ne le connaissait que pour avoir vu de loin reluire et se rétrécir au soleil sa soutane râpée, s'expliquait maintenant l'enthousiasme de sa belle-mère et du vieux Mérivet.

« Vous savez qu'elle vient de chez nous, cette pitié-là, monsieur l'abbé, dit Jean Delcrous... Elle date de 48, vous la trouverez dans les romans de Victor Hugo, de Mᵐᵉ Sand, d'Eugène Sue. Les Russes n'ont fait que nous l'emprunter, en la raffinant pour leurs nerfs compliqués. N'empêche que la Sonia de Dostoïewski est de la famille de Fantine. »

Ravi de montrer à ces dames qu'il ne manquait pas, lui non plus, de lecture ni d'éloquence, le juge dressait la tête, enflait la voix comme au Palais ; mais la fin de son speech se perdit dans une bousculade. M. le curé, trouvant la visite assez longue, s'était levé vivement pour saluer la maîtresse de maison et se dirigeait vers la porte, quand le vicaire s'aperçut de son départ. « Ah ! mon Dieu, se dit l'infortuné, encore une distraction... » Il bondit à travers le salon, buta sur un tabouret, renversa des chaises, et prenant son gros petit curé à pleins bras, juste à l'instant où celui-ci allait sortir : « Non, je ne souffrirai pas... Je sais trop ce que je dois à mon chef... » Il l'enleva, l'écarta violemment et se précipita sur le perron, où il arriva bon premier avec un geste de triomphe.

« Drôle de bonhomme !... pourquoi est-il toujours si pressé ? » demanda Delcrous tout bas à Lydie et à sa mère qui regardaient s'en aller les deux prêtres. La pèlerine du curé s'agitait furieusement à la violence de sa mimique fulminante, pendant que le vicaire l'escortait, consterné, l'échine basse, sous une terrible leçon de convenances mondaines, qui ne lui profita guère ; car ayant rencontré le facteur qui descendait de son bicycle devant la grille, il s'arrêta, toujours distrait et pitoyable, pour lui demander des nouvelles de sa femme malade. On entendit la voix du curé, cassante et nerveuse : « Quand vous voudrez, l'abbé !... » puis les protestations du malheureux Cérès, disparu sur la route dans un tourbillon de poussière et de paroles violentes.

« Notre pauvre vicaire ! dit Mme Fénigan, ce n'est pas encore celui-là qui lui fera la vie douce. »

Lydie ne répondit pas, absorbée par une lettre de Richard, qui lui annonçait son retour et celui de Mérivet pour le mardi suivant. « Dans trois jours, maman !... il sera là dans trois jours. » L'accent de sa joie, ses bras jetés au cou de sa belle-mère marquaient tant de sincérité, que le magistrat songeait à part lui, en rentrant à Corbeil dans le jour qui tombait : « Décidément le mariage est une institution solide. Après de pareils assauts, dire que ces gens-là pourront faire encore un bon ménage ! »

Ainsi juge le monde, qui ne voit des êtres et des choses que les apparences dissimulantes, n'en imagine jamais les dessous. Dans l'entourage même des Fénigan, parmi ceux qui approuvaient ou blâmaient l'indulgence du mari, son pardon généreusement octroyé, combien peu se doutaient que le drame durait encore, plus aigu, plus déchirant ; combien peu soupçonnaient le motif du long voyage de Richard et les lettres navrantes dans leur cruelle monotonie, qu'échangeaient depuis deux mois les deux époux ! Les premiers temps surtout, l'absence et l'éloignement, aux mirages si favorables d'ordinaire, aiguisaient au contraire l'agitation jalouse du mari. L'idée que le prince était à Grosbourg, qu'ils pouvaient se rencontrer, se revoir, ressassait en des lettres interminables, d'une écriture haletante, presque illisible, la scène de la nuit qui précéda son départ : « Pourquoi l'as-tu aimé?... Jure-moi que tu ne l'aimes plus. » Et elle le jurait, couvrait des pages entières de protestations, épuisait les formules et les serments.

Pourtant le décor adorable et varié du Sahel algérien, et, plus que le décor auquel ses regards bourgeois ne s'ouvraient guère, les chasses à courre, les affûts, et les longues traites à cheval suivies de lourds sommeils sous la tente, finirent par détendre Richard Fénigan, l'arracher à l'idée fixe. Ses lettres changèrent d'intonation, plus sereines et plus fermes comme la voix d'un convalescent. Un jour, Mérivet écrivit : « Ça va mieux. » Et Richard, au bout de quelque temps : « Je suis tout à fait bien. » Suivait de très près la lettre annonçant le retour pour le mardi suivant.

Assise sur un banc, dans le silence et la solitude du parc, Lydie la lisait et la relisait, cette chère lettre toute remplie de tendres paroles, de projets heureux. Le jour finissait dans une douceur de teintes et d'atmosphère ; et ce qu'on voyait du ciel entre les branches passait du bleu à un vert attendri. Un vrai temps pour espérer et pour croire. Subitement, toute proche, derrière un massif, une voix de femme gronda, furieuse, impossible à reconnaître tellement la passion la déformait : « Allez vous cacher, vilaine... C'est ça une tenue, pour une femme mariée... vous devriez avoir honte, sale créature ! »

Lydie s'était levée, pleine d'épouvante, croyant à une insulte personnelle, quand elle aperçut devant la grille qui donnait sur la forêt Rosine Chuchin, cramponnée aux barreaux des deux mains, vomissant sa colère dans la direction d'une robe rayée rose et d'une ombrelle en fuite dans le bois. Les laveuses lui avaient raconté le long colloque de M. Alexandre avec la fille Sautecœur, et, jalouse de son vieil amant, une intrigue entre eux lui paraissait d'autant vraisemblable qu'elle voyait depuis quelques jours la Sautecœur rôder dans le petit Sénart, aux environs des Uzelles où Alexandre venait sans cesse. La présence de Lydie ne l'arrêta pas ; elle la prit à témoin de tant d'impudence et d'infamie : « Comprenez-vous cette effrontée, madame... jusque chez nous, venir nous prendre nos hommes !

— Tu es donc mariée, ma pauvre Rosine ?

— Non, madame, mais il y a des choses aussi trop pénibles... Si elle croit que je lui laisserai faire son manège... Ce n'est pas son jobard de mari que je préviendrai, mais son beau-père, l'Indien, avec qui il faudra qu'elle s'explique... Tu le paieras cher, coquine ! »

Mais dans le chemin du bois, délicieux de tranquillité à cette fin de jour, il n'y avait plus que des bonds de lapereaux, des traversées de faisans épouvantés par tous ses cris. Lydie, stupéfaite de trouver tant de passion dans cette Chuchin qu'elle croyait endormie, fermée, une vraie marmotte, essayait de la raisonner : « Ce serait affreux d'avertir le beau-père. Une bête féroce, tu sais bien... Mais je te connais, tu ne le feras pas, tu n'es pas méchante. »

Rosine secoua la tête.

« Non, mais je suis jalouse... Oh ! jalouse... Un mal comme la rage, voyez-vous, madame... on est mordu et l'on veut mordre. On souffre et on fait souffrir. »

Sa vulgaire figure devenait belle, colorée et convulsée par la passion; et Lydie Fénigan retrouvait avec terreur dans ce masque de paysanne, comme une menace ou un présage, cette expression douloureuse qu'elle connaissait si bien, qui lui rappelait tant de cruelles heures.

XV

JOURNAL DU PRINCE

Je sais maintenant pourquoi ma famille m'a si longtemps exilé de Grosbourg. Le mari de Mme F..., qui avait pris en philosophe l'enlèvement de sa femme, se serait fâché tout rouge en apprenant son lâchage. Les menaces de M. Poumpoum ont impressionné ma mère; elle m'a vu noyé, pendu, empalé, scalpé, et ne s'est un peu rassurée qu'en me sachant sous la sauvegarde de mon cousin de Boutignan et de l'invincible 50ᵉ dragons. Que s'est-il passé chez nos voisins des Uzelles, pendant que nous faisions les grandes manœuvres ? On m'assure que Madame a réin-

légré le domicile, que Poum-poum a filé en Algérie, sans que personne ait pu me donner la clef de ce double mystère. L'essentiel est que le colo m'a rendu à ma famille, avec une permission indéfiniment renouvelable.

Pas gaie, la famille. La duchesse toujours en route pour cette interminable succession; le général de plus en plus immobile, semblable à ces personnages mythologiques que Virgile et Ovide nous montrent poursuivis par la colère d'un dieu et métamorphosés en arbre ou en rocher. D'heure en heure monte la gaine douloureuse de la pierre, de l'écorce qui l'étreint. Bientôt il n'aura plus de vivant que la tête, puis les yeux, ces sombres yeux indignés où la lumière se réfugie comme le soleil sur les vitres d'une mansarde au couchant. La pensée tient bon, la parole aussi; mais il ne s'en sert que pour définir son mal, en formules désespérantes. Tout ce qu'il énonce est féroce, reluit, pince et découpe comme un instrument de chirurgie; pourtant, s'il faut l'en croire, ses facultés s'émoussent, le violoncelle de maître Jean ne lui gratouille plus les nerfs aussi voluptueusement qu'autrefois. C'est vrai que maître Jean lui-même n'a plus que le souffle; quand il vous *parle, on se croit sourd, il vous donne la sensation de l'entendre d'une pièce voisine. Peut-être son violoncelle devient-il aphone comme lui.*

Hier, dans l'après-midi, nous causions tous les trois, sur la terrasse du bord de l'eau. « Fais-moi une cigarette, » me dit le général d'une voix grinçante. En la lui roulant, je regardais sans doute ses grandes mains inertes, recroquevillées sur ses genoux comme des feuilles mortes. Le ton de sa mauvaise humeur s'accentua.

« Qu'est-ce qu'elles ont mes mains ? Elles ne sont pas aussi blanches que celles de Mme F... » Et le nom prononcé, le voilà qui s'emporte, me reproche mon ignoble conduite avec cette femme, m'accuse de retourner vers elle, et la bouche tordue de jalousie · « Je te le défends, m'entends-tu bien ? Je te le défends ! » m'a-t-il crié de l'accent impératif dont il ordonnait le défilé des troupes à Longchamp, devant la tribune présidentielle. Là-dessus, je me suis rebiffé :

« Vous me défendez ? Et de quel droit ?

— De mon droit de père... de mon droit de chef de famille... »

Justement, mon cher Vallongue, votre dernière lettre traitait du principe d'autorité et de son universelle fêlure. Je me rappelais vos quelques phrases très vibrantes, très éloquentes, et les ai servies au général comme de mon cru.

Quand je lui ai dit que la famille emboîtait le pas à l'État, qu'après avoir été monarchique à son image, puis monarchique libérale, elle se démocratisait avec lui, non! vous n'imaginez pas l'effarement, le désarroi de mon illustre père, reproduits en reflet sur la triste mine de maître Jean.

Le fond du fond, c'est que le général pense toujours à notre jolie voisine et se meurt de rage sur son socle, dès qu'il me voit traverser le pont, persuadé que je rôdaille autour des Uzelles... Parole d'honneur, jamais depuis ma rupture je n'avais rencontré Mme F..., quand ce matin nous nous sommes croisés chez un bijoutier de Corbeil. Elle m'a paru un peu maigrie; toujours sa grâce indolente et une pâleur que j'attribue au choc de la rencontre. Pas un mot, à peine un regard, et c'est tout. Je puis même vous assurer que ce sera tout, car si l'on m'accuse de retourner aux Uzelles, c'est que les rendez-vous avec ma petite Sautecœur ont lieu presque toujours en cette partie de forêt, qui longe le parc des

Fénigan. Je vous ai dit comme elle est surveillée, la chère petite, et la peur folle qu'elle a de l'Indien, grâce à qui nous n'en sommes encore qu'aux menus suffrages. Voilà pourquoi sans doute ma fantaisie tourne à la passionnette, et pourquoi aucune femme de la société, grande dame ou bourgeoise, ne m'a jamais autant excité que ce délicieux petit brugnon.

Jolie? c'est tout au plus. Une grande bouche, un petit nez de Montmartre, l'élégance déhanchée d'un trottin à grand carton. En entrant l'autre jour chez ce bijoutier, où nous choisissions une chaîne d'or, Mme F... m'a lancé tout son mépris dans un regard qui signifiait : « Voilà où vous en êtes?... mon compliment. » Je n'avais malheureusement moi aussi qu'un regard expressif pour toute réponse, et cela ne suffisait pas à m'expliquer.

Voyez-vous, Wilkie, bien que très jeune encore, j'ai presque achevé mon expérimentation féminine, surtout en ce qui regarde la femme française. D'abord, où est-elle, la Française? Quel est son type? Est-ce la fantaisiste froidement libertine, racontée par les petits romans du dix-huitième? A-t-elle jamais rugi et pantelé comme *les Malvina des jeune-france romantiques? La trouverons-nous plutôt dans le bétail pensif des poètes parnassiens, ou parmi les instinctives du naturalisme, les mystiques névrosées des décadents? Elle peut avoir été tout cela, ou du moins elle s'est figuré l'être, mannequin à romanciers, essayeuse complaisante et souple de toutes les modes les plus excentriques; mais au fond je la soupçonne de rester une fausse passionnée, une libertine sans conviction, d'être simplement et presque toujours la mère, la maman. Depuis trois ans et plus que je roule entre des bras de femmes, voilà celle que j'ai le plus souvent rencontrée. Cela tient à mon âge, direz-vous. Pourtant je fréquente ici même de toutes jeunes filles ou jeunes femmes, nos voisines de Mérogis, en qui je sens bien que tout n'est que grimace, entraînement ou mode, tout, excepté l'instinct tendre et protégeant de la maternité. Sautecœur, elle, c'est une autre affaire; un petit être vibrant, une frimousse de folie et de désir, non pas l'aristocratique beauté de la comtesse, ni le type de Juive rousse de Rébecca Dollinger, mais je suis sûr que quelque chose m'attire là, dont je ne connais pas l'équivalent. Je vous dirai demain, cher ami, et mon journal reste ouvert à cette intention, si je n'ai pas commis une erreur de diagnostic.*

Pourquoi demain? parce qu'à force d'astuce j'ai pu nous assurer une nuit, une bonne nuit toute à nous, dans un vrai lit et non plus sous l'abri tournant d'un parasol, en persuadant au garde général d'organiser une grande battue contre les braconniers dont l'audace devient intolérable. Convoqué ce soir à la faisanderie avec toute l'escouade du grand et du petit Sénart, l'Indien ne regagnera pas l'Ermitage avant demain matin six heures. Vous pensez si nous en profiterons...

Je mets ici l'esquisse à deux crayons qu'avait commencée de ma très précieuse binette le cavalier Borski, faussaire au 50ᵉ dragons. Comme vous pouvez voir, c'était déjà très ressemblant. Seulement, par cette loi de subjectivité dont nous parlions un jour et qui oblige mon gros tailleur, malgré tout ce que je peux lui dire, à faire bedonner les gilets de sa clientèle, ce passionné Borski a mis dans mes yeux l'ardeur frénétique des siens, et l'expression de mon visage en est toute changée. J'ai revu ce malheureux garçon dans la cour du quartier, le matin où il a défilé la parade, après sa condamnation aux travaux forcés. Cette sinistre et théâtrale cérémonie de la dégradation, sous un ciel de pluie, dans ce carré de murailles noires, d'hommes et de chevaux ruisselants, ne semblait guère l'impressionner. Quand il a passé près de moi, sa tunique jetée à l'envers sur les épaules, la main droite, j'ai été frappé du lointain, de l'au-delà de ses regards et de sa pensée. On le sentait à mille lieues de tous les bagnes, souriant avec transport à celle qui l'a fait criminel. C'est cette flamme passionnelle qu'il m'a prêtée, bien à tort.

Oh! non, il n'y a pas de flamme dans les yeux de notre génération, n'est-ce pas, Vallongue? Nous ne brûlons pas plus pour l'amour que pour la patrie. A qui la faute? Vous, mon philosophe, penseur, piocheur, dévoreur de bouquins, c'est dans les brouillards de la métaphysique allemande que vous avez noyé, croyez-vous, votre chaleur et vos rayons; vous accusez les livres de vous avoir instruit et desséché trop tôt. Mais alors, nous autres, les cancres, nous qui ne lisons pas, nous aurions dû le garder, ce foyer d'honnêtes croyances, et c'est tout le contraire. Probablement, les lourds bouquins qui vous ont

désenchanté, il n'est pas besoin de les ouvrir pour les connaitre; les désespérantes idées, qu'ils contenaient comme en germe, se sont formulées et dispersées, et nous les respirons avec l'air et la vie, nous les absorbons par tous les pores. Pas une fois vous ne m'avez cité un des beaux et navrants axiomes de vos philosophes, sans que je me sois dit : « Mais je connais ça. » Il y a là un de ces inexplicables phénomènes qui transmettent en un jour, d'un bout du désert à l'autre, sans qu'on puisse expliquer le procédé de propagation, la nouvelle d'un grand événement. Voilà pourquoi, nous tous du dernier bateau, celui de la conquête, ignorants comme moi ou savants comme vous, nous sommes tous frappés d'ennui et d'épuisement, vaincus avant l'action, tous des âmes d'anarchistes à qui le courage du geste a manqué. . . . .
. . . .

Charlexis.

XVI

En débarquant à Marseille où il devait s'arrêter un ou deux jours pour le définitif arrangement de ses affaires, le vieux Mérivet fut très surpris de voir Richard bien décidé à le quitter et continuer sur Paris.

« Voyons, pourquoi? demandait Napoléon en escortant du steam-boat à la gare son capricieux compagnon de route... Vous avez annoncé notre arrivée pour mardi ou mercredi, que gagnerez-vous à la devancer d'un jour? Vous n'aurez pas de voiture, personne ne vous attendra.

— C'est bien ce que je veux, » dit Richard rougissant de son aveu involontaire. Mérivet s'effara, d'un grand geste qui eût fait retourner tout le boulevard des Italiens, mais passa inaperçu, mêlé à tant d'autres gestes semblables sur les tumultueux trottoirs de la Canebière :

« Comment, malheureux, voilà où vous en êtes !... Vous cacher pour rentrer chez vous, chercher à surprendre votre femme... Et j'étais assez sot pour vous croire enfin guéri. Tenez, vous mériteriez en arrivant... » Mais devant l'émotion de Richard, il n'eut pas le courage d'achever. « Allons, bon voyage, grand fou ; et puisque vous les verrez avant moi, embrassez votre mère et votre femme pour leur vieil ami. »

Ce n'était pas seulement la jalousie qui poussait Richard à rentrer chez lui vingt-quatre heures plus tôt. Il avait hâte de mettre Lydie contre son cœur, mais n'osait en convenir avec Mérivet, lui avouer qu'après avoir supporté plus d'un an la privation de sa femme, se passer d'elle un jour de plus lui semblait intolérable.

Arrivé le matin à Villeneuve-Saint-Georges, un antique omnibus à volonté, conducteur en blouse bleue, rossinante efflanquée et boiteuse, se chargea de le transporter aux Uzelles, lui et son bagage. On allait lentement, d'un bon pas de *marengote;* et comme le soleil montait, que les cuirs de la vieille guimbarde brûlaient en dégageant une odeur écœurante de victuailles et de tabac, Richard s'assit sur le siège, à côté du cocher, qu'un verre de vin blanc, pris au tournant de Château-Frayé, avait rendu bavard. C'était un ancien trompette au 3ᵉ chasseurs, du temps que le duc d'Alcantara le commandait. Bon zig, le duc, et qui en avait levé, de la femelle, partout où il passait. Pas étonnant qu'il se fût brûlé la moelle. A ce qu'il paraît que son garçon, le petit Charles *six*, s'en payait de l'amusement, lui de même. Il était parti, l'année d'avant, avec la femme d'un colon de par ici; à la dernière fête de l'Ermitage, il n'était bruit que de cette affaire-là. Monsieur le voyageur en avait peut-être entendu parler.

Richard fit un signe négatif, et ne dit plus mot de tout le chemin. Après d'infructueux essais de conversation, le conducteur, qui l'entendait chantonner entre ses dents, s'imagina que son client aimait la musique, et prenant sous son siège un clairon cabossé, rongé de vert-de-gris, il se mit à jouer toutes les sonneries du 3ᵉ. Richard fut vite fatigué de tout ce cuivre dont les éclats lui déchiraient les oreilles; puis en se rapprochant de chez lui, les gens qui le rencontraient sur la corniche, le connaissaient et s'étonnaient de cet équipage. Il descendit après Draveil et s'engagea dans le bois, tandis que l'omnibus continuait sa route, en musique et au grand soleil. En réalité, les histoires de son cocher activaient sa curiosité mauvaise d'arriver en surprise, à des heures et par des chemins inattendus.

« Que fait-elle? Pense-t-elle à moi? »

C'était le rythme de sa marche rapide et sans bruit sur la mousse élastique d'un étroit sentier menant au Chêne-Prieur. L'angelus de midi sonnait à la Petite Paroisse dont il reconnut la cloche dans la chaleur vibrante de la plaine. Il écoutait ce timbre connu, quand près de lui se fit entendre un craquement de branches, comme d'une fuite précipitée; en même temps le bruit d'un outil, une bêche, qu'il aperçut jeté sur une de ces grosses fourmilières, où l'on ramasse des œufs pour la nourriture des faisans. Quelque maraudeur qu'il avait dérangé.

Sans y penser davantage, il continua sa

marche, involontairement accélérée à mesure qu'il s'approchait du gîte, et se trouva bientôt au rond-point du Chêne-Prieur où rayonnaient plusieurs avenues, une entre autres au bout de laquelle s'apercevait la grille de son parc. De loin cette grille, fermée d'ordinaire, lui parut ouverte, avec un va-et-vient de monde qui le surprit. Des gens sortaient du parc en courant, tournaient à droite dans la forêt où l'on distinguait un rassemblement, en tache sombre et remuante, dans la clairière lumineuse. Il s'y dirigea, très intrigué par le silence fantomatique de cette foule. Tout le pays se trouvait là, Soisy, Draveil, des gardes, des gendarmes. Que se passait-il donc? Du lugubre sûrement, puisque en même temps que lui la lourde charrette de Foucart arrivait en cahotant dans les ornières des charbonnages.

« Voilà M. Richard, » dit quelqu'un. Aussitôt la foule s'écarta, respectueuse, laissant voir debout dans un cercle à part le juge Jean Delcrous et son greffier, le médecin de Soisy, celui de Draveil, causant tout bas avec M. Alexandre, devant une forme inerte étendue dans l'herbe, dont on ne voyait que des jambes haut guêtrées, le reste du corps sous un grand parasol jaune qui l'abritait et le cachait.

« Ah! mon cher Fénigan, c'est horrible! » murmura le magistrat dans la froide intonation officielle, et donnant la main à Richard sans la moindre surprise de le voir là. Les autres personnes du groupe le saluèrent, l'air atterré, mais aucune ne le renseigna sur l'accident.

« Qui est-ce? demanda-t-il, subitement traversé d'un soupçon qui décolorait ses lèvres et faisait briller ses yeux. Delcrous le regarda, stupéfait :

— Comment, vous ne savez pas?... Mais le prince d'Olmütz, mort, suppose-t-on, depuis deux ou trois jours, et que nous venons de remettre à la place et dans la position où Alexandre l'a trouvé ce matin. »

A la requête du juge, le greffier lut à mi-voix pour Richard le récit qu'il était en train d'écrire sous la dictée de l'ancien maître d'hôtel.

... Sorti de Grosbourg le vendredi soir après son dîner, le prince n'avait plus reparu jusqu'à ce lundi matin; mais personne au château ne s'en était ému, surtout les deux premiers jours, parce qu'il avait l'habitude de ces sortes de fugues. On s'alarma seulement le dimanche soir, en ne le voyant pas paraître au dîner d'anniversaire de ses dix-neuf ans, où tout le voisinage avait été invité. Cependant, pour ne pas effrayer la duchesse, le salon resta allumé très tard et la jeunesse dansa un menuet appris pour la circonstance. Le lundi matin, dès la première heure, le général, qui n'avait pas fermé l'œil de la nuit, envoya chercher M. Alexandre et lui fit part de sa secrète inquiétude. M. Alexandre sourit aux premiers mots.

« Mais, mon général, je l'ai vu hier, M. Charlexis... Je l'ai vu avant-hier.

— Où donc ça? demanda le père tout joyeux.

— En forêt, et toujours à la même place... Un coin du petit Sénart, au quartier du Chêne-Prieur, où depuis un mois, chaque après-midi, couché dans les fougères et abrité d'un grand parasol, le prince attend... qui?... je n'ai jamais eu la curiosité de m'en informer, mais si mon général le désire...

— Pas le moins du monde. Je m'étonne seulement que, son champ de manœuvres étant aussi près, il ne rentre pas à Grosbourg pour rassurer sa mère. Si vous le voyez aujourd'hui, je vous autorise à troubler l'incognito du rendez-vous et à lui faire cette communication de ma part. »

M. Alexandre le promit et, sans attendre l'après-midi, comme il rentrait aux Uzelles, l'idée lui vint de faire le tour par la forêt, en longeant les parcs. Vers la grille des Fénigan, mû par un sentiment inexplicable, il se pencha et regarda au loin sous bois, dans la direction où le prince se tenait d'habitude. Chose singulière, bien qu'il fût à peine huit heures du matin, le parasol attendait grand ouvert dans la rosée et l'herbe très drue en ces parages. L'amoureux lui-même était là, endormi sans doute, car M. Alexandre, l'ayant appelé par deux fois, n'obtint pas de réponse. Alors...

Ici la déposition s'arrêtait, et le greffier se tourna vers Alexandre qui reprit : « Alors, messieurs, j'ai écarté l'ombrelle, et il m'est apparu quelque chose de si épouvantable que je me suis sauvé en criant. Les jardiniers de M. Richard m'ont entendu, on est accouru de partout, mais jusqu'à ce que la justice soit arrivée à Corbeil, je n'ai laissé personne s'approcher du corps, rien toucher, ni déranger. »

Il y eut un murmure d'approbation.

« La mort était-elle certaine? interrogea Fénigan, en proie à une émotion indéfinissable où se devinait encore plus de soulagement que de terreur. Le magistrat et son greffier échangèrent un sourire macabre.

— Pas l'ombre d'un doute... voyez vous-même, » dit Delcrous, montrant ce qui avait été le prince d'Olmütz, le preneur de cœurs, l'irrésistible jeune homme à la cavata, devenu cette forme hideuse, innommable, une tête de mort mal dépouillée, déjà squelette par endroits, avec des fragments d'os nettoyés, polis et blancs comme de l'ivoire, et des lambeaux de chair déchiquetée en guipure sanguinolente. Dans les orbites grumeleuses des yeux et de la bouche, dans l'antre des narines et des oreilles, à l'entour de la mâchoire tordue par un restant de muscles, grouillaient des fourmis rouges innombrables, des vers, des cancrelas. C'était cela que tant de femmes avaient aimé, caressé, cela qui avait rendu des hommes fous de jalousie.

La foule curieuse, qui malgré la poussée des gendarmes avait suivi le mouvement en avant de Richard vers le cadavre, recula d'épouvante et d'horreur. Ceux qui avaient vu racontaient aux autres, avec des exclamations de pitié, des mots de peuple, faisant image... « la tête trouée comme une lanterne... » Et toujours, ainsi qu'aux drames trop noirs, quelques rires étouffés. Tout à coup le silence se rétablit, le grand silence émotif des assemblées, enveloppé ici du bourdonnement des moucherons dans la lumière, du bruissement, du fourmillement de toute la vermine de l'herbe. Sur un signe du magistrat, la charrette des morts s'avançait, frôlant les basses branches, et deux gardes-chasse y déposaient le cadavre, dont un de ces hommes avait eu la délicatesse de couvrir la tête d'un foulard. Le temps de ces quelques pas, les porteurs avaient leurs tuniques bleues toutes souillées de vermine et de sang.

« Où le faites-vous porter? demanda tout bas à Delcrous Richard Fénigan se forçant à une intonation navrée.

— A Grosbourg, par le chemin de halage, pour ne pas trop saisir les parents qu'Alexandre s'est chargé de prévenir. Les d'Alcantara possèdent un tombeau de famille dans la propriété, et l'inhumation aura lieu tout de suite. Quant à une autopsie judiciaire, je crois bien que les deux Esculapes en haute-forme qui marchent derrière nous ne sauraient s'acquitter seuls de cette tâche. Cette tête en bouillie les déconcerte. Ils supposent une mort subite par congestion, accident fréquent dans la famille, et qui aura saisi le jeune prince sous son parasol. Je suis assez de leur avis ; ou alors il faudrait imaginer un assassinat, puis la remise en place du corps dans sa position et sous son abri habituels, ce qui serait un raffinement de férocité... et pourquoi ?»

Ils suivaient en causant la triste charrette escortée par M. Alexandre et les gendarmes, dans le petit chemin de pierrailles et de ronces qui longe le parc Fénigan. Lentement, la foule se divisait en groupes bavards, se dispersait par tous les sentiers du bois, quand dominant soudain le bruit des pas, le grincement des roues, la voix de Richard interpella violemment le charretier, qui prenait son cheval par la bride, comme pour tourner et entrer dans le parc.

« Eh ! là-bas, où allez-vous ? »

A la réponse de l'homme qu'en passant par la propriété on gagnerait une bonne demi-heure, que M. Alexandre l'avait dit, Richard eut un cri de colère :

« Jamais de la vie! je m'y oppose absolument... De quoi se mêle-t-il donc, ce sale larbin-là? »

Delcrous tressaillit à la nervosité de la voix et du geste, suscitant aussitôt en lui mille pensées, presque des soupçons, qu'il rejeta bien vite par cette simple réflexion : « Oui, l'ancien amant de sa femme ; mais il y a longtemps que c'est fini et que les époux sont réconciliés. Puis les juges d'instruction voient des assassins partout. Pour une première affaire dont je me charge, gardons-nous de ce ridicule... » On arrivait devant la grille, il se retourna pour quelques recommandations à son greffier, salua les médecins, et passant son bras sous celui de Richard, il l'entraîna dans le parc avec désinvolture : « Maintenant, allons trouver vos dames. Je leur ai promis ce matin de venir les renseigner, sitôt ma corvée finie... Elles m'avaient même dit ne vous attendre que demain.

— Oui, mais cette idée m'amusait de devancer d'un jour et d'arriver par le bois pour les surprendre. C'est moi qui l'ai eue, la surprise, et vraiment épouvantable. »

L'accent était sincère, aussi le bouleversement de ce loyal et robuste visage brûlé par le sirocco. Le juge s'en voulut du soupçon qui l'avait effleuré, et pour un peu s'en fût excusé, accusé même tout haut, dans l'état de joyeuse expansion où il se trouvait : « Certainement, mon cher Richard, c'est un terrible accident; mais, faut-il vous l'avouer? je suis d'autre part tellement heureux qu'il m'est bien difficile... Vous avez su mes projets sur votre cousine Élise? Elle vient de répondre favorablement, paraît-il, à madame votre mère qui, tout à l'heure, et dans le désarroi de la maison, n'a pu que me dire quelques mots... Ah! voilà ces dames. »

Au lointain de l'allée, Mme Fénigan et Lydie venaient de paraître. Par hasard, ce matin-là, de bonne heure, elles se trouvaient toutes deux dans le verger à cueillir des roses, quand la femme du jardinier était venue toute bouleversée leur apprendre la lugubre trouvaille d'Alexandre sur la pelouse. Le petit sécateur à manche d'ivoire que tenait Lydie avait poursuivi sa besogne — Mme Fénigan en fit la remarque — sans la moindre interruption, sans même une secousse. Elle se contenta d'une réflexion à mi-voix : « Quel bonheur que Richard ne soit pas encore de retour ! » suivie d'une autre qu'elle n'exprima pas : « Après ses menaces de mort contre le prince, on n'eût pas manqué de l'accuser... moi-même j'aurais pu croire... » Cette idée ne la quitta plus, et quand Delcrous, mandé de Corbeil, s'arrêta un instant au château, en l'entendant discuter avec son greffier les probabilités de l'accident, elle fut sur le point de se féliciter tout haut de l'absence de son mari ; mais un mystérieux instinct l'en empêcha. Dans ces conditions, on se figure l'épouvante de la jeune femme, en apercevant vers midi la malle et le sac de Richard devant le Pavillon.

« C'est venu par l'omnibus de Villeneuve, lui dit la jardinière... M. Richard a pris le travers de la forêt. »

Lydie se sentit mourir, envahie de cette conviction : « C'est lui qui a tué Charley... »

Le drame lui apparaissait, flagrant et brusque. Son mari arrivant un jour plus tôt pour la surprendre, le prince embusqué près de la grille, la rencontre des deux hommes, un coup de colère, et le meurtre. Des détails restaient inexplicables, mais elle ne s'y arrêtait pas, toute à sa stupeur et à son admiration; car elle l'admirait d'avoir osé cela, lui, ce timide et ce faible, cet homme-enfant qu'elle croyait capable seulement de larmes et de lamentations. Fallait-il qu'il fût épris et jaloux! Et c'était en elle, dans l'angoisse, une montée de tendresse, de reconnaissance, une fièvre d'amour délicieuse. qui s'accrut encore quand Richard lui apparut à un tournant d'allée, bronzé, maigri par le hâle d'Afrique, les yeux luisants de joie, et dans tout son être quelque chose de viril, de déterminé, qu'elle ne lui connaissait pas.

Appuyée au bras de Lydie dont elle retardait l'alerte démarche, la mère cria de loin à son fils, jetant les mots devant elle dans son impatience : « En voilà une idée de ne pas nous prévenir!... Sais-tu que nous avons eu très peur, en voyant tes bagages, et personne... Surtout après cette affreuse histoire...

— C'est vrai, mes pauvres chéries, j'ai bien mal pris mon jour. »

Il s'interrompit pour sauter au cou de sa mère, et du même élan serrer contre son cœur Lydie dont il fut obligé d'aller chercher le fin visage sous une grande capeline rose. Il la sentit glacée et tremblante, tellement qu'il en fit la remarque tout haut. Elle ne répondit pas, et Mme Fénigan, comprenant qu'ils avaient besoin d'être seuls, marcha devant eux avec Delcrous.

Richard, ivre de joie, étreignait sa femme sous son bras, comme le pauvre serre son pain, comme le noyé tient sa bouée ; il s'arrêtait à chaque pas pour la regarder, l'interroger jusqu'au fond des yeux : « Pourquoi trembles-tu ? pourquoi tes mains, tes lèvres sont-elles de glace ?... Mon retour en surprise a pu t'émouvoir... mais maintenant c'est passé... N'est-ce pas plutôt l'horreur, le saisissement de cette mort ?

— Oh ! non, » répondit-elle sincèrement, à ne pouvoir s'y tromper. Il insista : « Il faudrait me le dire, vois-tu ; à présent, je puis tout entendre...

— Il était mort pour moi depuis longtemps, tu le sais... Non, Richard, ce n'est pas cela.

— Alors, quoi ?... tu n'es pas heureuse de me voir ? Tes lettres étaient si tendres, cependant.

— Je suis plus tendre qu'elles, mon Richard, et bien contente d'être près de toi. Oh! bien... bien... je te jure. »

De plus en plus frissonnante, elle se rapprochait de lui avec une concentration de tout son être, les lèvres muettes et vibrantes d'une confidence ou d'une question qu'elle n'osait faire. Et Richard cherchait, supposait, tout en parlant des choses indifférentes qui sont le premier lien entre les cœurs depuis longtemps séparés. Par instants, dans ses bons gros yeux passaient des éclairs d'orage peu en rapport avec la vulgarité de l'entretien. Des soupçons sinistres, qu'il essayait en vain de chasser, le hantaient lui aussi, et il en arrivait à guetter sa femme avec les mêmes regards d'angoisse et de peur dont elle cherchait les siens.

Devant eux, au bras de Mme Fénigan, le juge Delcrous délirait de bonheur en apprenant qu'Élise était prête à consentir. Il se voyait à la veille du mariage, pensait à donner ses chats et sa perruche, toute sa famille de vieux garçon, consultait la mère de Richard sur son futur domicile, le choix de ses témoins... « Sans la lugubre histoire de ce matin, j'aurais pu demander à mon illustre ami le duc d'Alcantara... » Les sourcils froncés de Mme Fénigan l'avertirent de ne pas continuer.

« Vous oubliez, monsieur, qu'entre Grosbourg et les Uzelles il ne saurait rien y avoir de commun. Dieu sait que je ne leur en veux plus après le coup qui les frappe, mais nous avons été si malheureux par ces gens-là...

— Excusez mes maladresses, madame, dit Delcrous d'un ton pénétré, l'excès de mon bonheur en est la cause... » Les durs sourcils restaient froncés. Ce mot de bonheur leur semblait inconvenant, si près de cette autre mère en face, à qui l'on ramenait son fils sur la lourde charrette des morts. Heureusement l'entretien fut interrompu par l'annonce qu'on réclamait M. le juge d'instruction à Grosbourg ; Alexandre venu pour le chercher en tilbury attendait sur la route. L'émotion de Lydie s'accrut visiblement à cette nouvelle, et tandis que le magistrat s'excusait auprès de ses hôtes, Richard se demandait si elle n'allait pas défaillir entre ses bras.

A peine assis à côté d'Alexandre, Delcrous,

repris par l'intérêt et le mystère du drame qu'il était chargé d'éclaircir, s'informa de l'état moral du château.

« Je crois bien que Mme la duchesse ne se doute de rien encore, répondit le vieux serviteur sur un ton de réserve... Quant au général, il a pris ce nouveau malheur avec un grand courage ; il nous a fait déposer le corps dans une petite bâtisse qu'on appelle le Fantôme, et où l'on peut arriver sans passer par la maison...

— Et dans le pays, que dit-on? que pense-t-on? L'opinion des médecins est-elle conforme à l'opinion publique? »

L'ancien domestique fit un geste vague : « Ce que disent les gens de campagne, voyez-vous, monsieur le juge, à la rigueur on pourrait le savoir. Ce qu'ils pensent, c'est autre chose.

— Mais vous, monsieur Alexandre?

— Oh! moi... »

Pour éviter de se prononcer, il feignit de redresser un écart peureux de sa bête... Ils arrivaient aux peupliers du pont. Des voix grêles montaient du bateau-lavoir, dont le linge étendu en bas dans la prairie se balançait sur des cordes au vent de la rivière. « Si votre greffier avait pu noter ce qui se raconte ici depuis ce matin, continua le vieux beau redressant sa haute taille pour être vu de plus loin en compagnie du juge d'instruction dans la voiture des d'Alcantara, vous sauriez peut-être ce qui se dit de l'affaire, sans quoi... »

À la remise en place hermétique de ces lèvres plates, le magistrat comprit qu'il ne tirerait rien du Frontin mâtiné de paysan, dont les petits yeux semblaient pourtant bien renseignés ; il ne s'en émut pas davantage, persuadé que dans son cabinet, à Corbeil, ce même Alexandre si réservé et clos se répandrait en bavardages aux premières sommations de la justice, ce loup-garou des gens de campagne.

Descendu sur le quai désert, à l'une des petites portes de Grosbourg, Delcrous se trouva sur la terrasse du bord de l'eau, où la duchesse, en chapeau, prête à sortir, discutait vivement avec son mari et maître Jean, assis tous deux sur le banc adossé aux troènes du jeu de tennis. La longue figure du général se redressa en l'apercevant, et, de loin, il lui cria, pendant que les yeux du professeur se livraient à une mimique effrénée derrière leurs lunettes : « Venez à mon secours, mon cher... aidez-nous à rassurer cette pauvre duchesse qui croit que nous lui cachons quelque chose. » Delcrous répondit avec le ton qu'il fallait : « Vous êtes donc toujours sans nouvelles, mon général ?

— Toujours ; et c'est pourquoi je vous ai prié de venir, car je commence à être inquiet, je l'avoue.

— Le fait est... » dit le juge, caressant ses favoris d'un geste embarrassé. La duchesse, qui fouillait frénétiquement le gravier, du fer de son ombrelle, enveloppa les trois hommes d'un regard soupçonneux. Ses joues plombées, son teint de jaunisse tourné au noir, en deux jours en avaient fait une vieille femme. Elle les sentit unis contre elle dans le même mensonge, bien décidés à ne rien lui dire de ce qu'elle n'osait deviner, et s'adressant au professeur comme au plus timide : « La clef du Fantôme, vous entendez, maître Jean, il me la faut.

— Certainement, madame la duchesse... mais je ne sais trop... bégayait le pauvre diable. C'est le prince lui-même qui a fermé... les balles du tennis se perdaient là en roulant... il a dû garder la clef dans sa poche.

— Vous chercherez encore ; je vous répète qu'il me la faut avant demain. »

Pendant qu'elle s'éloignait, le général dit très haut, pour qu'elle pût entendre : « Oh ! ces imaginations de femmes... La duchesse n'a-t-elle pas rêvé, cette nuit, qu'on avait trouvé son fils noyé dans cet ancien pavillon de musique appelé le Fantôme, je ne sais pourquoi, et où il n'y a jamais eu une goutte d'eau ! » Il fit signe à Delcrous de se rapprocher, et désignant de sa canne le petit bâtiment en briques rouges masqué par la verdure : « Vous savez qu'il est là, et qu'il faut que l'autopsie soit faite dans la soirée. Je veux une prompte mise en bière ; la mère deviendrait folle, si elle le voyait ainsi... Ah ! mon cher Delcrous, j'ai assisté dans ma vie de soldat à des tueries atroces, mais quand j'ai vu ce qu'on me rapportait de mon garçon, de ce joli blondin, à cette place même où il jouait il n'y a pas huit jours... »

Il s'arrêta devant la vision rayonnante de Charley, encore si présente à tous qu'ils se figuraient entendre son rire, ses cris sur la pelouse... « Play... » dans le bourdonnement des abeilles autour des troènes. Après un long silence, le magistrat parla le premier, toujours à voix basse : « C'est convenu, mon général. Les médecins seront ici avant la nuit; mais à moins que leur avis ne change, je crois qu'ils déclareront l'autopsie inutile, pensant comme moi que le prince a été foudroyé par une congestion.

— Je suis d'un avis absolument contraire, dit le duc d'Alcantara sans qu'un pli de sa blême figure eût remué... Mais avant toutes choses, je désirerais vous adresser une question... Comment, dans cette sinistre affaire, vous êtes-vous trouvé chargé des premières constatations? »

Delcrous se troubla légèrement : « Par la bonne raison, monsieur le duc, que notre juge d'instruction est en congé de santé, que le procureur de la République fait son voyage de noces...

— Et vous, ne songez-vous pas à préparer le vôtre?

— Mon voyage de noces, moi !... fit le magistrat très surpris de voir ses projets déjà connus, et en si haut lieu.

— N'est-il pas question pour vous d'épouser une cousine des Fénigan, divorcée, jolie fille, jolie fortune? »

Du banc où ils étaient assis, ils voyaient s'étager sur la colline en face le pavillon des Uzelles et la longue charmille aboutissant à la façade principale. Si avisé et discret qu'il fût, le magistrat n'osa pas renier ses espérances devant ces pierres et ces arbres qui lui étaient des confidents et des témoins ; il avoua que sans doute des détails restaient à fixer, mais que cette union lui paraissait décidée en principe.

« Alors, mon cher... la voix du général prit ainsi que ses yeux atones une intensité de vie pénétrante et vibrante... il est de toute nécessité que vous passiez à un de vos collègues l'instruction de l'affaire, parce que mon fils a été victime d'un assassinat et que l'assassin n'est autre que votre futur parent et allié, Richard Fénigan. »

Delcrous s'était levé d'un élan d'indignation presque naturel : « Que dites-vous là, monsieur le duc ?

— Rien que je ne puisse prouver... Maître Jean, voulez-vous, je vous prie, faire lire à monsieur... »

Les doigts effarés et tremblants du professeur tiraient d'une serviette en maroquin étalée sur ses genoux et mettaient devant les yeux de Delcrous ces pauvres lettres en délire où Richard, furieux de ne trouver jamais personne en face de lui, répétait sur tous les tons, avec toutes les variantes : « Il ne veut pas se battre, eh bien ! je le tuerai, je le tuerai. » Sur un signe du général, maître Jean ajouta de sa voix malade qu'on entendait à peine : « Et ces menaces, on ne s'est pas contenté de les écrire. Par deux fois, M. Fénigan, parlant à ma personne, les a proférées, jurant d'attendre le prince à un carrefour du bois, et de lui mettre sa jolie figure en bouillie à coups de talon de bottes, comme il avait fait de son médaillon.

— Qu'en pensez-vous, mon cher ? demanda le général.

— J'avoue, répondit Delcrous, que mes soupçons, tout d'abord, sont allés de ce côté. Mais il y a des impossibilités flagrantes. Le retour du mari, si brusque il est vrai, n'est que de ce matin, et le crime date de plusieurs jours. Sans quoi la vermine de la forêt... »

Il n'osait achever sa phrase devant le père, qui reprit avec le plus grand calme : « L'assassin n'a peut-être pas fait le coup lui-même...

pourtant ses menaces à la jolie figure qui l'offusquait ont été trop bien réalisées dans le sens de sa jalousie, de sa rage, pour qu'il ne s'en soit mêlé. Croyez-moi, Delcrous, je ne sais pas comment cette horrible chose s'est faite, mais j'y reconnais l'empreinte de la passion, sa griffe... C'est Richard, je vous dis que c'est lui... Et si vous le laissez vous passer par mailles, si vous ne le faites pas empoigner, et vivement, on vous accusera de ménager votre famille et vous pourrez le payer cher. »

Delcrous tressaillit : « Oh ! monsieur le duc...

— C'est bien simple. Télégraphiez à Versailles pour avoir un suppléant. »

Le magistrat, qui pesait ses chances, médita quelques secondes, puis, le geste emphatique : « Mon général, c'est ici un cas de conscience ; je vous demande jusqu'à la nuit pour me décider. »

XVII

Tandis que ce lugubre débat s'agite sous les ombrages de Grosbourg, de l'autre bord de la rivière, sur les pentes découvertes où le verger des Fénigan étale ses espaliers tout bourdonnants de guêpes, ses treilles en arceaux, ses allées bordées d'arbres fruitiers rabougris et menus comme des arbres chinois, Richard se promène avec sa mère, attendrissante pour la façon dont elle abrite d'une ombrelle anxieuse ainsi qu'un petit enfant porté à bras le robuste boucanier qui marche et cause à côté d'elle. Lydie est restée au salon pour recevoir ; car le lundi est le jour des dames Fénigan, et le drame de la matinée leur vaut un surcroît de visites, curieuses de détails, curieuses surtout du visage et des attitudes de la jeune femme devant la catastrophe.

Malgré son trouble, malgré le désir d'être près de son mari, Lydie a compris qu'elle devait à la sécurité de Richard, à la dignité de leur maison, de braver la malveillante intrusion de tous ces gens. Que sera ce léger sacrifice d'amour-propre à côté de ce qu'il a osé pour elle ? Et pendant que les coups de timbre se précipitent à la grille du château, la mère, qui du fond du verger reconnaît ses visiteurs, les signale à son fils à mesure : « Ça, le break de Château-Frayé... ça, les petites juives de Mérogis... Décidément, ta femme a bien fait de les recevoir, mon cher enfant... Si on l'avait vue se soustraire aux visites aujourd'hui, Dieu sait ce que tout ce monde aurait dit et supposé.

— Qu'est-ce qu'on pourrait donc croire ? » lui demande Richard tout bas. Pour être plus seuls, ils se sont réfugiés dans la dernière allée, entre des planches d'œillets et de juliennes aux nuances multiples, aux odeurs de poivre et d'encens.

« Est-ce qu'on sait ? répond-elle... Que cette

mort du prince affecte beaucoup Lydie, qu'elle se cache pour n'en rien laisser voir... Le monde est si mauvais ! »

Richard respire, soulagé, comme s'il s'attendait à des suppositions autrement terribles. La mère continue : « Si cruelle et prématurée que soit cette fin de vie, croire qu'elle ait pu causer une larme à notre chérie, ce serait ne pas connaître sa nature fière... D'abord, elle ne l'a jamais aimé, ce Charlexis... et tant de lâcheté, de férocité avait fini par lui inspirer de la haine, un besoin de vengeance... Je me la rappelle à Quiberon, dans son délire, j'entendais jusqu'à des menaces de mort...

— Tais-toi... tais-toi, » murmure le fils vivement, devant un garçon jardinier qui passe portant des châssis de verre ; et quand le garçon est loin : « Savais-tu, demande Richard à sa mère avec un peu de gêne, que le... l'autre... enfin Charley... savais-tu qu'il rôdait depuis quelque temps par ici ?

— Je l'ai appris ce matin ; ta femme l'ignorait aussi... Du moins, elle me l'a affirmé, et je ne doute jamais de sa parole ; je la connais trop bien, maintenant. »

Richard s'arrête au milieu de l'allée, très ému : « Puisque tu la connais, pourrais-tu me dire ce que signifient ce trouble, cette contrainte devant moi depuis mon arrivée ? Je sens qu'un aveu lui pèse qu'elle n'ose me faire. J'avais pensé un instant que cette apparition sous bois, hideuse et grouillante...

— Mais elle n'a rien vu.

— Oui, je sais, aussi je cherche ailleurs... Oh ! n'aie pas peur, ce ne sont pas mes papillons noirs qui me poursuivent... je suis guéri, et pour toujours... Seulement ce Charlexis, double et compliqué comme son nom, avait une âme infernale, et je me demande si, furieux de voir Lydie lui échapper, il n'aurait pas essayé de la ressaisir par quelque scélératesse. Suppose qu'il ait gardé des lettres, un portrait trop intime, et qu'en mon absence il s'en soit servi comme d'une amorce, d'une menace pour obtenir un rendez-vous d'abord...

— Ah ! mon Dieu, c'est vrai, tu me rappelles... » Mme Fénigan est interrompue par deux violents coups de cloche venus de la cour intérieure. « Lydie m'envoie chercher, je parie. Le salon doit être bondé... » Elle comprend le geste de son fils. «... Mais avant, que je te finisse mon histoire... Donc, vendredi dernier, jour de marché à Corbeil, j'emmène Lydie qui depuis ton départ n'était pas sortie... »

La mère avance prudemment dans ce récit de la rencontre du prince chez le bijoutier, insiste sur la pâleur de la jeune femme sortant du magasin, ce saisissement qui prouve bien l'inattendu de l'aventure; et craignant toujours quelque explosion du pauvre jaloux : « Si Lydie ne t'a pas parlé de cela dans ses lettres, c'est que je l'en ai suppliée... Tu m'entends, mon fils. Il ne faut pas lui en vouloir, c'est moi, c'est moi seule... » .

Mais Richard ne doute pas une minute de la véracité de sa mère, de l'honnêteté de sa femme. Il se rappelle seulement la scène effroyable et si différente dont fut témoin ce même verger, il y a quelques mois à peine. Que de choses depuis lors, quelle métamorphose de tous leurs sentiments! Gravement, il a pris les vieilles chères mains maternelles gantées pour le jardin, les appuie sur ses lèvres avec ferveur : « N'aie pas peur, mère aimée. Désormais, j'ai foi en Lydie comme en toi-même... mais ce que tu me racontes confirme toutes mes appréhensions. Je sais maintenant, je devine...

— Quoi? qu'y a-t-il? qu'est-ce que tu supposes?... Tu me fais peur vraiment. »

Encore un coup de cloche, et presque aussitôt un domestique qui vient chercher Mme Fénigan. C'est bien ce qu'elle pensait, sa présence au salon devenue indispensable. Et sur un ton faussement joyeux, car l'anxiété de ses enfants commence à la poigner à son tour, elle jette à Richard en s'en allant : « Je vais t'envoyer ta femme ; tâche de la confesser. »

Les coudes appuyés au petit mur bas, crêté de briques, qui sépare le verger d'un vaste champ d'avoine en pente vers la Seine, longtemps Richard songe, immobile... Confesser Lydie, à quoi bon? Sa conviction est faite... Entre elle et l'ancien amant, quelque lien subsistait, offensant, déshonorant. Ainsi s'expliquaient les rôderies autour du parc, la rencontre à Corbeil. Prise, traquée entre l'audace de ce misérable et le prochain retour de son mari, bravement elle était venue à un dernier rendez-vous pour ravoir à tout prix le gage, lettre ou portrait, resté en des mains scélérates. Là, devant des conditions trop infâmes, la pauvre fille s'était vengée, défendue, et comme un soir à Quiberon, mais d'une arme plus sûre, et non plus contre elle-même cette fois... L'homme mort, l'indignation tombée, elle restait stupéfaite, épouvantée de son crime, avec le besoin si humain d'avouer, surtout au mari, seul capable de l'excuser, de la comprendre. Voilà pourquoi elle se serrait contre lui, les yeux dans les siens, comme pour lui dire : « J'ai peur, j'ai honte... cache-moi, sauve-moi. »

Que faire? Comment accueillir ce terrible aveu, autrement qu'en ouvrant son cœur et ses bras tout grands? N'était-il pas responsable, lui aussi? Ne lui avait-il pas dit, et combien de fois, et de quel accent désespéré : « Tant que cet homme vivra, nous ne pourrons être heureux... toujours je songerai qu'il t'a eue, toujours je craindrai qu'il te possède encore. » Pouvait-il en vouloir à sa femme de les avoir enfin délivrés? Et si, en ce moment même, il se sentait l'âme élargie, soulevée d'une incompréhensible allégresse, si ces houles frissonnantes de blé noir et de folle avoine, ce tournant de rivière enflammée au fond de l'immense plaine, et ce ciel, et ces arbres, si tout cet horizon familier l'éblouissait comme jamais, ne le devait-il pas au sentiment d'être seul maintenant à désirer, à posséder cette adorable créature...

Des pas furtifs et rapides, le frôlement d'une robe de mousseline. Elle est à son côté, haletante et si pâle... « Delcrous est là, murmure-t-elle à Richard, sans le regarder, accoudée au petit mur près de lui... Tout est changé, paraît-il, on croit à un crime, à présent... une piste nouvelle... » Oh ! ces pauvres lèvres blanches qui s'efforcent de sourire en parlant, s'ils avaient été seuls dans le jardin, comme il leur eût vite rendu la couleur et la vie ; mais on entend des râteaux qui crient dans toutes les allées, les arrosoirs sonnent sur la pierre des margelles.

« Quelle piste ?... sait-on ?... demande Richard d'un air indifférent qui cherche à la rassurer.

— Non, le juge ne veut rien dire. J'ai laissé tout le salon empressé et curieux autour de lui.

— Que nous importe, après tout ? » dit Richard avec une tendre véhémence. Et prenant sous la légère mousseline un bras jeune et rond qu'il presse contre le sien : « On est si bien ici... »

Autour d'eux, à mesure que descend le soleil, s'évapore l'encens des giroflées, jaunes, pourpres, mauves ; les œillets embaument avec frénésie, et dans cette réverbération d'odeurs et de couleurs violentes, des nuées de papillons microscopiques cherchant la fraîcheur des arrosages, tourbillonnent au ras des fleurs en étincelles bleues. « Oh ! oui, on est bien, » soupire Lydie posant sa tête sur l'épaule de son mari avec une coquetterie enfantine, mais le cœur cruellement angoissé. Elle se demande, surprise de le voir si calme devant tout ce qui les menace : « Qu'espère-t-il ? où prend-il son courage ?... Encore si on était sûr de ne pas se quitter, de souffrir et d'expier ensemble... Ah ! pauvre cher ami ! » Richard, lui, délivré par la mort de Charley du poids qui si longtemps lui a étreint le cœur, savoure la beauté rayonnante de sa femme comme il s'enivre de la splendeur du ciel et de l'horizon ; mais l'angoisse des beaux yeux gris posés sur lui le gêne, le désole : « Oh ! ne soupire plus comme cela... Voyons, Lydie, qu'as-tu ?... Pendant que nous ne sommes que nous deux, tout seuls, tout près...

— Pas assez seuls, mon Richard, pas assez près pour ce que nous avons à nous dire.

— Où, alors ? Quand veux-tu ? Ce soir, cette nuit ?

— Oui, cette nuit... on se dira tout. »

Leurs souffles, leurs mains se cherchent, se brûlent. Et Richard, doucement : « Tu n'as donc pas peur que je sois méchant comme l'autre fois, la nuit de mon départ, tu te souviens ?

— Je n'ai plus peur de ça, dit-elle avec assurance.

— Pourquoi ? »

Elle s'est redressée, d'une détente : « Parce qu'il y a maintenant entre nous une chose... »

Il feint de n'avoir pas compris, demande tout bas : « Quelle chose ? »

Ils se regardent, frissonnants, comme pris du même accès de fièvre, brûlés du même désir. Elle a derrière elle tout le ciel en feu qui nimbe ses cheveux fins ; lui, les yeux éclaboussés par le rouge soleil qui agonise. Jamais ils ne se sont trouvés si beaux, jamais ils ne se sont voulus aussi ardemment. Et ce n'est pas cette lumière d'apothéose qui les transfigure, les fait nouveaux et superbes l'un pour l'autre. C'est la *chose*, la sinistre *chose* dont ils se soupçonnent tous les deux et qui, plus forte que la pitié et le pardon, seule aura le pouvoir de rendre la vie à leurs caresses et de tout leur faire oublier.

« Fénigan... Eh! Fénigan... »

La voix, autoritaire et coupante, venait du haut du verger. « C'est Delcrous, » dit la jeune femme avec un sursaut d'épouvante. Richard gronda entre ses dents : « Qu'a-t-il donc à nous relancer jusqu'ici? » En même temps son geste, instinctif et protégeant, enveloppait Lydie et semblait dire : « Je suis là, ne crains rien. »

Elle, songeait, le voyant si tranquille : « Qu'il est brave! comme je l'aime! » Richard la trouvait bien touchante aussi, délicatement femme, avec ces peurs nerveuses qui les bouleversent, après l'action.

« Excusez-moi, mon cher Fénigan, cria Delcrous en se rapprochant à petits pas rapides, je voudrais être à Corbeil avant le départ de mon greffier ; pourriez-vous me faire conduire ? » Fénigan répondit : « Rien de plus facile. » Et Lydie, bondissante de joie : « Je vais dire à Libert d'atteler. » Delcrous partait ; plus rien à craindre aujourd'hui. Le mari reprit, en riant : « Allons tous prévenir Libert. »

Pendant qu'ils remontaient le jardin, traversé de cris d'hirondelles et de longs rayons dorés en diagonale, le juge, qui marchait près de Fénigan, lui glissa dans l'oreille : « Faites-moi donc un bout de conduite, rien que nous deux ; j'ai quelques renseignements à vous demander. » Évidemment, il voulait le questionner sur Lydie ; c'était la piste rapportée de Grosbourg. Richard dut faire appel à toute sa réserve de sang-froid, de fermeté.

« C'est convenu, » répondit-il sur le même ton mystérieux.

Quand Lydie vit la calèche ouverte s'avancer dans la cour, où les voitures de la réception attendaient devant le paulownia, et Richard monter à côté du juge d'instruction, son délicieux visage se décolora, un instinct secret l'avertissant tout à coup qu'on lui enlevait son mari, qu'elle ne le reverrait pas de sitôt. Pourtant elle maîtrisa son émotion, et dit en souriant :

« Soyez gentils, messieurs, emmenez-moi ; le temps de mettre un chapeau. »

Richard comprit la pression de bras significative du magistrat : « Ce n'est pas la peine, je ne vais que jusqu'à l'entrée du pays. » Il ajouta, penché vers elle avec un baiser du bout des doigts : « Rentre un peu au salon, tu rendras service à maman. » Par les fenêtres ouvertes du rez-de-chaussée s'envolait un gazouillis de voix de femmes, un papotage mondain très excité. Debout en haut du perron, Lydie, avant d'entrer, vit les chevaux de la calèche franchir la porte en piaffant et son mari qui se retournait pour lui crier : « A tout à l'heure... »

..... Ce n'est pas sans déchirement — bien qu'en parlant de lui l'image soit peut-être excessive — que Delcrous avait sacrifié les Uzelles à Grosbourg, et l'amour à l'avancement. Venu à pied le long de la Seine, à la moitié du pont sa perplexité durait encore ; et si le Chaperon-Rouge avait été là, nul doute que le sortilège de son rire, la force de la présence réelle eussent triomphé des désirs d'avancement rapide et du prestige des hautes influences. Mais livré à ses seuls instincts, le juge au tribunal était incapable d'aller jusqu'aux Uzelles sans avoir pris le parti que lui conseillaient son ambition et sa sécheresse de cœur. Il ferait « son devoir de magistrat », et pour cela obtiendrait d'abord une causerie intime de son cher Fénigan avant l'interrogatoire définitif de l'instruction, de façon à contrôler les aveux du prévenu par les confidences de l'ami. Aussi, dès qu'ils furent hors du pays, les chevaux faisant sonner le sol battu de la grande route, le juge commença son enquête.

L'ami Fénigan devait comprendre le motif qui les avait empêchés d'emmener sa jeune femme; comment parler devant elle de la mort du prince d'Olmütz, décidément violente et tragique, et non pas le simple accident affirmé par les médecins?

« Vous avez donc des preuves? demanda Richard avidement. Et Delcrous, d'un mouvement de tête :

— Absolues. »

Le mari ne douta plus, cette fois. C'était bien de Lydie qu'il s'agissait. Mais quelle folie de croire qu'il allait livrer sa femme à ces justiciards, qu'il n'aimerait pas mieux cent fois se livrer lui-même! Delcrous, quoique peu subtil, l'avait senti s'émouvoir sous son hâle, et continua, ravi : « Une première preuve, et qui nous avait tout d'abord échappé... Comme la plupart des hommes à bonnes fortunes, les jeunes surtout, le prince gardait sur lui des lettres de femmes, portraits, souvenirs, qu'il montrait volontiers. Un petit porte-cartes en écaille, plein d'ex-voto de ce genre et bien connu de ses amis, ne le quittait jamais. Or, quand on l'a retrouvé, ses poches étaient vides ; c'est ce qui a dirigé et confirmé nos soupçons. »

Exactement le drame imaginé par Richard, Lydie voulant ravoir à tout prix le souvenir que Charley refusait de lui rendre. Pourtant il se contint et trouva la force d'objecter au magistrat dont les arguments le pressaient comme des tenailles : « Mais si les poches ont été fouillées à ce point, on l'a tué pour le voler, tout simplement.

— Non, puisqu'il avait encore son porte-monnaie, sa montre, ses bagues. On n'en voulait qu'à ses lettres et à sa figure de joli coureur. C'est bien la forme du crime passionnel. »

Le mari ne répondait pas. Delcrous craignit

d'être allé trop loin et de ne pouvoir plus rien en obtenir ; pour le reprendre, il essaya d'une diversion : « Savez-vous à quoi j'ai pensé, Richard ? A une vengeance de femme... » Il le vit tressaillir, et croyant l'amorce bonne : « L'idée m'en est venue devant ce corps soigneusement étendu, donnant l'illusion de la vie, dans une posture et sous un abri habituels. Ne trouvez-vous pas que cette installation de musée Grévin indique un raffinement, une coquetterie de vendetta tout à fait féminine ? »

Richard comprit que sa femme était perdue et se jeta devant elle. « La vengeance n'a pas de sexe, mon cher, pas plus que la jalousie. Un mari trompé qui se venge peut mettre son crime en scène aussi subtilement que la femme la plus perverse.

— Alors vous ne verriez pas une main de femme là dedans ?

— Je jurerais le contraire.

— Dame, vous vous y connaissez, » dit le juge secoué d'un gros rire qu'il croyait spirituel. Puis, brusquement, par une de ces voltes qui font partie des malices de l'instruction, il demanda, confidentiel et sérieux : « Vous êtes, m'a-t-on assuré, de tempérament très jaloux?

— Très jaloux, en effet.

— Il paraît même que sous le coup de cette passion vous avez écrit des lettres d'une violence...

— Sait-on ce qu'on fait en de pareils transports!... »

Il y eut ici un de ces points d'orgue suivi de quelques mesures de silence, où les esprits s'apaisent, se reprennent. Sur la route, blanchissant à mesure que le ciel s'obscurcissait, des travailleurs qui rentraient, muets et las, tout le poids de la journée dans les reins, passaient par deux, par trois, le bissac et la bêche à l'épaule. Un charretier, endormi au bercement des sonnailles, sautait de sa bête en sursaut pour laisser la place à la calèche, que suivait d'un œil d'envie le vagabond assis au bord d'un fossé, occupé à dérouler les bandes de linge de ses pieds tout saignants. Au bas des vignobles en pente, la Seine empourprée par le couchant faisait plus sombres les bois massés en face tout le long de la corniche. De loin en loin la *chaîne* sifflait sur la rivière, et d'en haut la forêt lui répondait avec ses rossignols, une averse de notes amoureuses et joyeuses, des senteurs de muguets, qui traversaient la voiture au passage, évoquaient pour Richard l'image adorable de Lydie, pour Delcrous le rire aux dents étincelantes d'Élise. O musique de mai, fraîcheurs odorantes des lisières, de quels fluides mystérieux vous enveloppez les âmes les plus revêches ! Le juge, très impressionné, aurait presque télégraphié à Versailles pour se faire suppléer à l'instruction ; mais cette faiblesse ne dura pas.

Tout à coup, vers l'entrée de Soisy, d'un petit chemin montant entre les vignes, surgit une longue silhouette, toute noire sur le blanc crayeux de la route. « Bonjour, monsieur Cérès, » cria Richard donnant l'ordre au cocher d'arrêter. Le premier mot du vicaire fut pour demander naïvement si le propriétaire de la Petite Paroisse était revenu, lui aussi. Richard répondit qu'il avait laissé M. Mérivet à Marseille, mais pas pour longtemps. « Et vous-même, mon cher abbé, qui vous retient si tard sur les chemins ? Il y a donc de la misère à soulager par ici ? » Le vieux prêtre essuya la sueur de ses cheveux blancs en couronne sous son chapeau à larges bords et dit très simplement : « Je viens de votre pêcherie, monsieur... Le père Georges, ce vieux mendiant que vous avez recueilli, m'a fait appeler.

— Est-ce qu'il est toujours malade?

— Oh! il va mourir... Je lui porterai l'extrême-onction dans la soirée.

— Pauvre père Georges! Lydie va avoir du chagrin. » Richard ajouta, comme la soutane s'enfonçait dans le crépuscule : « Tous les frais de sépulture à mon compte, je vous prie, monsieur l'abbé.

— Merci, brave cœur, » répondit la forte voix du prêtre déjà lointaine.

L'ombre des arbres se retirait des prairies. Tout devenait noir, comme sous l'aile de la mort qui avait traversé le chemin. Pendant que le cocher allumait ses lanternes, Delcrous, ramené au drame de la matinée et à ses pièces d'information, demanda à l'ami Fénigan : « Quand avez-vous donc quitté M. Mérivet?

— Je l'ai quitté hier matin... » Il se reprit très vite, songeant qu'il exposait sa femme : « Mais non, qu'est-ce que je dis?... C'est avant-hier... enfin il y a deux jours. On n'imagine pas comme une nuit de voyage vous déshcure. »

« Il s'enferre, le malheureux, » pensa le magistrat; et par une sorte de pitié, peut-être un dilettantisme professionnel, il s'efforçait, trouvant la partie trop facile, de lui ouvrir les yeux sur son imprudence : « Pourtant, ce matin, quand nous nous sommes rencontrés sous bois, vous m'avez dit que vous arriviez seulement. Il fallait qu'il en fût ainsi, car on ne peut admettre que depuis deux jours vous rôdiez dans le pays, sans rentrer une fois chez vous.

— C'est évident, » murmura Richard volontairement ahuri. Cette fois, le juge se dit : « Il fait la bête... » Et après un instant de réflexion : « Voyons, Fénigan, ceci tout à fait entre nous, vous savez que malheureusement les relations du prince d'Olmütz et d'une personne qui vous est chère ont été très connues dans le pays?

— Je le sais, répondit Richard impassible.

— Eh bien, vous ne vous êtes pas dit qu'en trouvant le cadavre du prince presque à votre porte, la justice songerait d'abord à une vengeance venue sinon de vous, du moins de chez vous?

— Je n'ai pas eu cette idée parce que c'était une supposition vraiment trop facile, et qu'il était peut-être plus adroit de penser que, tué ailleurs, le prince avait été transporté à cette place dans un but très compréhensible. »

Delcrous, à son tour, se sentit dépassé, et tout haut, les yeux bien francs : « Voilà qui est sagement raisonné. Je veux cependant vous poser encore une question à laquelle vous êtes libre de ne pas répondre. Jaloux comme on vous sait, je vous suppose arrivant chez vous mystérieusement par la grille du bois, et vous trouvant face à face avec le jeune prince sortant de votre parc au petit jour, que se serait-il passé? Ne croyez-vous pas que...

— Que je l'aurais tué?... Si, parfaitement ; et avec autorisation de la loi, encore.

— Mais, malheureux, jamais de la vie !... La loi, oui, je veux bien . mais seulement dans le cas de flagrant délit.

— Mon cher Delcrous, pour une imagination de jaloux, il y a toujours flagrant délit »

Ces mots furent jetés avec une véhémence qui fit bondir le magistrat sur les coussins de la calèche et lui sembla l'aveu le plus décisif qu'il pût obtenir de ces confidences amicales. A présent la parole était au juge d'instruction. Le mari, lui, très inquiet, se demandait : « Que va-t-il faire ? Qu'a-t-il à me dire pour m'avoir amené jusqu'ici ? »

On entrait en effet dans Corbeil, comme les premiers réverbères tremblotaient sur la Seine dans les derniers reflets du couchant. Un peu de fumée noire haletait encore aux cheminées géantes des minoteries, des papeteries, dont on rencontrait les ouvriers par bandes silencieuses le long des trottoirs, portant tous, hommes et femmes, de sinistres paniers en paille couleur de suie, sans doute à cause des émanations de l'usine. A part cette sortie de troupeaux las, personne dans la rue Notre-Dame, ni sur la place Galignani, étroite et sombre, où se dressait, dans un coin, adossé aux toits enfarinés et comme poudrés de neige du grand moulin sur l'Essonne, le vieux Palais de Justice communiquant avec la maison d'arrêt.

« La voiture du président est encore là, » dit Delcrous voyant les deux ventaux du portail ouverts ; et comme le cocher hésitait, il lui cria : « Entrez, entrez donc... »

Dans la cour vaguement éclairée d'un reste de jour et de deux anciens réverbères, il descendit le premier et pria Richard de le suivre jusqu'à son cabinet : « Pour une communication urgente, » ronchonna-t-il, la voix changée, très dure. Richard, sans répondre, entra à sa suite dans une grande pièce au fond du couloir, où une lampe à demi baissée attendait sur un bureau à cylindre. De grands coups sourds venus du moulin et de sa machine hydraulique rythmaient le silence de l'endroit. Delcrous remonta la lampe, sonna son greffier qui travaillait dans la pièce à côté. Pendant qu'ils gribouillaient et chuchotaient, « mandat de dépôt, secret obligatoire », Richard, par une haute fenêtre ouverte et grillagée, regardait dans une autre petite cour, au-dessus d'une porte jaune, ces mots qu'il déchiffrait avec peine au jour tombant : MAISON D'ARRÊT CELLULAIRE... Oh! la porte livide et basse ; et comme elle symbolisait bien la misère enfermée là, cette chauve-souris tournoyant dans l'étouffement de quatre hautes murailles noires, par la lourde soirée d'été.

« Mon cher monsieur Fénigan... à la voix cinglante du juge, Richard se retourna vers le bureau... vous me voyez navré. Je suis obligé de vous garder à la disposition de la justice. »

Richard Fénigan prit un air atterré, mais il devait s'attendre à quelque surprise de ce genre, puisque en descendant de voiture il avait glissé au cocher Libert impassible sur son siège ce petit mot pour Lydie : « Pars vite... N'importe où tu seras, je serai avant huit jours. »

XVIII

Laissant la voiture de Richard continuer sa route, l'abbé Cérès traversa la rue de Soisy où, de chaque seuil, s'échappaient des pétillements de bois vert avec une forte odeur de soupe à l'oignon, et vint sonner à la porte de l'orphelinat.

« Notre chère mère supérieure est toujours bien souffrante, lui fut-il répondu au guichet de la tourière; mais si monsieur l'abbé désire voir sœur Martha, elle est justement dans la première cour. »

L'Irlandaise, après qui sautillait et gaminait une grappe de fillettes de toutes tailles, secoua sa jupe à deux mains pour accourir au-devant du vieux prêtre, tout essoufflée encore de sa bonne partie. Dès les premiers mots du vicaire, les grandes ailes de la cornette, si blanches sur le noir de la cour, eurent un battement d'heureuse surprise : « Venez par ici, monsieur l'abbé, personne ne saurait vous renseigner mieux que moi. » Et dans le parloir doucement éclairé et parfumé par le reposoir de roses blanches, dressé à l'occasion du mois de Marie devant la statue de la Vierge au long chapelet tombant, sœur Martha, d'un de ses brusques mouvements de frère ignorantin, prit aux rayons de la bibliothèque un long registre à dos vert, et l'ayant rapidement feuilleté :

« Voici la date exacte de l'entrée de notre petite Lydie à l'orphelinat... 28 octobre 1860. Bientôt vingt-neuf ans, la première année de mon noviciat, et voilà pourquoi sans doute j'ai présents à l'esprit les moindres détails de cette adoption... Huit heures, la prière du soir. Marie de Béthanie, notre sœur tourière, la même qui vient de vous ouvrir, s'approche de Mlle de Bouron avec des gestes effarés. Elle venait de ramasser, devant son guichet, une fillette de dix-huit mois, deux ans, endormie, à moitié nue dans une couverture sur laquelle était piqué, comme un grand papillon, un papier blanc avec ce nom d'une grosse écriture maladroite : LYDIA.

— Tout à fait cela, » répétait le vicaire penché sur l'in-folio. L'Irlandaise demanda, rayonnante : « Vous avez donc retrouvé sa famille ? J'en étais sûre... Des gens du pays, n'est-ce pas ?

— Non, ma sœur.

— Grande noblesse, sûrement ?

— Oh ! bien loin de là.

— Pourtant, je me rappelle, insista la religieuse... sur la couverture, une grande couverture de cheval, étaient imprimées une couronne et des armes parlantes. De cela aussi notre registre fait mention, voyez.

— Une couverture volée, je crains bien, » dit le desservant de la Petite Paroisse avec un bon sourire. L'Irlandaise cria d'indignation : « Volée ! mais d'où sort-elle donc, la malheureuse enfant ? »

Le vicaire s'excusa de ne pouvoir révéler qu'à Mme Richard elle-même le mystère de sa naissance. Engagement pris avec un vieux grand-père qui, tout près de la mort, voulait revoir sa petite Lydie. « Si je suis venu ici tout d'abord, ma sœur, c'est pour vérifier certains détails, certaines dates d'un récit bien confus, balbutié par une bouche sans dents, que déformaient l'âge et la maladie, mais qui cependant a dit vrai, je le vois. » Il se levait. La sœur fit comme lui, sans insister, approuvant d'autant plus cette réserve, disait-elle, que tout le monde chez les Fénigan comme à l'orphelinat gardait l'illusion d'une haute naissance pour la jeune femme.

« Qu'il s'en faut donc, *pécaïre !* » accentua le desservant, de son rude parler ariégeois...

Très tard dans la soirée, il suivait les berges de la Seine avec Lydie, experte en ces étroits chemins d'herbe tant de fois parcourus, quand elle accompagnait son mari pour jeter ou lever les verveux de leur pêche. Enveloppée d'un grand voile de blonde, elle précédait le prêtre, lui signalait un trou de terrier, l'anneau d'attache d'une barque, car il n'avançait qu'en hésitant, les mains chargées du viatique. Malgré la nuit claire, un épais brouillard montant de l'eau confondait les deux rives, et par nappes légères s'étalait jusqu'à mi-hauteur du coteau. Comme ils approchaient du petit port, où les bateaux de Richard étaient amarrés, ils virent une lumière aux ais mal joints de la baraque. En même temps une ombre grêle se précipitait au-devant d'eux.

« C'est vous, mère Lucriot?

— Oui, monsieur l'abbé; mais vous nous apportez le bon Dieu bien tard. Le père Georges a cessé de vivre. »

S'agitant au milieu de la brume, avec des gestes de marionnette derrière un papier huilé, la petite ombre mimait et racontait les suprêmes moments du pauvre vieux... Tout le soir il avait marmonné des choses incompréhensibles, guetté la porte de ses yeux de chat. Puis à l'entrée du médecin, dressé sur son lit et ne voyant point paraître ce qu'il attendait, il était retombé, la bouche ouverte, sans plus souffler. Heureusement, la mère Lucriot avait une bouteille d'eau bénite, et depuis une heure elle faisait la veillée près du mort.

« Merci, ma bonne, dit le vicaire... Maintenant attendez ici... je vous appellerai. »

Doucement, il poussa devant lui Lydie toute

tremblante. Dans un fouillis humide d'avirons, de crocs, de filets, de fiches, de cannes à pêche, deux chandeliers d'argent sur une caisse couverte d'un blanc napperon préparé pour le viatique faisaient un coin de lumière et de netteté au chevet mortuaire. Les mains, les bras, tout le corps du vieux besacier se perdait à partir du cou dans l'ombre informe avec les hardes dont le grabat était chargé ; seule, la tête émergeait, tranquille et superbe, non plus vineuse et vultuée, mais d'un blanc de cire où se figeaient les traits nettoyés des grimaces et des rides. La barbe elle-même, démêlée, débroussaillée, s'étalait majestueuse et faisait penser à un vieux roi Lear de grande route, foudroyé en attendant sa Cordélia.

D'abord suffoquée par cette indéfinissable odeur de fourmi qu'exhalent les vêtements et les taudis de vraie misère, *l'odeur de pauvre*, Lydie fut tout de suite saisie par la beauté, la grandeur de cette effigie de vieux mendiant ; et devant la mort niveleuse, la honte qui l'écrasait depuis ce soir, depuis qu'elle se savait la petite-fille de ce coureur de routes, faisait place à une pitié tendre et respectueuse. Le prêtre l'avait entraînée presque malgré elle, révoltée, furieuse, prête à protester contre l'origine infamante, à crier à ce vieillard : « Vous mentez... » Maintenant, penchée sur la pauvre figure qui, peut-être, lui reflétait quelque ressemblance, des larmes gonflaient ses yeux à la pensée de cette vie de dévouement et de misère que Cérès venait de lui raconter.

... La route de Corbeil, un soir d'automne. Une roulotte qui passe, chargée de ces bohémiens marchands de vannerie, affûteurs de faulx, jeteurs de sorts. Le pain qui manque, les roues qui grincent faute de graisse. Et voilà qu'à l'entrée de Soisy le bel orphelinat aux toitures neuves, aux rideaux clairs, donne à ces roulottiers l'idée de laisser là un de leurs petits brame-la-faim, le plus jeune, la fillette toute mignonne, tout angélique, que l'on dépose, au jour failli, sous le porche haussé d'une croix. La mère a pleuré, le premier soir, mais au milieu de tant d'autres à nourrir elle a trouvé que celle-ci au moins serait sauvée de la détresse. L'affaire de quelques tours de roues et personne dans la caravane ne pense plus à la gosseline, personne hormis le vieux grand-père resté seul à mendier son pain autour du couvent de Soisy, pour voir si l'on accueillerait l'enfant abandonnée, et qui, pendant trente ans, jusqu'à sa mort, n'a plus bougé du pays, regardant passer, grandir, devenir jeune fille, jeune femme, la jolie petite bohémienne, sans qu'il ait une fois trahi le secret de son humiliante paternité.

Et Lydie se rappelle... Les jeudis de promenade, le vieux mendiant suit de loin les orphelines sur la route brûlante. « Lydie, ton pauvre !... » crient les petites. « Lydie, ton amoureux !... » chuchotent les grandes. Toutes montrent en riant le vagabond au crâne chauve traversé d'une grosse veine bleue que le soleil tuméfie... D'autres jours, le sol est inondé, de grands coups de vent éparpillent la pluie d'automne, tendent sur l'horizon l'immense filet gris aux mailles frissonnantes et serrées, entre lesquelles apparaît, assise sur une borne, la silhouette du père Georges levant vers le parloir de l'orphelinat sa barbe et ses yeux ruisselants... Et ce matin de l'hiver dernier, pendant sa convalescence au couvent, quand sous ses fenêtres on ramassait le vieux pauvre enfoui dans la neige où il avait dormi toute la nuit... Et cet autre matin d'il y a deux ans, sinistre celui-là, malgré le clair soleil de juillet, lorsque Lydie s'évadant par la grille de la forêt a vu le père Georges se dresser tout à coup en travers de son chemin, en travers de sa fuite, comme s'il devinait sa folie et tentait de s'y opposer. Oh! oui, il savait que son enfant lui échappait, peut-être à jamais perdue, et le sanglot désespéré qu'il lui jetait en adieu aurait dû prévenir Lydie du dévouement héroïque et tendre qui battait sous cet amas de guenilles... Pauvre père Georges! Dire qu'après tant de souffrances, cette joie suprême de voir et d'embrasser son enfant une fois, rien qu'une fois, ce désir de son dernier souffle n'avait pu se réaliser. Elle était venue trop tard, sa Cordélia, et devant l'ancêtre couché pour toujours, se demandait comment, de quel prix reconnaître tant de renoncement et d'amour.

« Fermez-lui les yeux, madame, c'est tout ce qu'il désirait de vous. »

Elle tressaillit à ces paroles du prêtre, et penchée vers le front du mort, déjà froid et durci comme un galet, elle y mit la caresse de ses lèvres, rabattit les paupières inertes sur le regard vitreux, parti au loin. « C'est aussi tout ce que je pouvais lui donner, » murmura-t-elle ; puis s'adressant au vicaire : « Je vous en prie, monsieur Cérès, ne me croyez pas la femme orgueilleuse et sans cœur que je vais vous paraître en vous demandant de garder entre nous, tout à fait entre nous, ce qui se passe ici ce soir.

— J'allais vous le proposer, dit le prêtre froidement. Je me rends compte des considérations de famille... »

Mais elle l'interrompit :

« Non, vous ne savez pas... vous ne pouvez pas savoir. Les considérations dont vous me parlez ne m'auraient pas empêchée d'avouer ma naissance, et de faire au vieux grand-père des funérailles dignes de son courage, marchant moi-même en tête du convoi. Je lui devais bien cela... Mais des circonstances terribles, imprévues... On vient d'arrêter mon mari, monsieur Cérès... ce soir même, pour l'affaire du prince d'Olmütz... Il y a eu mort violente, et c'est Richard qu'on accuse. Ceci vous explique le trouble où nous étions tous au château et comment ma sortie a pu passer inaperçue. Quand vous êtes arrivé, nous venions d'apprendre la nouvelle ; vous vous figurez la stupeur, la désolation de ma belle-mère. Son fils prévenu d'assassinat, un Fénigan en prison... Et pour moi, paraît-il, à cause de sa femme!... Elle ne m'accuse pas, la malheureuse mère, mais je la devine. Et voyez-vous qu'à tous ses justes griefs vienne s'ajouter celui de mon origine, cette tare que j'apporte au nom des Fénigan, devenus par moi les alliés du père Georges. Non, je n'aurais pas le courage de leur apprendre, pas plus à elle qu'à son fils... Même pour l'opinion publique et la conviction du juge, si l'on savait que Richard a pris sa femme dans une roulotte, dans une famille d'errants, diseurs de bonne aventure, la physionomie de mon mari y perdrait de son intégrité, par une apparence déclassée, déchue, qui pourrait le compromettre davantage. »

L'abbé Cérès, dont les traits énergiques et mobiles faisaient tous les sentiments visibles, stupéfait d'abord, puis ému devant les aveux de la jeune femme, lui prit les mains d'un geste familier et bon :

« Vous avez cent fois raison, ma chère enfant ; mais soyez tranquille, c'est ici comme un secret de confession. Personne ne vous a vue entrer que cette mère Lucriot dont je réponds ; du reste on vous savait bonne pour les pauvres, et particulièrement pour celui-ci. Votre présence dans la cabane où vous l'abritiez paraîtrait toute naturelle, puisque votre mari lui-même s'est chargé des frais de sépulture. » Et comme Lydie s'étonnait, il lui dit sa rencontre sur la route avec Richard et le juge d'instruction.

« Cher ami... » soupira-t-elle, attendrie jusqu'aux larmes de ce qu'au milieu de son drame, en plein débat vital, il eût pensé au pauvre de Lydie. Le prêtre continua : « Je compte que l'enterrement aura lieu demain, très digne mais très simple. Je vous demande d'être d'intention avec moi, ainsi que dimanche prochain, à la messe de la Petite Paroisse, qui sera une messe de mort dont nous deux seuls connaîtrons le destinataire. Au cimetière de Draveil, nous ne le mettrons pas au coin des pauvres. Puisque j'y suis autorisé par M. Richard, je vais acheter un petit terrain, le plus près possible de la grande route où ce nomade a toujours vécu, et commander une large pierre noire sur laquelle seront gravées les deux dates de sa mort et de sa naissance, avec le nom que j'ai trouvé dans le carnet que voici. »

Il prit au chevet du lit et passa à la jeune femme un petit cahier, moisi, crasseux, tout imprégné de la terrible odeur, ce qu'on appelle un certificat d'identité, où se lisait, parmi les timbres de mairies et des empreintes de doigts sales :

Georges Mendelsohn, dit père Georges.

Rougegoutte (Alsace), 1802.

C'était tout ce qu'on avait trouvé sur lui, ce livret, et la clef de *son cabane,* comme il disait, une énorme clef qu'il portait au cou, à même la peau, précieusement attachée d'une chaînette. Le pauvre homme était si vieux, si malade, sa mémoire tellement incertaine pour tout ce qui ne regardait pas la *bedide,* que le prêtre n'avait rien pu savoir d'exact sur son pays, son nom, sa famille. L'univers pour lui commençait et finissait à Lydia ; le reste en poussière ou brouillard de grand chemin. Pourtant, comme le certificat datait de son arrivée dans Soisy, avant l'affaiblissement de la maladie et de l'âge, cette date de 1802 et ce nom de Mendelsohn pouvaient bien être véridiques.

« Un nom illustre dans les arts, n'est-ce pas, madame ? » demanda le vicaire, sans doute pour atténuer la blessure d'orgueil dont il la supposait plus atteinte qu'elle ne voulait le paraître. Elle approuva doucement et silencieusement, droite et sérieuse, à la main son petit livret de misère, où ce grand nom qui pouvait bien être le sien contrastait sur la page souillée et froissée, comme toute son élégante personne sur le sol boueux de la baraque, entre les murs noircis et goudronnés. . Le long sifflet d'un remorqueur, qui demandait l'écluse, tira Lydie de son rêve. La flamme des bougies s'enfumait; de grandes ombres passaient sur la pâleur mate du mort, pendant que le prêtre priait à genoux devant le grabat. Elle ne se sentit pas le courage d'en faire autant. Trop de choses grondaient en elle, plus agitée que vraiment émue, elle avait surtout besoin de se recueillir, de se reprendre. Un dernier regard à son pauvre, dont le sommeil profond lui fit envie, elle était dehors...

« Madame veut-elle que je la raccompagne? chuchota la femme Lucriot, assoupie, la tête dans ses jupes, à l'arrière d'un bachot.

— Merci... » et Lydie s'enfonça, avec la hâte d'être seule, dans le brouillard plus épais, plus obscur que tout à l'heure. Au loin l'écluse barrait tout l'horizon d'un sourd et continu roulement de tonnerre, dans lequel se perdait le cri désolé de la remorque. Il lui semblait que c'était elle, sa vie en détresse qui appelait, criait secours. Il faisait si noir, si confus dans sa pauvre âme, après la tempête de cette longue journée! Le matin ce mort sur la pelouse, puis l'arrestation de Richard, et pendant qu'elle essayait de comprendre l'étrange billet venu de la prison, l'abbé Cérès l'emmenant au chevet du père Georges!... Voilà donc ce qu'il y avait sous cette couronne et ces armes parlantes, illusions dorées de son enfance, dont elle s'enveloppait aux heures douloureuses, où elle réfugiait ses fiertés, ses inconscientes révoltes. La voilà fixée son origine de noblesse, expliqués ses instincts aventureux et nomades. Tristes chemineaux qui vous arrêtiez à la fontaine du coin de route, caravanes voyageuses dont elle suivait la fumée jusqu'à perte de regard, c'est pour cela qu'elle vous aimait tant. Vous étiez son pays, sa tribu roulante. Que n'avait-elle continué à vivre parmi vous!... Et songeant à Richard et à sa mère, à ces existences droites et paisibles, que son sang bohémien avait dévoyées, affolées, Lydie regrettait sincèrement qu'on ne l'eût pas laissée mourir là-bas, à Quiberon. Un instant même, la rivière tout près d'elle, la berge à pic, l'eau profonde battant les piles du pont et s'emmêlant de longues herbes, chevelure éparse du gouffre, renouvelaient sa tentation de suicide. Elle se voyait remontant la côte, le lendemain, dans la charrette aux noyés... Mais tout à coup le souvenir de Richard si aimant, si dévoué, la pensée de ce qu'il avait fait pour elle, l'éclairaient sur ses vrais devoirs. Non, elle ne pouvait plus disposer de sa vie. N'eût-elle pas eu pour son mari le sentiment profond et doux qui lui remplissait la poitrine, elle se devait de le suivre, de l'assister jusqu'au bout de la voie désespérée où il s'était jeté par amour d'elle. Et tandis qu'en sa petite tête ardente et romanesque s'affirmaient tous les renoncements, tous les sacrifices, qu'elle se figurait reléguée, exilée avec lui sous un ciel de feu, dans la brousse des convicts, l'appel lointain du remorqueur qui traversait Corbeil, allait réveiller Richard Fénigan tout heureux de se trouver à la place de sa femme, dans la prison du bord de l'eau.

XIX

Par un matin de lumière bleue immobile, sans un nuage, sans un souffle, on fauchait les « françaises » de Grosbourg. Sur les longues pelouses embalustrées de marbre blanc, décorées de vases et de statues, deux rangées de faneurs se courbaient, se relevaient dans le soleil, et pas un chant, pas une parole, pas même le grincement métallique de la faulx sur la pierre à affûter, n'accompagnait ce travail de nature qu'on eût pris pour la fenaison d'une colonie pénitentiaire, sans le cadre somptueux qui l'environnait.

Soudain un cri aigu, déchirant, une de ces bramées vides et mornes comme il en monte des jardins d'aliénés, courut, vibra d'un bout à l'autre de l'immense domaine, des terrasses du bord de l'eau jusqu'à l'entrée sur le pavé du roi, la grille monumentale où des faisceaux de licteurs, dorés et emblématiques, rappellent les anciennes fonctions du grand-maître de la cavalerie impériale. Cette plainte éperdue, passant au-dessus des pelouses, ne fit pas lever une tête, laissant les travailleurs aussi impassibles que les statues. On eût dit un de ces bruits de la maison que les hôtes finissent par ne plus entendre. Pourtant, dans le petit salon d'encoignure aux soieries jaunes, où le duc d'Alcantara causait avec le juge Delcrous, la conversation s'interrompit brusquement, quand le cri pénétra par les hautes persiennes entre-closes.

« Écoutez-la, mon cher, est-ce horrible!... Depuis le matin où malgré tous nos efforts elle s'est fait ouvrir le *Fantôme;* où son fils lui est apparu, sur un tréteau, avec ce masque de mort rongé par les bêtes, la duchesse n'a plus rien dit, plus reconnu personne, ce cri sinistre qu'elle pousse d'heure en heure est tout ce qui reste de vivant en elle. Maintenant me voilà, dans mon fauteuil d'infirme, entre ce mort et cette folle... Et vous venez me parler de relâcher l'assassin, m'enlever même la joie de ma vengeance ! »

Les yeux du paralytique, foyer de sa vie nerveuse, étincelaient de fureur, pendant que le juge, très perplexe, se débattait, s'expliquait confusément. Monsieur le duc ne pouvait douter de son bon vouloir... mandat d'amener le soir même... au secret depuis trois jours... et rien, pas de résultat.

« Il vous roule... Vous n'êtes pas de force, grommelait le général.

— Mais au contraire, mon cher duc... il semble faire exprès de se charger, de s'accabler. C'est inexplicable. J'ai la preuve à présent qu'il n'est arrivé que le lundi matin, deux jours après l'assassinat... Et à mesure que cette piste se dérobe, j'en découvre une autre bien plus sûre, où tout coïncide, l'heure, le jour, les motifs, rapports de mes agents, lettres anonymes qui m'arrivent. »

Delcrous s'arrêta, en voyant un valet de pied paraître sur le perron, dans l'entre-bâillement de la porte-fenêtre. « Qui est là ? J'ai dit qu'on nous laisse, » gronda le général de sa voix de commandement. Le domestique disparut, épouvanté. A sa place, une ombre géante obstrua tout le jour de l'entrée : « Faites excuse, monsieur le duc.

— Ah! c'est vous, Sautecœur? »

Vivement et sans bruit, Delcrous se rapprocha du général : « Je vous en prie, recevez cet homme, nous causerons quand vous l'aurez vu. »

Le général haussa les épaules, et lui montrant la porte sous tenture qui communiquait aux pièces de réception : « Passez là, je vous appellerai. » Puis tourné vers le perron : « Entrez, Eugène. »

Maigri, tassé, les jambes molles, l'Indien semblait relever de maladie. Sa voix aussi avait perdu de son métal, quoiqu'il s'efforçât de parler ferme et de marcher droit, étant en grande tenue, sous les armes, et devant son maître. « Monsieur le duc, dit-il, debout, les yeux au tapis, je viens vous prier d'accepter ma démission.

— Pourquoi?

— Mon fils passe en Amérique avec sa femme. Les enfants me demandent de les accompagner ; mais seulement quand j'aurai... quand j'aurai réglé mon compte avec la justice. »

Le duc s'agita sur son fauteuil : « La justice ? Que t'arrive-t-il donc ?

— Une sale affaire.

— Explique.

— ... Sais pas si je pourrai, » dit le garde-chasse tout bas. Il s'appuya contre la cheminée, tremblant si fort que le canon du fusil pendu à son épaule tambourinait sur le marbre. Il dut se remettre debout pour raconter son histoire. Simple et sinistre, cette histoire. Commandé dans la nuit du vendredi pour une battue au braconnage, il rentrait vers deux heures du matin, quand, d'une fenêtre de sa maison, un homme saute à quelques pas de lui dans la cour de l'Ermitage. Il faisait noir. Il croit à un voleur, tire au jugé, le boule, et quand il s'approche pour voir qui c'était...

Une voix brutale le coupa :

« Tu mens. »

Le garde se cabra sous l'insulte :

« Mon général !

— Je te dis que tu mens. Ce n'est pas comme

ça que tu as tué le prince. Je le sais, je sais ce que tu as fait, aussi bien que si j'étais ta conscience ; seulement, je veux te l'entendre dire à toi-même. Allons, parle... ou bien, non, attends. » Il appela violemment : « Delcrous. »

Lorsqu'il vit entrer, ponctuel et grave, le juge au tribunal de Corbeil, devant lequel il avait souvent déposé en des affaires de braconnage, l'Indien sentit ses genoux fléchir, comme si l'exécuteur des hautes œuvres lui posait déjà la main sur l'épaule : « En route. » Les méplats de ses larges joues blêmirent et se creusèrent. Vraiment, il n'aurait pas cru que ce serait si tôt.

« Eh bien, monsieur le juge d'instruction, dit le duc triomphant, j'avais — il me semble — quelque raison de croire que le misérable dont nous parlions pourrait bien ne pas avoir agi lui-même. Voilà l'instrument trouvé, et l'explication de tous les alibis qui vous déroutent... Allons, Sautecœur, si tu veux qu'on soit bon pour toi, dis-nous bien comment tout est arrivé... pas de tricherie, surtout. » Il crut que son garde hésitait, et pour lui éviter la honte de l'aveu, il l'aidait, lui fournissait les mots.

« Voyons, que t'avait-on promis? Qu'est-ce qu'on t'a donné? car enfin tu n'as pas travaillé pour ton compte? »

Sautecœur se redressa, les pommettes enflammées, les cordes du front tendues de l'effort qu'il faisait pour se contenir : « Possible que des coups pareils s'exécutent pour de l'argent ; mais qu'après vingt-huit ans de bons services, treize à la Poste-aux-Lièvres et quinze à l'Ermitage, mon maître puisse me croire capable... Non !

— Tu ne vas pas nous dire que ton histoire de tout à l'heure était vraie? ricana le général, un peu troublé.

— Tout à l'heure, monsieur le duc, j'ai menti par un bête d'orgueil que je n'ai plus le droit d'avoir. Le bras est pris, faut que tout le corps y passe... Eh bien ! qu'il y passe, tonnerre de Dieu !... la vérité ne me coûtera pas tant à avouer que ce que je viens d'entendre. » Il se campa, les poings serrés, et commença : « Il y a dix jours, en l'absence de mon garçon, m'arrivait à l'Ermitage un bout de lettre sans signature, m'avisant que la nuit suivante, entre trois et cinq heures, je pourrais voir de la porte Pacôme un homme sortir de la chambre de ma belle-fille, par la fenêtre. Faut dire que dans les temps, j'ai eu des malheurs de ménage. Une femme que j'aimais, et qui m'en a fait voir! Finalement, elle est partie avec un gendarme de Montgeron, et nous a laissés seuls, l'enfant et moi, dans notre désert de la Poste-aux-Lièvres... Une rien-du-tout, quoi! De cette aventure il m'est resté de la rogne contre toutes les femmes, et quand mon gars s'est marié, je me suis promis d'avoir l'œil à sa cambuse, bien décidé, si le cas se présentait, à venger du même coup sa misère et la mienne. C'était connu dans le pays, et ceux qui m'ont écrit savaient bien ce qu'ils faisaient. »

Delcrous demanda : « Vous avez conservé cette lettre anonyme?

— Laissez-le donc finir, dit le duc impatienté.

— Justement, ce vendredi, on était tous sur pieds pour pincer quelques bédouins de Mainville qui nous tiraient nos plus belles biches... La lettre disait : de trois à cinq. Vers trois heures, je quittai mon poste dans l'allée du Gros-Chêne et vins m'embusquer vers la porte Pacôme. Aussi vrai que voilà mon fusil dans cette main, je ne savais pas qui ma gueuse de bru recevait dans sa chambre. J'avais bien eu connaissance que le prince tournait autour; mais après une scène avec la petite, je croyais que c'était fini pour cette fois, et la lettre, vous verrez, messieurs, me mettait dans la tête un autre nom que celui-là. Depuis une demi-heure je me trempais jusqu'aux os d'une radée qui ne décessait pas, quand j'entends le bruit d'une espagnolette. Quelqu'un saute à dix pas de ma cache et se sauve. On voyait mal ; j'avais des chances pour le manquer, s'il avait continué à courir. Malheureusement, il s'arrêta pour ouvrir une espèce de parapluie qu'il avait, et je lâchai mon coup. L'homme a marché quelques pas très vite, puis a roulé dans le fossé, sans plus bouger, comme une bête qui a son compte. Alors j'ai couru à la maison. La petite faisait semblant de dormir, son drap remonté sur ses yeux : « Lève-toi et prends la lanterne, que j'y ai « dit, j'ai tué ton amant, viens m'aider à le « terrer. » Elle avait peur, elle ne m'a pas fait répéter, je vous en réponds... A ce moment-là, je ne me doutais pas encore de ce que j'allais trouver au bout de mon coup de fusil. La preuve, c'est que tous deux dans le fossé, près du corps immobile, j'ai demandé à ma belle-fille : « Qui est-ce ? — Regardez-y, » qu'elle m'a dit tout bas en baissant la lanterne... Ah! monsieur le duc, quand j'ai vu ce que j'avais fait... » Avec la manche de sa veste d'ordonnance, il essuya son front qui ruisselait. Le duc, épiant l'effet du récit sur Delcrous, dit à son garde du ton le plus calme : « Avec quoi as-tu tiré ?

— Des chevrotines.

— Et tu l'as touché, où ?

— Toute la charge n'a pas porté... Un trou seulement, là, vers la tempe. »

Il y eut une pause de silence horrible, où le cri de la mère s'entendit de nouveau, comme si elle venait de voir la blessure, le trou, là, vers la tempe. Après, l'interrogatoire recommença : « Tu dis qu'il est tombé près de l'Ermitage. Pourtant ce n'est pas là qu'on l'a trouvé ?

— Nous l'avions d'abord déposé dans le fond d'une *uzelle*, comme il y en a tant de ce côté du bois, avec des ronces et des feuilles par-dessus. Rentrés chez nous tout transis, l'idée nous est venue de le tirer de l'*uzelle* et de le mettre sur la pelouse, contre le parc Fénigan. La petite tenait la lanterne ; moi, je portais le mort à bras comme un enfant, je suis très fort. Cela s'est passé tel que je vous le dis. »

Le juge, de son coin, prit un air futé : « Pourquoi ce parasol ouvert sur la tête ?

— Je me suis souvenu d'une femme qu'on a trouvée morte sous son ombrelle, dans la forêt de Fontainebleau, et qui était restée huit jours à la même place sans qu'on la dérange.

— Et pourquoi près du parc Fénigan ? »

Sautecœur balbutia, en allongeant la nuque : « Une mauvaise pensée, ça, monsieur Delcrous... une pensée de lâche dont je me punis en vous la confessant. Après les histoires entre le prince et Mme Richard, il y avait des chances pour qu'on accuse le mari... Seulement, je dois dire que cette idée-là ne nous serait jamais venue à ma belle-fille ni à moi, sans une lettre que le prince avait sur lui...

— Enfin, nous y voilà !... cria le duc avec une impétuosité farouche... Avoue donc que tu lui as barboté les poches pour reprendre des papiers que voulait le mari... Avoue ça, et nous te laisserons tranquille. »

Le garde, sans répondre, tira de sa veste une lettre et un carnet. « Le prince d'Olmütz, dit-il gravement, avait sur lui, en plus des objets qui vous ont été remis, un porte-cartes que voici, avec cette lettre non cachetée qu'il était en train d'écrire à un de ses amis. Il attendait pour l'envoyer de savoir si sa nuit serait bonne... Bien sûr que je n'aurais pas dû lire... mais j'avais la tête tellement perdue, et ma bru qui me répétait tout le temps : « Peut-être qu'il y a « là dedans de quoi nous faire prendre. » C'est vrai que cette lettre est la preuve de tout ce que je viens de dire. Vous verrez en la lisant que je n'ai pas menti, et aussi que le malheureux jeune homme avait dressé de ses propres mains le piège où il a trouvé la mort. »

Il posa près du fauteuil, sur le pupitre y attenant pour le service de l'infirme, la dernière lettre à Vallongue avec un petit carnet d'écaille.

« Et l'avis anonyme que vous avez reçu... où est-il ? questionna Delcrous pendant que le duc lisait.

— Je l'ai là... Si M. le juge d'instruction veut en prendre connaissance.

— Voyons... Une écriture de femme, et de

femme pas distinguée... Ah! diantre... » Il tressaillit et parlant au garde à mi-voix comme s'il craignait que le père entendît : « Vous avez donc cru tirer sur Alexandre?

— Oui, » fit le forestier d'un mouvement de tête. Le général, qui tortillait sa moustache avec fureur, releva les yeux de la lettre à Vallongue : « Il y a tout de même des choses que je ne m'explique pas... la démarche que tu fais en ce moment, dans quel but?... Et pourquoi ne l'as-tu pas faite plus tôt?

— Ah! les femmes, monsieur le duc!... J'ai cédé aux prières de ma bru qui craint son mari comme le feu et voulait tout lui cacher. Ça fait que le pauvre garçon a vécu tous ces jours au milieu de nous, sans se douter de rien. Il allait à son magasin, parlait de l'affaire en wagon avec tout le monde... moi, vous pensez si je me faisais vieux! L'idée qu'un innocent supportait de la prison à cause de moi, qu'on le condamnerait peut-être... Enfin, hier, à dîner tous les trois, mon fils m'a vu repousser mon assiette sans manger, comme ça m'arrivait souvent depuis quelques jours « Voyons, père, qu'est-ce « que t'as? » J'ai pas pu me tenir, ça m'étouffait trop, j'ai tout dit... Ah! le pauvre enfant, j'ai cru qu'il allait tomber raide du coup que je lui portais. Sa femme s'est mise à genoux devant lui, il l'a pas seulement regardée ; il oubliait son malheur à lui : « Non, non... occupons-nous du « père d'abord. Le père a manqué, il faut qu'il « répare. » Ah! ce sont des moments, ça, dans les maisons... Nous nous sommes pris tous deux à pleins bras en sanglotant. Je lui ai juré de venir vous trouver ce matin... et je suis venu.

— Tout cela sonne la vérité, murmura Delcrous.

— Et s'accorde avec ce que je viens de lire, dit le général comme à regret. Il n'y a que ce coup de chevrotines dont les médecins n'ont pu retrouver la trace sous la décomposition du visage... pourtant le corps n'est resté que deux jours en forêt.

— Un truc de braconnier, monsieur le duc, répondit Sautecœur en frissonnant, mais j'aimerais mieux m'arracher la langue plutôt que de... »

Plutôt que de raconter à ce père que, pour rendre son enfant méconnaissable, on l'avait laissé toute une nuit pendu à un bouleau, les pieds en l'air, la tête jusqu'aux épaules dans le monticule d'une fourmilière.

Le juge, la lettre de Charlexis à la main, parlait à l'oreille du général : « Quand je vous le disais que la piste était mauvaise... Évidemment cet homme est l'assassin ; et si vous tenez à vous venger...

— Me venger de ce rustre !... non, mon cher, c'est à Fénigan que j'en avais... mais celui-là...

— D'autant qu'avec cette lettre au dossier, la condamnation serait difficile. »

Le duc réfléchit, puis résolument : « Je pense comme vous, Delcrous. Le bon renom du prince et de notre maison n'aurait rien à gagner à l'ébruitement de l'affaire, non plus qu'aux cyniques confidences de ces deux jeunes gentilshommes... Voici plus que jamais l'occasion d'un de ces propices non-lieux... »

Le magistrat aux dents de loup, aux rigides favoris architecturés par Le Nôtre, l'interrompit vivement, et s'adressant à Sautecœur, immobile et droit, la casquette au poing : « Vous entendez, fit-il, M. le duc ne veut pas donner suite à cette désolante aventure. Quittez le pays au plus tôt, sans rien dire à personne ; il dépend de votre prudence qu'aucun désagrément ne vous arrive. »

Le garde s'inclina : « Merci, messieurs. » A la porte, avant de sortir, il demanda en hésitant : « Et M. Richard?

— Soyez sans inquiétude... M. Richard rentrera aux Uzelles avant ce soir. »

A cette affirmation de Delcrous, le général l'interpella, de mauvaise humeur : « Avant ce soir? et pourquoi?... Il vous tarde donc bien que cette brute rentre en possession de sa femme? »

C'était le cri de sa haine, de sa jalousie d'infirme qui lui échappait, même à travers de plus cuisants soucis et toutes les tortures de son désespoir paternel.

Aux Uzelles, dans la soirée, Mme Fénigan mère et le vieux Mérivet, assis sous le grand paulownia de l'entrée, échangeaient quelques derniers propos mélancoliques, entrecoupés de longs silences et de ces interjections pareilles aux étincelles d'un feu qui s'éteint, tandis que jardiniers et filles de ferme prenaient le frais sur la route pleine de lune, devant le portail ouvert. L'heure immuable du couvre-feu était sonnée depuis longtemps, sans que personne y prît garde, peut-être à cause de l'exceptionnelle beauté de la nuit, ou parce que la maison sinistrée, bouleversée, se dérobait aux minuties de la discipline. Mais quel contraste du silence de ce vaste rez-de-chaussée allumé et désert avec la joie bruyante du service, de ces gros rires indifférents avec l'intonation navrée des deux voix qui chuchotaient dans l'ombre de l'arbre endormi.

« Comme l'air est sonore, cette nuit!... On entend marcher sur le pont de Ris, disait le propriétaire de la Petite Paroisse, qui, depuis son retour, ne quittait guère la mère et la femme de Richard.

— Sans doute quelqu'un venu de Corbeil par le dernier train, et quelqu'un de pressé... » répondit Mme Fénigan, écoutant aussi ce pas insolite et rapide. Le vieux Mérivet reprit : « Mme Richard était bien triste ce soir, plus encore que d'ordinaire. La mort de ce mendiant me paraît l'avoir vivement impressionnée.

— Quand on a le cœur gros, tout est prétexte pour les larmes, soupira Mme Fénigan. Songez, mon ami, depuis trois jours, depuis l'arrestation, pas d'autres nouvelles de son mari que ce mystérieux petit billet...

— Qui vous prouve la certitude où il est de son prochain élargissement. Une méprise, madame, je vous répète que c'est une méprise... Je l'ai compris tout de suite en me trouvant en face de ce Delcrous, son air gêné, désolé... Croyez-moi, vous reverrez bientôt votre cher enfant... Tenez, d'ailleurs, regardez... mais regardez donc, madame Fénigan ! » cria Napoléon Mérivet debout, d'une voix retentissante.

Sur la route blanche et bleue, en face le portail large ouvert, se hâtait une silhouette bien connue. Sans la force de bouger, la mère appela dans l'ombre : « Richard !

— Vous êtes là ? » répondit une voix qui se faisait vaillante et se brisa dans un sanglot. Puis, sitôt qu'il put parler : « Et Lydie ? vous avez de ses nouvelles ?

— Lydie ? mais elle est chez toi, chez vous, au Pavillon. »

Richard, stupéfait, sans écouter les explications de sa mère, s'élança sous la voûte des charmilles toute bruissante de noir feuillage et parfumée de tilleul fleuri, au bout de laquelle une lumière brillait, lui faisait signe.

En peignoir, ses beaux cheveux tordus pour la nuit, Lydie écrivait dans la pièce du bas, devant le bureau de son mari. Elle ne se retourna pas, croyant que c'était Rosine qui entrait, et ne leva la tête que lorsque Richard se trouva tout près d'elle. Ce fut une explosion de surprise, de joie folle, où les mots haletaient, coupés de baisers, d'étreintes : « Libre !... tu es libre !

— Oui, le vrai coupable est découvert. »

Elle le regarda, anéantie : « Comment... le vrai coupable ? »

L'émotion, l'expression de ses yeux arrachèrent ce cri à Richard : « Tu croyais donc que c'était moi?

— Oui, » fit-elle tout bas, sans trouver la force de mentir. Et son mari, aussi troublé qu'elle : « Dire que j'ai eu la même pensée sur toi ! »

Lydie releva le front : « Est-ce possible? » Puis subitement éclairée : « Oh ! je comprends maintenant pourquoi tu m'écrivais de partir... pourquoi tu laissais croire à ce juge... Tu voulais te faire condamner à ma place... Mon mari!... mon cher mari!...»

Elle se jeta dans sa poitrine en sanglotant. Richard ébloui sentait le bondissement des seins, l'émoi du jeune corps sous le peignoir de dentelle. « Viens me dire que tu m'aimes, et je serai payé de tout, » murmura-t-il en l'entraînant doucement.

XX

« Lydie... Richard... Allons, paresseux... le dernier de la messe qui sonne. »

Cousine Élise, aux Uzelles depuis deux jours, appelait et tourbillonnait sous les croisées du Pavillon, pendant que la cloche de la Petite Paroisse éparpillait ses notes claires dans le silence du dimanche matin et que Mme Fénigan apparaissait au fond de la charmille, avec sa démarche majestueuse de grande bourgeoise, un paroissien doré d'une main, de l'autre son sac de soie tintinnabulant de clefs et d'anneaux.

« Et Richard ? demanda la mère, voyant Lydie descendre seule, élégamment vêtue de noir, en contraste aux couleurs vives et voyantes du petit Chaperon-Rouge.

— Nous avons lu très tard, je n'ai pas osé le réveiller, » répondit la jeune femme toute vermeille de son mensonge et gagnant bien vite la chapelle en achevant de se ganter.

Sans dormir précisément, Richard, étalé dans le grand lit, les paupières lourdes d'une lassitude délicieuse, se laissait bercer à fleur de sommeil au carillon de Sainte-Irène entrant par la fenêtre ouverte avec le ruissellement de la fontaine au coin de la route et le cliquetis de son gobelet... Comment n'avait-il pas accompagné sa mère et sa femme à la messe? Sans doute la crainte d'être ridicule, l'ennui d'entrer là, de se montrer après tous ces événements. Et pourtant, dans cette humble église au bord du chemin, sa mère avait senti la grâce, la pitié humaine ; et c'est de là qu'elle était partie pour reprendre et ramener la fugitive. Oui, il lui devait de la reconnaissance, à la Petite Paroisse ; et, bien qu'il en coûtât à son orgueil, sûrement qu'un de ces prochains dimanches...

... La cloche espaçait ses derniers coups. Dans l'embroussaillement du demi-sommeil.

Richard entendit la voix éraillée de Chuchin le garde-pêche lui rappelant qu'ils avaient un coup d'épervier à donner vers l'île des Moineaux, avant que le soleil fût trop monté. Il sauta du lit bien vite, et, sur la porte, en s'en allant, se heurta à une vieille toute décrépite qui se sauvait en emportant une gerbe de fleurs superbe, que venait de lui donner Rosine Chuchin. L'allure gênée, mystérieuse de cette grande fille l'intriguait depuis quelque temps. Il revint sur ses pas et demanda, soupçonneux :
« Qu'est-ce que c'est que cette femme?

— La mère Lucriot, de Draveil.

— Et ces fleurs? pourquoi faire? »

Rosine l'ignorait. Mᵐᵉ Richard avait commandé de remettre un bouquet à la Lucriot tous les matins ; rien de plus. Richard n'en demanda pas davantage, trouvant plus digne de s'adresser à Lydie ; seulement il se sentit redevenu tout triste. Au tournant de la grande route, il rencontra la sortie de la messe, souliers craquants et frôlements de soie. Dans le groupe des dames Fénigan, le petit Chaperon-Rouge parlait avec agitation, secouant son ombrelle et ses rubans : « Tout ce que vous voudrez, cousine. Je n'aime pas prier pour des gens que je ne connais pas... Et puis, si j'avais su assister à une messe de mort, j'aurais mis une toilette moins voyante, je serais venue en noir, comme Lydie.

— Mais je... je n'étais pas avertie... » murmura Lydie que le regard de son mari à sa robe sombre embarrassait. Richard demanda : « En l'honneur de qui, l'office funèbre de ce matin ?

— Personne ne le sait. Pas même M. Mérivet, répondit Élise, tandis que Fénigan prenait sa femme à part pour lui dire très bas, très vite :

— Et toi, le sais-tu ?

— Oui.

— Est-ce le même à qui tu envoies des fleurs ? »

Elle eut un tressaut de surprise, et résolument : « Le même... oui... le père Georges. » Et ce fut tout.

Ils étaient si heureux depuis quelques jours, la vague qui les berçait remuait tant de soleil d'un mouvement si doux, chantait une si enivrante musique, qu'elle avait craint de jeter dans ce plein bonheur sa piteuse et humiliante aventure. S'il allait ne plus l'aimer, fille de ces roulants, d'une race nomade et ennemie. Avant tout elle redoutait l'explication avec sa belle-mère, bien changée pourtant, bien tendre et maternelle, mais d'un orgueil encore plus altier que celui de son fils. Et elle renvoyait à plus tard cette explication inévitable, comptant sur l'influence de l'abbé Cérès. Malheureusement, les paroles et l'air préoccupé de son mari l'avertissaient que son secret ne serait plus longtemps pour elle seule.

Au lieu de descendre à la pêcherie, Richard continua tout droit sur la route; son coup d'épervier ne l'intéressait plus. Il pensait à cette messe, à ces fleurs, à ce deuil surtout, d'une démonstration vraiment excessive pour le vieux besacier. Non, c'était invraisemblable qu'il s'agît du père Georges; on n'y aurait pas mis tant de mystère… Alors, qui? L'autre, celui qui dormait au fond du parc de Grosbourg, dans l'orgueilleux mausolée de famille? Serait-il possible qu'elle y pensât encore? Pour s'en assurer, en tout cas, il n'avait qu'à entrer chez les Lucriot qui nichaient à tas, passé Draveil, dans une ancienne guérite de cantonnier; il interrogerait la vieille… Et tandis que ses pas le traînaient presque inconsciemment de ce côté, la route autour de lui déroulait son train paisible du dimanche. Napoléon Mérivet, qui venait de fermer sa chapelle, le menaçait de loin avec la grosse clef; et Richard furieux songeait en lui-même... Oh! non, il n'y mettrait jamais les pieds dans cette église du pardon à tout prix, où l'on priait pour ceux qui vous font du mal... Ensuite c'était le salut obséquieux et félin de M. Alexandre qui passait, équipé et vêtu en chasseur de Robin des Bois, bien que la chasse ne fût pas encore ouverte. Il revenait de tirer des lapins toute la matinée dans les réserves de Grosbourg; et son carnier, son fusil, ses guêtres montantes, tout était neuf, luisait, craquait. Même le chien qui le suivait, peureusement blotti contre les houseaux de son maître, semblait après ses cinq heures de battue un chien de carton, frais sorti d'une boîte. « Bonne chasse, monsieur Alexandre? » criaient les filles de la ferme. La boulangère, penchée sous la bâche de sa voiture, demandait aussi en passant : « Bonne chasse, monsieur Alexandre? » A tous et à toutes Alexandre répondait, le ton détaché, négligent, comme il avait entendu dire au château : « Non, je n'ai rien vu. » Le chien, non plus, n'avait rien vu. Mais ils avaient dû, son maître et lui, faire tant de fois la même réponse, qu'une des filles du cantonnier, en train de servir le déjeuner de son père sur la brouette renversée, ayant jeté de loin : « Bonne chasse, monsieur Alexandre? Avez-vous quelque chose pour moi? » le vieux larbin se retourna comme si un aspic l'eût mordu et grinça d'un air galantin et enragé : « Quelque chose pour toi, ma petite? J'ai toujours quelque chose pour toi. » L'intonation était si amusante que Richard ne put s'empêcher de rire ; mais la rencontre qu'il faisait presque aussitôt le rejeta dans ses sombreurs et ses rongements.

Au coin du raidillon qui descend vers le pont de Ris, une charrette pleine de meubles était arrêtée. Deux hommes, deux géants s'activaient autour, serrant le frein, rajustant les cordes détendues, puis la voix de la femme Sautecœur commanda de l'avant : « Hue, Blanchette! » et l'équipage s'ébranla lourdement, suivi par les deux hommes marchant l'un près de l'autre sans se parler. Richard, qui s'était écarté pour ne pas gêner les pauvres gens, les regarda s'éloigner sur la pente cahoteuse secouant leurs hautes épaules de frissons pareils à des sanglots. A l'âge du vieux garde, quel arrachement que ce départ; sa forêt, son Ermitage, toute sa vie rasée, brûlée, et pour un caprice de gamin. Il est vrai que le petit misérable avait payé cher sa fantaisie... Si jeune, un grand nom, le plus riche majorat de France, c'était pitié qu'une destinée pareille; et l'attendrissement de Lydie, ses bouquets, ses prières n'avaient rien de coupable en somme. Cela valait-il l'enquête dégradante qu'il allait tenter chez ces Lucriot, à même la calomnie et les loques? D'autant que le petit cimetière était proche et qu'en cherchant la tombe du père Georges, il saurait aussi bien si sa femme lui avait menti. Comme il se hâtait dans cette direction, l'orphéon de Draveil qui faisait sa promenade du dimanche passa près de lui, bannière en tête. Sur quatre rangs serrés, ils s'en allaient en pleine campagne, soufflant dans le cuivre des trompettes avec leurs bonnes joues villageoises, rases et noiraudes, que dorait le galon des casquettes, marquant le pas d'un rythme héroïque qui faisait se lever des volées de perdrix dans les javelles.

Déjà Richard voyait au delà d'un grand mur, à l'entrée du village, pointer les ifs et les tombes blanches, quand, repris de ses incertitudes, il s'assit au bord du chemin, sur un banc de pierre. Eh bien! non, décidément, cette recherche avait quelque chose de trop misérable après sa réconciliation avec Lydie; il ne s'y abaisserait pas. Pourquoi ne pas dire à sa femme simplement : « Je me croyais guéri, je ne le suis pas. Je croyais tout fini avec la mort, et me voici jaloux de la mort même. Je t'en prie, puisque cette pitié posthume dans ton cœur me déchire, renonces-y... Je suis trop malheureux. » En songeant ainsi, il s'apaisait, se détendait, et peu à peu de ce grand repos du dimanche qui l'entourait, de ces ombres immobiles, de ces plaines immenses et désertes, champs de colza et de blé noir dont la houle argentée et jaune d'or se mouvait jusqu'à la lisière des bois, lui venait une douceur rafraîchissante, comme à un blessé qu'on ferait boire après l'avoir défublé de sa cuirasse aux dures attaches.

Combien de temps resta-t-il à cette même place? La fanfare de l'orphéon avait passé et repassé, étalant au soleil ses cuivres et ses médailles; puis le troupeau de la ferme, quelques routiers, le facteur, « Chiffons, ferrailles à vendre », et son cri mélancolique, le petit bossu marchand de chaussures, toutes les figures du jeu de l'oie. Soudain l'angelus sonna dans vingt petits clochers se répondant l'un à l'autre, les cloches du déjeuner vibrèrent en écho dans les cours des châteaux et des villas ; et seulement alors, en se relevant, Richard s'aperçut qu'il était assis sur le soubassement d'une haute croix de fer commémorant la place où l'apoplexie avait foudroyé l'ancien notaire de Draveil, M⁰ Fénigan. Un souvenir, plus superstitieux que tendre, lui évoqua l'image lointaine, atténuée, de ce père qu'il avait peu connu. Est-ce de lui qu'il tenait cette brûlure intérieure, l'affreux mal de jalousie entré dans sa chair et son sang? Était-ce héréditaire chez les Fénigan, comme l'orgueil? un de ces legs mystérieux que les testaments ne mentionnent pas... « Ah! père... père... soupirait le pauvre Poum-poum revenant chez lui avec le chantonnement des mauvais jours, moins de moulins, de futaies, de prairies, et pas cette horrible blessure dont je sens bien que je ne guérirai jamais complètement... »

Jusqu'au soir, un malaise pesa sur les Uzelles, malgré les cris de joie du petit Chaperon-Rouge. Accourue sitôt la catastrophe, la brave fille s'était précipitée chez le juge d'instruction, et Richard lui devait sa prompte levée d'écrou. A Draveil, à Soisy, on n'avait pas manqué de dire : « Ces Fénigan sont si riches... pas de danger que la justice les lambine, ceux-là. » En réalité, Delcrous se sentait en faute avec ses amis. N'importe ! l'amour aidant et une forte dose d'impudence, il avait annoncé sa visite pour ce dimanche soir; et vous pensez si elle fut commentée à l'office et chez les Clément. Quant à Rosine Chuchin, — cause de tout le drame avec sa lettre anonyme, — lorsqu'elle entendit à la nuit le timbre de l'entrée, elle courut s'enfermer dans l'isba et n'en bougea plus. Au salon, ouvert sur le silence odorant du parc, l'homme aux durs favoris noirs trouva pour chacun le mot qui convenait. Ses dents de loup étincelaient devant les chairs satinées et replètes du petit Chaperon, et pendant qu'il suppliait Lydie de se mettre au piano, il faisait lire à Richard et à sa mère un article dithyrambique en faveur des Fénigan, paru le matin en tête du *Journal de Corbeil.* Signé Verax, cet article avait des rondouillements de phrases flasques et vides, à grands gestes et à grandes manches, dont il était facile de deviner l'auteur. Le même numéro contenait malheureusement les lignes suivantes :

Ce matin, dimanche, dans la petite chapelle de Grosbourg, ainsi que dans les principales églises du territoire, Draveil, Soisy, Ris, Athis, Morangis, une messe a été célébrée pour le repos de l'âme du prince d'Olmütz. Au sortir de l'office, le duc et la duchesse d'Alcantara, très malades tous les deux, sont partis pour l'Engadine, avec le docteur Jean Metzer.

Richard, les yeux longtemps sur cet entrefilet, comme s'il l'épelait ou le traduisait, s'approcha du piano et posa sur le pupitre devant Lydie le journal plié, sabré d'un coup d'ongle : « A présent je suis renseigné… Voilà celui pour qui tu priais ce matin, dit-il à voix basse… Les fleurs pour lui aussi, probablement ? »

Elle leva ses beaux yeux angoissés : « Oh ! Richard… » sans cesser de jouer, ses larmes tombant à larges gouttes sur les touches et ses longues mains blanches ralenties. Puis d'un geste emporté : « Tu vas tout savoir... viens. » dit-elle en se levant.

« Où allez-vous, les enfants ? » cria la mère surprise ; mais déjà ils avaient quitté le salon.

A l'heure de la messe, le dimanche suivant, Napoléon Mérivet, chevalier de l'ordre de Saint-Grégoire, debout au seuil de son église dont il faisait les honneurs gradués et mesurés à tous venants, eut la surprise et la joie de voir arriver Richard Fénigan avec sa femme à son bras, sa chère petite Mendelsohn toute en bleu comme la sainte du vitrail. Pendant qu'ils entraient, des ramiers battaient de l'aile en tourbillonnant autour du clocher, et le bon vieux, souriant et doux, s'inclinait un peu plus cette fois, avec un geste de tendre et satisfaite bienvenue.

FIN

TABLE

Pour les esprits d'ordre et de précision, pour ceux qui aiment trouver sur chaque palier d'une maison le numéro de l'étage et le nom des locataires, l'auteur a cru devoir mettre ici les titres de chapitres qui, dans l'Illustration, où la Petite Paroisse a paru, aidaient à la clarté d'un récit hebdomadairement interrompu, mais devenus inutiles dans le livre qu'on lit ou qu'on peut lire d'une haleine :

I.	Une cloche dans la campagne.	1
II.	*Journal du Prince.*	10
III.	Richard et Lydie. — La route de Corbeil.	15
IV.	Jalousie.	68
V.	Causerie dans le clos.	93
VI.	*Journal du Prince.*	117
VII.	Intermezzo.	140
VIII.	Le miracle de la Petite Paroisse.	181

IX.	L'abandonnée..........	203
X.	*Journal du Prince*........	233
XI.	A l'orphelinat..........	250
XII.	Poum... poum.........	279
XIII.	Le pardon impossible......	295
XIV.	Jour de marché.........	308
XV.	*Journal du Prince*........	341
XVI.	Sous bois............	350
XVII.	La double méprise.......	376
XVIII.	Le pauvre de Lydie.......	400
XIX.	L'affût de nuit.........	417
XX.	La route de Corbeil.......	437

Achevé d'imprimer

le quinze janvier mil huit cent quatre-vingt-quinze

PAR

ALPHONSE LEMERRE

25, RUE DES GRANDS-AUGUSTINS, 25

A PARIS

www.ingramcontent.com/pod-product-compliance
Lightning Source LLC
Chambersburg PA
CBHW070531230426
43665CB00014B/1652